교육철학잡기

어느 은둔 교육철학자의 사색과 탐구 에세이 ①

신창호

박영story

나의 아내 유희재 박사(1959~2021)를 그리며

머리말

1

언제부터인지, 정확하게는 모르겠다. 세상을 보며 깨달은 것이 있다. 아무리 사소(些少)하게 보이는 일일지라도 관심(關心)을 두자! 존중(尊重)하자! 아무리 허황(虛荒)된 글과 말일지라도 진지(眞摯)하게 경청(敬聽)하자! 존중은 존재에 대한 허용(許容)이다. 경청은 존재에 대한 수용(收容)이다.

사소하고 허황된 사안으로 향하는 관심과 진지성!

'존중'과 '경청'!

이 몇 마디를 끌어안고 신음한 묵언(黙言) 수행이 긴 침묵(沈黙)을 깨고, 교육의 구심(球心)에서 궁극(窮極)으로 치닫는다.

'모든 존재를 향한 '존중'과 '경청'이 나를 기쁘게 가꾸는 요소이자, 너를 기쁘게 성장하는 기초가 된다. 나의 기쁨과 너의 기쁨이 어울릴 때 우리의 즐거움을 형성한다. 그 모든 잠재력을 존중과 경청이 담보한다.'

이 깨달음의 순간, 나는 평온(平穩)으로 빠져들었다. 온전한 인생을 위한 교육이 이런 모습을 지향하는 건 아닐까?

2

1980년대 초반부터 40년 가까이 교육과 철학을 화두로 살아왔다.

교육은 철학의 실천이다! 철학은 교육의 이론이다!

뫼비우스의 띠처럼 '서로 되기'를 갈망하는 이론과 실천을 염두에 두고, 교육과 관련하여 다루었던 언표만 해도 엄청나다. 이념, 목적, 목표, 방법, 소통, 대화, 협력, 배려, 만남, 고려, 이해, 경쟁, 비판, 생각, 성찰, 반성, 고차원적 사고, 창의적 능력, 동기부여, 상담, 멘토링 등등 수많은 수식어를 나열해 왔다.

그런데 내가 열정을 불태우며 몰입하던 교육은 어디에 있는가? 예컨대, '배려(配慮)'를 화두로 하는 교과목을 15년 이상 가르쳤건만, 소망하던 교육이 성취되었는가?

온통, 회의(懷疑)만이 몸을 감싸고 회오리친다.

3

2020년 6월 4일 목요일 오후, 페이스북, 카카오톡 등등 첨단기술문명에 힘입은 소통방식에 대해, 두 딸에게 자문을 구했다. 그러다 13시 28분에 개인 블로그(blog)를 처음으로 만들었다. 나 스스로 지은 호를 따서 '청옹정사(清瓮精舍)'라 했다. '청옹사색방' 또는 '청옹잡기'를 가꾸는 사이버 집이다.

코비드(COVID: corona virus disease)-19시대, 일상의 사색실로 쓸 겸해서, 조그만 공간을 마련한 것이다. 이 블로그의 존재를 잊지 않고 있다면, 소소한 글이나, 사진 등, 각종 자료를 올리며 기록으로 남겨 놓으리라. '블로그(blog)'는 '웹(web)'과 '항해일지(log)'의 합성어라고 한다. 온라인상의 일기장이랄까? 일종의 비망록이자 명상록이다. 내 생활사의 소중한 쉼터이다. 쉬어가고 싶은 은둔의 시공에 머무를 때마다, 떠오르는 글을 남겨 놓고, 성찰하는 학인(學人)의 일상을 즐기리라!

4

이 에세이집은 블로그를 개설한 2020년 6월 이후, 12월까지 약 7개월간의 사유를 간략하게 정돈하였다. 쓴 글을 보니, 교육과 연관된 내용이 많다. 그만큼 내 삶의 관심을 속일 수 없다.

애당초 누구에게 보여주거나 함께 나누기 위해 마련한 블로그가 아니었다. 독일 유학 중인 큰딸, 그리고 올해 대학생이 된 작은딸과 조금 더 심도 있는 대화를 위해 마련한 마당이었다. 그래서 '서로 이웃'이라는 소통장치도 딱 세 사람으로 한정되어 있다. 큰딸과 작은딸, 그리고 아내뿐이다.

그런데 어떤 글은 1,000명에 육박하는 사람이 보았다. 상당수의 글이 수십 명에서 수백 명에 이르는 익명(匿名)의 사람이 열람한 듯하다. 블로그 내에 마련된 통계가 일러준다. 놀랐다! 어떤 사람이, 재미라고는 조금도 개입되지 않은, 내 심심한 글을 볼까? 드러난 만큼 부끄럽기도 하다. 사람들에게 기쁨과 즐거움을 주지 못한 죄가 무겁다. 공유할 가치도 그만큼 줄어들 텐데. 누군가 '이웃 신청'을 해도 받지 않고, 그냥 나 스스로 삶을 성찰하며 사색하는 공간인데, 전혀 생각지도 않은 사람들이 수시로 들여다보고 있다니.

이 뭐꼬?

이전에 페이스북을 개설했을 때, 너무나 많은, 가지각색의 사람들과 교류하는 것이 힘들었다. 언젠가부터 조용히 닫아 버렸다. 이제는 사용하지 않는다. 세상 편하다. 그리고는 다시 딸에게 자문을 구해, 블로그라는 것을 발견했다. 세상 속에서 은둔하기에 안성맞춤같은 도구였다. 은둔의 길에 열정적으로 몰입하려는데, 다시 들켜버렸다. 인간의 눈이 예리하다. 어디에서건 노려보고 있다. 때로는 이 사실이 무섭다. 무조건 일상에서 마음을 다잡을 뿐이다. 그리고 이 지점을 피할 수 없는 만큼 공유할 필요가 있다고 판단했다. 특히, 한국교육에 관한 철학을 함께 비판하고 성찰하며, 교육의 건강함을 모색하기 위해.

블로그에 나열한 글이 난삽하다. 잔뜩 늘어놓은 구슬 같다. '구슬이 아무리 많아도 꿰어야 보배'라고 했듯이, 그냥 한 단락을 매듭지으며 꿰놓는다. 블로그 글을 기초로 살을 조금 붙였다. 교수로 재직하는 기간 동안, 앞으로 매년 1-2권씩 『교육철학 잡기』라는 이름으로 에세이집을 남겨두려고 한다. 이 책이 그 첫 번째다.

2021. 2. 입춘절
안암동 연구실에서 신창호

차례

Pastoral Landscape
Carl Weber (American, 1850 ~ 1921)

6월

1. 나의 호 '수당'

2020. 6. 4. 목. 13:52

'수당(遂堂)'은 스승 권우 홍찬유(巻宇 洪贊裕, 1915~2005) 선생께서 손수 지어주신 나의 호(號)다.

선생께서는 생전에 조용히 말씀하셨다. "학문의 길은 외로워! 고독해! 조그마한 성취나 영리영달(榮利榮達)에 얽매여 소홀히 하면 안 돼! 중도에 그만두는 것은 더욱 금물이야! 끝까지 해야 돼!"

그런 만큼 선생께서 내 호에 담은 의미가 두렵다. 수당(遂堂)은 '덕유수물(德有遂物)'이라는 글귀에서 빌렸다고 한다. '덕(德: 悳)은 사물이 완성되는 데 있다!'라는 말이다. '학자로서 인간의 품격, 그 학덕(學德)은 학문의 집을, 왜(Why), 무엇을(What) 어떻게(How) 짓느냐에 달렸다!'

세상의 모든 존재는 자신의 집을 완수하여 일가(一家)를 이룰 때 빛을 발한다. 『대학』에서 지시하는 '심광체반(心廣體胖)'이랄까?

평소, 스승께서 일러주신 대로, 나의 호는 '쉼 없이 끝까지 공부하라! 자강불식(自強不息)!' 그리하여 '맡은 학문의 집을 완수하라!'로 귀결된다. 이 책무성은 학자에게 당연한 의무일 뿐이다. 그런데 긴장의 끈이 왜 이리 팽팽한가? 학문의 세계에 발을 들여 놓은 순간부터 현재까지, 이를 인식하고 있는 한, 기쁜 두려움과 즐거운 무서움이 교착(交錯)한다.

2. 벗과 적

2020. 6. 7. 일. 20:57

갑자기 생각났다. 사람을 판단할 때, 벗과 적은 어떻게 분별할 수 있을까?

'벗'은 붕(朋)이자 우(友)다. 흔히 말하는 '친구(親舊)'다. '동무'다. 적(敵)은 승부(勝負)를 겨루어야만 하는 상대이자 원수(怨讐)다. 해를 끼치는 모든 요소다.

그런데 어떤 사람은 말한다.

"벗은 아주 사소한 술 한 잔에도 기뻐할 줄 안다!"

"적은 아무리 많은 돈을 주어도 만족하지 못한다. 온갖 불평을 늘어놓는다!"

기뻐할 줄 아는가? 불만족으로 일관하는가?

이 사이 세계에서, 벗은 온유(溫柔)하고 적은 냉혹(冷酷)하다.

3. 면도날 위를 기어가는 달팽이

〈지옥(地獄)의 묵시록(黙示錄)〉이란 영화가 있다. 스크린 속에 흐르는 침묵은 충격 자체다. 때로는 공포를 자아내기도 한다. 인간의 사유로는 상상을 불가능하게 만든다. 선과 악의 경계도 모호해진다. 특공대 인간의 군사적 행위지만, 인간의 세계가 아닌 듯하다. 그 극단의 시공(時空)은 애매한 지경을 연출한다.

그 어느 장면에선가, 대사 가운데 의미심장한 언표가 등장한다.

'면도날 위를 기어가는 달팽이가 있다. 그 달팽이는 살아남았다!'

4. 하지 무렵

2020. 6. 22. 월. 18:57

하지(夏至)! 1년 24절기 가운데 낮이 가장 긴 시기다. 올해는 어제 6월 21일이 그날이었다. 앞으로 6개월, 동지(冬至)까지 낮은 점점 짧아진다. 그만큼 밤의 길이는 조금씩 늘어난다.

코비드(COVID)-19도 그러할까?

자연에는 예측 가능한 이치가 존재한다. 그 자연의 질서를 '리(理)'라고 한다. 우리말로는 '결'이다. 그런데, 바이러스는 뭔가? 자연의 이치인가 질서인가? 자연의 어느 결에 너의 자리가 있느냐? 예고 없이 갑자기 왔다가 또 예고 없이 갑자기 사라진다! 미스터리 자체다.

독일에서 유학하고 있는 큰딸과 카카오톡으로 늘 하던 것처럼, 그냥 통화를 했다. 한 달 후에 방학이지만, 코비드-19 팬데믹(pandemic) 상황으로 귀국도 미루었다. 많이 답답할 게다. 그런 건지, 얼마 전에 자기가 작곡한, 〈백수의 나들이〉라는 제목을 붙인 노래를 피아노 연주로 만들어 블로그에 올려놓았다.

나는 큰딸과는 가장 가까운 블로그 이웃이다. 큰딸의 친구들로 보이는 몇몇 지인, 그 이웃들과 블로그 이웃으로 대화를 즐긴다. 이 또한 시대의 문화 소산! 나름대로 소통하는 재미가 있다.

어쨌건, 카카오톡 영상 통화를 하면서 보니, 큰딸이 건강하게 보인다. 가만히 한숨 돌린다.

5. 내 블로그의 이름 '청옹정사'

2020. 6. 23. 화. 12:21

청옹정사(淸瓮精舍)는 내 개인 〈블로그〉의 명칭이다. 이렇게 이름붙인 이유는 다음과 같다.

'청옹(淸瓮: 淸甕)'은, 내 나이 50대, 지천명(知天命)에 들어서면서, 나를 부르기 위해 스스로 붙여 본 자호(自號)다. 앞에서 언급한 '수당(邃堂)'과 겸하여, 나 스스로 사용한다.

'청옹(淸瓮)'의 의미는 간단하다. '맑은 항아리' 또는 '깨끗한 독'이라는 뜻이다.

'청옹(淸瓮)'의 '청(淸)'은 '맑다'는 뜻을 머금고 있다. 그것을 포함하여 내 고향 '청하(淸河)'라는 지명에서 땄다.

청하는 현재 경북 포항시 북구에 속해 있다. 그러나 행정구역을 개편하기 이전에는 '영일군(迎日郡) 청하면(淸河面)'이었다. 내가 시골에 살 때는 행정구역 개편 이전이었다. 때문에 나의 뇌리에는 내 고향이 언제나 '영일(迎日)'로 각인되어 있다. 1980년대 초반 무렵 이후, 고향을 떠나 서울에서 주로 활동하다 보니, 고향을 얘기할 때마다, 사람들이 알 수 있도록, 할 수 없이 주변의 큰 도시인 '포항(浦項)'을 빌려서 얘기한다.

그러나 포항이라는 지명은, 나에게 아직도 낯설게 느껴진다. 1960-70년대 포항이라는 항구도시는, 내 고향 산골과 수십 킬로미터나 떨어져 있었다. 중학생이 되어서야 한두 번 겨우 나가본 엄청난 대도시였다. 당시 우리집은 전깃불조차도 들어오지 않은 산골이었다.

호롱불 밑에서 글을 읽었고, 형님, 누나와 살을 맞비비며 재미난 얘기를 주고받았다. 나는 형님과 누나 곁에서 농사와 땔감 나무를 하던 소년에 불과했다. 그런 나에게 포항이라는 도시는, 몸이 순순히 받아들이기 힘든, 마음속 감정으로는, 전혀 익숙하지 않은 지리적 공간일 뿐이었다.

지금도 내 고향은 여전히 '영일 청하(迎日 淸河)'다. 마음 깊이 자리 잡은 영혼의 쉼터!

내 고향 청하는 내연산 보경사, 원시림을 그대로 간직한 수목원 등이 자리 잡고 있다. 내연산 보경사는 조선 후기 '진경산수화(眞景山水畫)'로 유명한 겸재 정선(謙齋 鄭敾, 1676~1759)이 청하(淸河) 현감(縣監)을 지내며 명작을 남긴 무대다. 나는 현재의 경상북도수목원 아래 동네에서 태어나 자랐다. 6.25때 인민군 본부가 자리 잡고 있었을 정도로 깊숙한 마을, 일명 '안심리'에서 유년시절을 보냈다. 산과 밭두둑에 여기저기 쌓여 있던 포탄과 화약 가루들이 아직도 눈에 선하다. 안심리 위쪽에는 '점말'로 불리는 마을이 있었다. 내 어릴 적 친구들이 살았던, 장독을 생산하는 옹기골이었다. 지금도 옹기를 굽던 가마가 마치 거북의 등을 수십 개 연결해 놓은 것처럼, 무너지기 직전 모습의 형태로 남아 있다. 어찌 보면 잠룡(潛龍)의 덩어리를 보는 듯하다.

'청옹(淸瓮)'의 '옹(瓮)'은 옹기 마을의 입구에 있는 아버지와 엄마, 할아버지와 할머니, 삼촌과 숙모의 영혼이 잠들어 있는 산소를 그리며 붙였다. 청옹(淸瓮)이라는 자호(自號)의 형식은 그러하다.

그래도 자호에 담은 내용은 나름대로 의미를 부여했다. 내 인생의 중후반부에 지속해 나갈 삶의 의지를 반영해 놓았다.

글자그대로, '맑고 깨끗한 빈 항아리!'

특히, 탐욕(貪慾)을 부리지 않는, 욕망으로 끊임없이 미끌어 들어가지 않는 존재이고 싶다. 세상 속에서 은둔하며 투박한 옹기로 남아, 어린 시절, 엄마 곁에서 깨끗한 우물물을 길러 장독에 채워 넣었듯, 내 남은 삶에 생명수(生命水)를 채우고 싶은 열망을 담아 보았다.

그리고 학문 수양과 마음 단련의 공간인 '정사(精舍)'라는 수식어를 달아, '청옹정사(清瓮精舍)'라 명명하였다.

6. 알베르 카뮈의 『페스트』

2020. 6. 23. 화. 21:45

답답한 마음에 카뮈의 소설 『페스트』를 다시 꺼내 훑어보았다. 코비드-19가 형언할 수 없을 정도로 끈질기다. 이 미스터리의 세계는 정말 제멋대로 자신을 흔들어 깨운다. 그만큼 정복하기 어렵다. 아니 그런 대상이 결코 아니다!

페스트의 앞부분에 다음과 같은 묘사가 보인다.

"오랑, 그곳에서는 하늘을 보고서야 계절의 변화를 겨우 알 수 있다. 공기의 질감이나 꽃 파는 아이들이 교외에서 가져오는 꽃바구니를 통해 봄이 왔음을 가까스로 인식하게 된다. 사람들이 시장에서 팔고 있는 것이 바로 봄인 셈이다. 여름이 오면 바짝 말라붙은 집에 불을 지르듯, 태양이 이글거리고 뿌연 재가 벽을 뒤덮는다. 이때는 바깥 창을 닫고 어둠 속에서 지내는 수밖에 없다. 가을에는 그 반대이다. 흙탕물이 홍수를 이룬다. 맑은 날은 겨울에만 찾아온다!"

코비드-19가 팬데믹이 되자, 전 세계 곳곳에서 이전에는 매연으로 뿌옇던 곳이, 맑은 하늘로 바뀌었단다! 불교 참선의 화두(話頭)를 빌리면, 이 뭐꼬!

맑은 날이 지속된다면, 그럼 아직 겨울이란 말인가?

그리고 카뮈는 글을 이어간다.

"한 도시를 이해하려면, 사람들이 그곳에서 어떻게 일하고, 어떻게 사랑하며, 어떻게 죽는지를 살펴보는 것이 좋다. 이 작은 도시에서는 기후 때문인지, 이 모든 것이 격렬하면서도 무심한 태도로 한꺼번에 이루어진다. 말하자면, 이곳 사람들은 권태로워하고, 습관이라도 가져보려고 애쓴다. ……"

일 - 사랑 - 죽음 …… 그리고 기후.
『페스트』의 마지막 구절은 다음과 같이 여운을 남긴다.

"도시에서 올라오는 환희의 외침을 실제로 들으며, 리외는 그러한 환희가 여전히 위협받고 있다는 사실을 떠올린다.
기쁨에 젖어 있는 군중은 모르고 있다. 하지만, 책에서 확인할 수 있는 사실, 즉 '페스트균은 결코 죽거나 소멸되지 않으며, 수십 년 동안 가구나 내복에 잠복해 있고, 방이나 지하실, 트렁크, 손수건, 낡은 서류 속에서 참을성 있게 기다리고 있다!'라는 점을 그는 알고 있었다.
또한 인간들에게 불행과 교훈을 주기 위해, 페스트가 쥐들을 다시 깨우고, 그 쥐들을 어느 행복한 도시로 보내 죽게 할 날이 오리라는 사실도 그는 알고 있었다."

환희의 외침 - 환희의 위협 - 결코 죽거나 사라지지 않는 페스트균 - 참을성 있는 기다림 - 불행 - 교훈 - 다시 깨우치고 - 그리고 또 …….
세상의 모든 존재는 결코 죽지 않는다. 소멸되지도 않는다. 최고로 참을성 있게 기다린다. 그 끝은 다시 무한(無限)이다.

7. 민주주의 시대의 고전 독해

2020. 6. 23. 화. 21:58

인류의 소중한 유산인 '고전(古典; classic; the great books)'을 어떻게 읽어야 하는가?

"'잘', '제대로', 읽어야 한다!"

이 표현 이상의 훌륭한 대답이 있을까?

여기에서 '원래의 뜻에 부합하도록 정확하게'라는 요청은 하지 않겠다. 단언하건대, 고전을 원의(原意)에 충실하게 읽기는 매우 힘든 작업이다. 시대와 사회 환경, 풍토 등 다양한 차원에서 생각의 차이가 존재하기에 그렇다. 물론, 인간 사회의 보편적 특성을 참조하여 원의에 충실하려는 노력은 정당하다.

고전을 대할 때, 보다 의미 있는 사안은 '잘' '제대로' 읽는 문제에 대한 인식이다. 나는 감히 말한다. '잘', '제대로' 읽는다고 했을 때, 철저하게 '시대정신(時代精神: Zeitgeist)'을 고려하라! 현실을 직시(直視)하는 자세를 최우선 하라!'

아무리 훌륭한 내용을 담은 고전일지라도, 다음과 같은 역할과 기능에 소홀히 한다면, 그것은 고전으로서 가치가 이미 훼손된 일반 책일 뿐이다.

첫째, 한 시대의 정신에 부합하라!

둘째, 현실성을 구체적으로 담보하라!

셋째, 사회를 헤쳐 나가는 근원으로 작용하라.

시대정신을 인식하지 못하고, 현실성을 상실하며, 사회 진보에 기여할 수 없다면, 고전으로서의 생명력은 증발된 상태다.

이 지점에서, 가장 어려운 문제가 있다. 고전은 상당수가 오랜 역사와 전통 속에서 누적되어온 삶의 지혜다. 문명의 패러다임 전환을 여러 번 겪은 후에 다가오는 만큼, 그 무게가 가볍지 않다. 이 고전의 중압감(重壓感)을 어떻게 받아들여야 할까?

8. 대학 캠퍼스의 자유

2020. 6. 25. 목. 7:45

엊그제, 아래와 같은 뉴스가 신문과 인터넷 사이트를 장식했다.

"한 대학교 내에 대통령(大統領)을 비판한 대자보(大字報)가 붙었는데, 이를 붙인 사람에게 유죄(有罪) 선고!"

중세 이래, 대학의 특성은 '자유(自由)'로 상징된다. 특히 학문을 주축으로 하는 자유로운 의견 개진은 대학의 생명이었다. 그런 입장에서 보면, 이런 기사는 어처구니가 없다. 존재해서는 안 되는, 매우 불온한 자유의 수치다.

이게 말이 되나? 그냥 형식적으로 말은 되겠지! 그것 참! 그런데 이건 정말 황당한, 엉터리 가운데 엉터리다!

이 뉴스를 접하며, 갑자기 생각났다. 대학 시절 강의 시간에 주저주저하시며, 조심스럽고 애절하게 던지던 은사님 말씀!

"강의 녹음하지 마라!"

내가 대학을 다녔던 1980년대 제5공화국 시절, 캠퍼스에는 권력을 향한 자유로운 비판에서 자유롭지 못했다. 오죽했으면, 선생님께서 그렇게 말씀 하셨을까? 나를 비롯하여 여러 수강생들은 교수님의 비판적 강의에 매료되었고, 무엇보다도 그런 자유와 낭만이 즐거웠다. 조금 더 새겨듣기 위해 녹음을 하고 싶어 하는 우리들에게, 선생님은 목소리를 낮추시고 조용하게 말씀하셨다. 정말 안타까워하시며 말이다.

13

"정권을 비판하거나 사회 부조리를 비판하는 내용은 가능한 한 녹음하지 마라! 다친다!"

당시는 1970년대 박정희 정권의 권력을 상징하던 '중앙정보부'에 이어, 전두환 정권이 국가안전기획부(줄여서 '안기부'라고 함)를 설치하여 절대 권력을 행사했다. 그 기관의 정보 요원들이 다양한 방식으로 캠퍼스에 상주하며 대학의 제반 상황을 감시하던 시기였다. 그들은 심지어 강의실에 들어오기도 하고, 학생들을 프락치로 이용하기도 했다.

당시 학과의 학생회장으로 봉사하던 나는, 보이지 않게 압박을 받으며 캠퍼스 생활을 겨우 이어나갔다. 어떤 경우에는 일주일에 두어 번씩 경찰서 유치장을 들락거리며 지냈던 적도 있었다. 당시 상당수의 동료 대학생들이 그랬다.

나중에 알고 보니, 나는 최고의 불량학생으로 포장되어 있었다. 고향에까지 소문이 쫙 났다. 대학교 들어가더니 데모만 하는, 빨갱이 학생으로 낙인 되었다. 얼마나 걱정을 하셨는지, 중학교 은사님은 '창호야, 제발 긍정적인 마인드로 살아야 한다!'라고 편지를 보내 충고해 주기도 했다. 방학 때 선생님을 찾아뵙고 큰절을 올렸다. 그리고 청년학도로서 비판의식은 당당한 권리이자 의무임을 강조했다. 선생님은 내가 다칠까봐 걱정하면서도 어깨를 두드려 주며 격려해 주셨다. 빙그레 웃으시던 모습이 아직도 기억에 선하다.

당시 대학 1학년은 교양과목으로 '국민윤리'를 필수적으로 이수해야 했고, 교련복을 입고 군사훈련을 했다. 교련복은 때때로 일상복이기도 했다. 이런 모든 현상은 쿠데타로 정권을 잡은, 정당성을 확보하지 못한 독재정권의 자기변호를 위한, 정권 수호 차원의 통제 장치였다.

그래, 그때는 그렇다 치자! 하지만, 지금, 위의 기사와 같은 사태를 접하다니, 너무나 서글프지 않은가! 이게 뭐지? 짜증나게! 자유가 찢어져 무참히 짓밟히는, 속이 타 들어가는, 상식을 유린한 사태다!

동서고금을 막론하고, 대학은 어떤 공간보다도 자유를 만끽할 수 있는 장소다. 전통적으로 학문이나 사상의 자유를 누리며, 그것을 구현하는 자율(自律)의 공간이었다. 어떤 비판도 허용되었고, 그것을 통해, 한 사회의 건전함을 지속할 수 있는 지성(知性)을 선물해 왔다.

그런데 2020년 6월말, 대한민국의 현실은 좀 색다르게 전개되었다. 대학 내 대자보를 붙인 사람에 대해 유죄 판결을 남김으로써, 이제 대학 내에서 비판의 자유는 무덤 속으로 들어간 것처럼 느껴진다. 형식적으로는 대자보를 붙인 사람이 건물을 침입하여 대자보를 붙였기에 유죄로 판결한 것으로 되어 있다. 그러나 실제로는 대자보 내용인 '대통령 비난'과 연관되어 있는 것 같다는 의견이 대부분 미디어의 인식이었다.

이제 대한민국의 대학에서 비판은 사라지는가? 정말 그런가? 그렇다면 앞으로는 '지성의 전당', '학문의 자유' 등등, 대학을 상징적으로 표현하던 용어도 의미가 없게 되는가? 물론, 모든 판사의 판결이 그런 것은 아니다. 상식이나 개념을 제대로 갖추지 못한, 일개 판사의 이런 판결 하나로, 학자를 비롯한 수많은 사람의 소중한 비판 행위가 사라지는 것도 결코 아니다. 잘못된 인식이나 판결은 언젠가 진실한 모습의 제 얼굴을 드러내기 마련이다.

인간 사회에서 비판 없는 삶은 존재할 수 없다. 우리는 입만 열면 다양한 양태의 비판을 곳곳에서 쏟아낸다. 의미 있는 비판이 떳떳하게 허용되고 겸허하게 받아들여질 때, 그것은 사회를 추동하는 힘이자 공동체를 지속하는 바탕으로 작용한다. 때문에 비판은 더욱 풍성해야 한다. 특히, 대학 내에서의 비판 활동은 왕성해야 한다.

주변에서 회자되는 교육의 양상을 보라! '비판적 사고능력의 함양'이 어김없이 부여되지 않는가? 그런데 왜 비판이 이렇게 무시당하고 허황된 일이어야 하는가? 특정한 개인에 대한 인신공격이나 비난은 함부로 해서는 안 된다. 그것이 아닌 한, 어떤 사안이건 건전하면서도 합리성을 갖춘 비판적 성찰은 장려되어야 마땅하다.

그래도 참 안타깝고 서운하다. 대한민국의 대학을 이런 상황으로 만들어 버리는, 저 무지한 일개 판사의 판결을 구체적으로 맛보니, 학자로서, 교수로서 암담하기 그지없다. 어떤 영역보다도 엄중하고 공정하게, 인간의 삶을 고려하는 게 법의 세계 아닌가! 좀 신중하고 진지하면서도 상식을 벗어나지 않는, 사람들이 공감할 수 있는, 의미를 갖춘 판결을 내리기가 그렇게 힘든가? 판사도 대한민국의 지성인이요 최고 수준의 엘리트 계층인데, 제발, 좀, 당당하게 살자! 양심을 걸고 행동하자! 수준에 맞지 않는 저차원의 판결은 진지하게 숙고해 주시라!

나는 고민한다. 대학의 한 구성원으로서, 교육자로서, 학자로서 진지하게 생각해 본다. 이제, 대학 공동체에서 함께 단련(鍛鍊)의 시간을 갖는 학생들과 무엇을 나눌 수 있을까? 이런 사태를 마주하며, 대학의 상징이었던 '자유'를 어떤 방식으로 이해해야 하는가? 지금까지는 당연하고 당위적이었고 상식이었는데, 그것이 구속과 강제, 억압처럼 느껴지는 현실에 어떻게 다가서야 할까? 기존에 감지하지 못했던 우려가 현실이 되었다. 생의(生意)의 앞을 가로막는다.

나는 이 판결을 오랫동안 기억할 것이다. 인간의 권리 포기를 공인한 저 무례의 극치를 가슴 쓰라리게, 뼈아프게, 지켜보리라. 이 사회에 부정과 부패, 불의가 존재하고, 상식을 벗어난 일이 발생한다면, 그 누구를 막론하고, 언제 어디서건, 비판할 자유는 허용되어야 한다. 아니, 허용 수준을 넘어, 그것을 일상에서 누리고 있는 삶이 민주 사회다. 그것이 상식의 세계이고, 인간의 고귀한 권리를 보장하는 아름다운 세상이다. 이미 권리로 인정되어 있는 만큼, 적극적으로 활용하자! 비판은 인간의 삶을 지탱하는 생명의 샘물이다!

9. 온라인 교육과 대학등록금 반환

2020. 6. 25. 목. 12:21

코비드-19, 팬데믹으로 전 세계가 혼란에 휩싸였다. 대학도 마찬가지다. 2020-1학기에는 면대면 교육이 불가능하여, 긴급한 대안 조치로 온라인 교육을 할 수밖에 없었다.

그런데, 학기가 거의 마무리 되어 가고 있는 최근에, 이로 인한, '대학 등록금 환불 반환'에 대한 뉴스가 대학 사회를 불편하게 만든다. 어떤 대학의 학생들은 농성을 하고 있고, 어떤 대학은 환불을 결정하고, 또 어떤 대학은 장학금 형식으로 지불하기도 한단다. 거기에다 정부[교육부]는 추가로 재정을 마련하여 학생들 지원을 검토하고 있다. 찬반 논쟁도 뜨겁다.

한 번도 경험하지 못한 상황이 닥칠 때, 인간의 대처 능력은 다양할 수밖에 없다. 사안에 대한 의견도 제 각각이기 때문이다. 갈래가 복잡함에 따라 혼란을 겪는 것은 당연하다. 그만큼 풀기 어려운 문제라는 의미다. 난제(難題) 가운데 난제! 이런 난제를 해결하기 위해, 머리를 맞대고 손을 맞잡으며, 일을 도모하는 것이 인간 세상이다. 그렇게 세상은 진보한다.

대학의 온라인 수업 문제를 바라보는 시선이 다른 만큼, 교육에 관한 의견 충돌, 갈등과 투쟁은 증폭될 것이다. 세계적 경제 불황과 맞물리면서, 교육 문제 또한 쉽게 풀어질 사안이 결코 아니다.

등록금 환불이나 반환을 요청하는 대학생들과 학부모, 여러 국민들의 인식에 대해, 나는 충분히 이해한다. 하지만 '온라인(on-line) 교육'

자체와 관련하여 오해하지 말아야 할 내용이 있다. 단순하게 '오프라인(off-line; 강의실 면대면) - 온라인(on-line; 인터넷[사이버] 영상 비대면)' 교육의 장단점을 논의하는 차원이 아니다. 오프라인 교육이 온라인 교육에 비해 훨씬 유용하고, 교육은 반드시 강의실에서만 행해져야 한다는 시각은 전통교육을 고수하는 의견이다.

온라인교육이 등장하기 이전의 교육은 강의실에서 면대면으로 상호작용을 통해 이루어졌다. 근대 학교교육을 비롯한 좁은 의미의 교육은 대부분 그렇게 진행되었다. 강의실과 캠퍼스, 도서관, 각종 교수학습을 위한 편의 시설, 교수[교사], 친구를 비롯한 다양한 사람들과의 만남을 통해 교육활동을 펼쳤다. 사람과 사람이 직접 만나 진행되는 전통교육은 그에 해당하는 교육적 특징과 성과, 효과를 낳았다.

그러나 이런 관점에서만 교육을 이해하면, 새롭게 등장한 온라인교육은 전통교육의 일탈이다. 분명히 그러하다. 전통 오프라인 강의실 교육을 기준으로 하되, 그 이외의 다양한 교육양식에 대해서도 사유를 개방해보라. 시대의 변화를 직시하라! 온라인 교육이 무엇인가? 컴퓨터 기술 문명의 발달에 따라 등장한, 노트북, 테블릿 피시, 인터넷, 스마트폰 등등의 기능과 역할이 삶의 양식을 완전히 바꿔 나가고 있지 않은가?

손바닥에 잡히는 그 조그마한 폰을 통해 마주하는 수많은 사이트와 동영상 콘텐츠를 재고해 보시라! 그 모든 콘텐츠는 일종의 거대한 교육[학습]자료다! 인터넷 사이버 공간은 거대한 교육 공간이다. 강의실이자 교실이자 학습의 마당이다. 그 안에 사람을 대신하는 수많은 교수자와 학습자가 존재한다. 이런 온라인 교육의 인프라는 무엇을 의미할까? 그렇다고 과학기술문명의 총아로 드러난 온라인교육을 무조건 옹호하는 것이 아니다. 이에 대한 의미 부여가 필요하다. 오프라인교육과 상반되는 양식으로 이해하느냐? 오프라인 교육을 보완하는 형식이냐? 오프라인 교육을 대체하는 교육이냐? 시대가 바뀌고 상황이 발생한 만큼, 이 문제가 그렇게 단순하거나 만만한 것이 아니다.

나는 2000년대 들어서면서, 사이버대학의 강의를 비롯하여 온라인교육을 직접 경험했다. 20년쯤 전부터 다양한 형식의 온라인 교육을 직접 개발하고 강의에 임하고 있고, 대학교수학습개발센터의 실장으로 근무한 적도 있어, 이 부분에 대해 조금은 알고 있다. 이번 학기에도 학교에서 제공하는 '블랙보드'라는 장치를 통해, 몇몇 교과목을 온라인으로 교육했다.

여러 사람들과 공유할 수 있을지 모르겠으나, 지난 20년 가까이 온라인 교육을 경험한 사람으로서, 온라인 교육에 관해 몇 가지만 공개한다.

첫째, 온라인 수업은 교수자가 단순하게 강의 녹화 동영상(또는 실시간 강의)을 제공하고, 학생들은 그 강의를 듣기만 하는 그런 시스템이 아니다. 동영상 강의(기타 강의자료)을 포함하여 다양한 교수-학습 활동(과제, 토론, 질의응답, 설문, 시험 등)이 온라인 강의실에서 이루어지고, 교수자와 학습자는 강의실에 적극적이고 자율적으로 참여하여, 운영 관리하는 종합적 교육과정을 거친다. 어쩌면 물리적 공간인 교실[강의실]에서 사이버 인터넷 공간으로 강의실 이동이 이루어진 만큼, 직접 대면한 강의실보다 다양한 교육활동이 전개된다.

둘째, 교수자의 입장에서, 나 개인적으로 느끼기에, 비대면 온라인교육은 강의실(오프라인) 교육에 비해 최소한 3배 이상의 시간과 노력이 요구된다. 별도의 강의 촬영, 자료 준비, 관리 운영 등, 강의실에서

면대면으로 강의하는 것에 비해 상당히 까다롭다.

셋째, 온라인 교육은 교수자나 학습자의 자발적인 참여가 필수적으로 요청된다. 이 자발적이고 적극적인 참여가 교육을 좌우한다. 온라인 교육의 생명이다. 온라인 사이버 교육의 특징이 컴퓨터, 스마트폰 등 온라인 교육을 할 수 있는 교육 인프라가 구축되면, 시간과 장소에 구애받지 않고 학습할 수 있는 장점은 있다. 그러나 스스로 학습하려는 의지를 비롯하여 온라인 환경에 적합한 교수자나 학습자가 자질을 성실하게 갖추지 못했을 경우, 교육적 효과는 아주 낮을 수 있다.

이외에도 고민할 부분이 많다.

이 지점에서, 과연, 온라인 교육을 빌미(?)로 일괄적인 등록금 환불이나 반환 요구만이 정답이냐? 소송을 준비한다는 뉴스도 보인다. 그런데 그런 대처만이 대안은 아니다! 내가 대학에 재직하고 있다고 해서, 대학 당국의 편을 들거나 온라인 교육을 옹호하는 것은 절대 아니다. 나도 당연히 강의실에서 학생들과 마주하며 교육하는 것을 선호한다.

전대미문(前代未聞)의, 유래를 찾기 힘든 팬데믹에서, 피할 수 없는 부득이 한 상황에서, 이전의 면대면 강의실 교육을 비대면 온라인 교육으로 대체하면서 발생한 여러 문제들에 대해, '수업권 침해'를 비롯하여, 다양한 차원의 이유를 들어 등록금 반환 소송까지 제기한다면, 앞으로 고등교육(대학교육)은 어떻게 해야 할까? 걱정이다. 나는 생각한다. '학생들의 학습권을 얼마나 침해했기에, 등록금을 반환해야 하는가?' 그 이전에, 문제가 발생하여 논의가 필요하다면, 관련자들 사이의 소통과 대화, 합리적 상황 고려 등, 적절한 대비책을 마련하려는 공동

노력이 선행되어야 하는 것이 바람직하지 않을까? 일방적인, 대학 당국을 향한 학생들의 적대적 시위나 저항만이 능사는 아니다.

청년 학생들이 처한 경제적 어려움, 취업 문제 등등, 당면 문제에 대해, 사회 곳곳에서 함께 고민하며 해결책을 모색하는 것은 당연하다. 사실, 대부분의 대학은 학생들의 어려운 문제 상황을 심각하게 고려하며 나름대로 열심히 대처하고 있다. 학생들과 학부모들의 심정은 충분히 이해하면서도, 등록금 환불이나 반환 소송만으로 해결하려는 시도에 대해서는 재고할 필요가 있다. 교육을 하지 않았다면, 당연히 등록금은 환불되어야 한다. 그러나 온라인 교육으로 대체하여 열심히 교육하고 있는데 등록금 환불이라니. 뭔가 잘못 이해하고 있는 부분이 있다. 상당히 복합적 요인이 작용하고 있으므로, 문제 해결의 방식에서 보다 신중할 필요가 있다는 말이다.

특히, 상당수의 한국대학은 재정이 넉넉하지 않다. 정말 어렵다. 등록금 환불이나 반환을 한다면, 대학(교육)은 어떻게 존립할 수 있을까? 사회 전체가 고심할 문제다. 가능한 빠른 시일 내에 팬데믹에서 벗어나면서, 문제의 원인을 해소하고 사안이 매끄럽게 해결될 수 있기를 고대한다.

10. 아, 6.25

2020. 6. 25. 목. 19:49

오늘은 6.25 70주년이다. 6.25는 국가 내부에서 발발한 내전(內戰)인가? 국가와 국가 사이에 발생한 전쟁(戰爭)인가? '6.25 동란' 또는 '6.25 사변'일까? '6.25 전쟁'일까? 논란이 많다. 그 성격을 어떻게 규명하느냐에 따라, 역사는 물론, 정치, 경제, 사회, 문화 등 각 방면에 주요한 영향력을 미친다. 삶의 태도나 입장을 달리할 수도 있다. 교육의 문제로 연결하면, 더욱 중요하게 고민해야 할 사안이다.

6.25를 한반도의 남쪽과 북쪽의 정권 사이에 발생한 동란으로 이해하면, 그것은 민족상잔(民族相殘)의 내전이다. 북한[조선민주주의인민공화국] 대 미국[UN] 사이의 대결로 본다면 전쟁이다.

특히, '북한-중국-미국'이 '정전협정(휴전협정, 1953.7.27.)'을 맺은 차원으로 이해하면, 6.25는 철저하게 조선(북한)과 미국(UN)사이의 전쟁이다. 북한에서 표현하는 것처럼, 조선반도에서 벌어진 '조국 해방 전쟁'이다. 그래서 조선과 미국은 '철천지원수(徹天之怨讐)'가 되었다!

휴전협정에 서명하지 않은 대한민국(남한)은, 늘 '조선(북한)-미국' 사이의 문제에서 주체가 되지 못한다. 현재 6.25와 연관된 '북한-중국-미국' 사이의 외교 문제에서, 대한민국의 입장이 난처한 것도, 여기에서 연유한다.

이 휴전협정의 문제를 해소하지 않는 한, 어떤 남북문제를 논의한다고 해도 의미 없는 해프닝으로 머물 수밖에 없다. 나는 고민한다. 남북한 통일은 정치적 차원도 중요하지만, 교육적 차원도 진지하게 고려해야 한다. 한반도 전체를 두고 고민할 때, 통일 이후의 교육이 걱정이다.

한반도 문제를 해결하기 위해서는 1953년 7월 27일에 맺은 휴전협정의 엄중함을 직시해야만 한다. 북미 관계나 중국 문제를 국제 외교 차원에서 냉철하게 고려하지 않는 한, 단순한 남북 화해 무드에 도취되어, 낭만적으로 또는 낙관적으로 처신한다면, 절대 한반도 문제를 긍정적으로 헤쳐 나갈 수 없다!

미국과 중국, 북한, 나아가 일본과 러시아에 이르기까지, 주변 강국과 끊임없이 밀고 당기며, 외교적 전략전술을 신중하게 도모해야 한다. 선진국 수준의 전략전술을 구사할 수 있어야 한다. 특정 국가에 대한 지나친 편애나 배척은 절대 금물이다. 외교에서 중용의 지혜를 발휘하면 좋겠다. 그것이 70주년을 맞이하는 오늘의 6.25 정신은 아닐까?

11. 정전협정 서명

2020. 6. 25. 목. 20:23

6월 25일 저녁이다. 쓸쓸한 하루다. 6.25 전쟁은 종전(終戰)으로 마무리 되지 못했다. 정전협정(停戰協定)으로 잠시 휴전(休戰)상태다. 전쟁이 끝난 것이 아니다. 그래서 한반도는 1950년 6월 25일 이후 지금까지도 전쟁 상태가 지속되고 있다. 그냥 잠시 휴전 중일 뿐이다.

나도 군대 생활의 상당 부분을 최전방 부대에서 근무했다. 북한 땅이 바라보이는 비무장 지대를 누비고 다녔다. 무장을 하고 말이다. 그래서 그 긴장의 오묘함을 상당히 이해하고 있다.

전쟁이 발발한 지 상당 기간이 지난 후, 1953년 7월 27일, 정전협정이 이루어졌다. 그런데 여기에 당시 대한민국을 대표하는 대통령 이승만(李承晩, 1875~1965)의 서명은 없다. 서명을 거부했는지, 그때 결성된 국제연합(UN)군에 권한을 위임한 것인지는 모르겠다. 이런 사실 때문에 북한[조선민주주의인민공화국]은 아직도 남한[대한민국]을 미국[미제: 미제국주의]의 '식민지', 또는 '앞잡이'라고 인식하고 있다.

「정전협정」서명에 참여하지 않은 대한민국은 협정의 당사자가 아니다. 당시 유엔(UN)의 일원으로서 인정받지도 못했다! 이런 역사적 배경이 한반도 내에서「정전협정(휴전협정)」을「평화협정」으로 전환하는 문제를 비롯하여, 여러 가지 주요한 사안에 대해 어떤 주장도 제대로 하기 힘든 처지에 놓이게 만들었다. 이 국제협정 문제를 외교적으로 해소해야 만이 '조선[북한]-중국-미국', 그리고 한국[남한] 사이에 얽혀 있는 여러 국제관계 문제를 해결할 수 있다.

대한민국은 이런 점을 분명하게 인지하고, 한반도 문제에 대처해야 한다. 그렇지 않고, 우리의 바람이나 요구대로, 낭만적 감성에 휩싸여, '평화'라는 단순한 언어의 장난이나 걸치레에 얽매일 경우, 한반도 문제를 풀어나가기는 아주 어렵다.

냉정하게 현실을 직시하라! 그리고 합리적이고 정당한 논리를 내세워 주변국을 하나하나 설득하자! 어린 아이처럼, 어리광만 부리거나, 고집만을 피워서는 곤란하다.

특히, 2000년대 들어서면서 경제적으로 세계의 주요 국가 반열, 즉 오이시디(OECD)에 들어선 한국에 대해, 더 이상 동정의 눈길을 보내는 나라는 없다! 20세기 중반, 어린이 걸음마 수준의 저개발 국가가 아니라, 어른 수준의 선진국으로 인식한다. 그러므로 어른 수준의 국가답게 세계에 기여하라는 것이 국제적 요구다.

이런 엄중한 사명을 부여하는 것이 국제 질서다!

12. 비교육적 폭언, 유치원 '폐쇄'와 '영업' 중단

2020. 6. 29. 월. 7:16

엊그제 뉴스다. 어떤 도시의 유치원에서 '식중독(食中毒) 사태'가 크게 발생했단다. 참 안타까운 일이다. 아이들의 먹거리에 문제가 생긴다는 것은 아이들 보호 과정에서 큰 잘못에 속한다. 영양이나 생명과 직결되어서다.

어떤 사회건 어린이는 그 사회의 보배다. 미래를 담보하는 최고의 선물이다. 때문에 어린이 교육에 열정을 쏟는 사람이 고의로 어린이의 식중독 사태를 유발하는 경우는 없다. 유치원을 경영하는 원장이나 유치원에 재직하는 교사가 악의(惡意)를 가지고 부패한 음식물을 제공한 것은 결코 아니리라. 그보다는 아이들에게 적절한 음식을 공급하려는 과정에서 무언가 오류가 발생했을 것이다. 그렇게 믿고 싶다! 평소와 달리 음식이 상했거나 식중독을 일으키는 다른 요소가 개입하여 발생한 사건일 것이다.

그렇다고 해당 유치원이나 관련된 업체, 급식 담당자가 무조건 책임을 면할 수는 없다. 사건이 발생한 만큼, 해당 유치원의 운영과 관리 소홀은 철저히 점검하고 성찰해야 한다. 최선을 다했음에도 불구하고, 결과가 그렇게 되어 버렸다면, 더욱 마음 아픈 일이다. 이런 형태의 일이 도처에서 발생한다. 인간 사회의 현실이 그러하다. 따라서 어떤 사안이건, 늘 대비하며 조심할 수밖에, 다른 방도가 없다!

오늘 언급하려는 핵심은 '유치원 식중독 사건이 발생했다'라는 사실 자체에 관한 것이 아니다. 유치원을 바라보는 사람들, 기사 작성자들의 인식에 대해서다. 일단 기사로 내뱉은 말이 재미가 적다!

"유치원 영업 중단! 폐쇄!"

이게 뭐냐? 미래의 국가 동량(棟樑)인 우리 어린이들의 신성한 교육장에 대해, 이 무슨 엉터리 표현인가! "영업 중단! 폐쇄!"라니. 소위 기자(記者)라는 작자들이 이렇게 비교육적이고 반교육적인 언표로 교육을 바라보고 있다. 그러니 무슨 교육이 정상적으로 인식되겠는가? 지적 수준이 난폭하다. 아쉬움이나 안타까움이 느껴지기보다는, 말로 갑질하는 듯한 저 느낌이 역겹다. 참 어리석은 자들의 한심함이 드러난다.

유치원은 교육과정상 가장 기초 단계에 자리하는 국가의 공식 교육기관이다. 학교이기 때문에 '교육'이는 말을 써야 한다. 그런데 기업체나 상인들의 일상 표현인 '영업'과 같은 말을 쓰면, 어찌되는가? 유치원이 경제나 경영학적 마인드로 운영하는 교육기관인가? 용어가 걸맞지 않다. 유치원이 공장이나 기업체인가? 일반 가게나 회사냐? 절대 아니다. '폐쇄'라는 표현도 그렇다. 교육은 인간사회에서 삶 자체를 추동하는 강력한 힘으로 작용한다. 삶의 전 과정에서, 생애 전체를 통해 평생 동안 지속되기에, 결코 폐쇄할 수 없는 영역이다. 특히, 그 기초 단계의 학교인 유치원에 대해 폐쇄라니!

'영업중지'같은 행정명령의 이름을 따서 기사에 쓰려고 했다고 해도, 유치원을 영업소로 생각하지 않는 일반인의 언어습관과 동떨어진 표현이다.

일시적으로 유치원 등원을 하지 못하게 되었다면, 그에 적합한 말이 많이 있지 않은가! '폐쇄'보다는 '임시 휴원', '등원 연기', '수업 일시 중지'도 좋다. 말이 교육적이지 않은가!

낮은 단계의 교육에서, 어릴 때부터 가능한 한 교육적 용어를 사용하라! 그래야 교육이 보다 긍정적인 사회적 역할을 한다.

언론에서 쓰는 용어가 신중해야 하는 이유가 여기에 있다. 전부는 아니지만, 상당수 우리 언론의 수준이 정말 야만적이다. 인간 사회에서 수준과 정도에 맞게 점잖게 사용하는 언표가 아니다. 언론은 사회의 언로를 이끌며 진보를 모색한다는 차원에서, 어떤 영역보다도 교육적일 필요가 있다. 언론 자체가 지상(紙上) 강좌나 영상(映像) 강좌로 펼치는 사회 교육의 마당이다. 이런 거대한 교육 콘텐츠가 당대의 사회를 이끌어가는 지성을 발휘해도 시원치 않을 판에, 어떻게 지적 수준이 이런 정도인가? 아주 저급을 향해 돌진한다.

교육학자의 시선으로 볼 때, 불쾌하기 그지없다. 정말 어이가 없다. 교육을 대하는 언론의 수준이, 한 사회의 교육 상황을 대변한다! 오래 전부터 감지하고 있었지만, 엊그제 다시 느낀, 좀 서글픈 우리 언론이 교육을 인식하는 현실이다.

"유치원 영업 중단!"

유치원을 물건 파는 가게나 공장 수준으로 이해하는, 저 천박한 기사 작성자들이 설쳐대는 한, 우리 유치원 교육의 미래는 결코 밝지만은 않다. 우리 아이들이 이런 표현을 보며 자란다. 무엇을, 어떻게 느낄까? 어린 시절부터 '영업 공간'인 저 유치원을 끊임없이 들락거린 우리 아이들. 그들의 무의식(無意識)에 무엇이 자리했을까? 정말 아쉽고 안타깝다.

13. 취업의 동반자들

2020. 6. 29. 월. 10:57

인간의 삶에서 취업(就業)은 생명의 전선이다. 생존을 보장하는 직업을 갖는 일은 그 어떤 사안보다도 중요하다. 대학에서 고등교육을 담당하고 있는 한 사람으로서, 대학생들의 취업을 비롯한 인생 진로에 관해 수시로 상담한다. 그때마다 늘 고민에 휩싸인다.

일반적으로 대학을 졸업하면 취업을 해야 한다. 성인이기 때문에 자신의 인생을 책임지고 개척하는 바탕을 마련해야 하는 것이다. 정규직이면 가장 좋다. 기본 생활을 보장하기 위한 최저임금이나 시급은 적절하게 보장되어야 한다. 이런 부분에 대해 반대하거나 이견을 제시하는 경우, 흔히 말하는 '갑질'이나 비인간적 행위를 조성하는 꼴이 된다.

문제는 상황이다. 코비드-19 팬데믹과 더불어, 전 세계적으로 여러 가지 심각한 문제가 발생했다. 한국 경제도 엄청난 타격을 받고 있단다. 야생적 표현으로 '폭망!' 수준이다. 우리 삶이 위태로울 정도로 위험하단다. 나는 이미 취업하여 월급을 받고 있는 존재다. 그러다 보니, 이런 현실에 매우 둔감하다. 어찌 보면 취업 전선과 경제 폭망의 상황에 처한 분들에게 미안하기 그지없다.

어찌할 것인가? 이런 시기에 미시적 차원의 상황을 심각하게 고민하는 것이 적절한가? 거시적 차원에서 범범하게 접근하는 것이 바람직한가? 정말 어렵다!

취업이 안 된다고 저항하며 거리로 나설 것인가? 취업을 하고 있는 사람들을 상대로 비정규직을 정규직으로 바꾸는 일이 우선인가? 최저시급이나 임금을 올리는 문제에 몰두해야 하는가? 다시 강조하지만, 취업이나 최저임금, 시급, 비정규직과 정규직, 이런 문제는 정말 중요하다. 가능한 한 최대 최고의 복지를 누릴 수 있도록, 그 직업에 맞는 조치를 취하는 것이 최선이다.

그러나 그것은 고용주와 노동자가 더불어 '윈-윈(win-win)'할 수 있는 상황에서 써야 하는 전략 전술이다. 사업 자체가 건전함에도 불구하고 불합리한 경영을 하고, 노동자에 대한 억압과 착취가 발생하며, 인권이 침해되는 등, 강력한 투쟁을 통해 노동 해방의 민주적 쟁취가 요청될 때, 그런 의지를 발동해야 한다.

그런데 회사가 쓰러지기 직전이라면, 일단, 구성원 모두가 힘을 모아 사업체를 살려 놓고 보아야 하지 않겠는가? 사업체 자체가 존재하지 않는데, 앞에서 언급한 여러 사안을 고민하며 투쟁한들 무슨 소용이 있는가?

노사 관계, 노무 인사 등 삶과 직결되는 여러 사안은 정말 쉽게 처리되지 않은 문제이다. 삶에 관한 인간의 인식이 다른 만큼, 고려할 부분이 너무나 많다. 문제를 바라보는 시각, 이해관계, 생존 방식, 삶의 자세, 가치관 등 온갖 요소가 개입한다.

이른바 사람마다 처한 '입장이 다르다!'

다른 관점에서, 강력하게 자기주장만을 고집할 때, 대화는 단절되거나 거부되거나 사라지기 마련이다. 대화와 타협을 통한 합의의 도출은 난관에 봉착한다. 다른 입장이나 관점을 이해하고, 배려하며, 양보하는 가운데, 열린 마음으로 현실 삶에서의 근본 문제를 파악하라! 우선순위를 정확하게 장악하라! 그래야 문제가 타결된다.

14. 병원 유감 1

2020. 6. 29. 월. 13:30

2016년 3월 한 달을 병원에서 살았다. 그 후 수시로 건강검진을 받지만, 올 때마다 기분이 엄혹(嚴酷)하다.

병원에서 진료나 검사를 기다리는 일이 참 난감(難堪)하다.

자신이 특정한 병을 가지고 있을지 걱정될 때도 그렇고, 다른 사람의 병에 대한 궁금증이 날 때도 그러하다. 느낌이 참 오묘(奧妙)하다. 정말 유감(有感)이다.

대기(待機) 공간에서 웃음을 보이는 사람은 거의 없다. 그나마 무표정한 인상이 가장 행복한 환자처럼 보인다.

15. 원상복구

2020. 6. 30. 화. 23:46

자연을 사용하는 방법 가운데 하나가, 사용 후의 원상복구다. 내가 찾아오기 전에 자연은 스스로 그러했다. 그렇다면 내가 잠시 빌려 사용했던 자연을 떠날 때, 흔적도 없이 원래 모습 그대로 되돌려 놓는 것이, 자연을 마주하는 거룩한 예의다. 그렇게 생각한다. 세상의 모든 일이 그러할까? 아니, 모든 일은 아닐지라도 상당수의 일이 그럴 수 있지 않을까?

Summer Landscape (1873)
Edvard Bergh (Swedish, 1828-1880)

7월

1. 좁교의 운명과 숙명

2020. 7. 1. 수. 0:31

세상의 모든 존재는 숙명과 운명 사이에 자신을 걸치고 있다! 숙명은 절대 바꿀 수 없는 존재의 목숨이다. 운명은 노력 여하에 따라 개척하고 창조할 수 있는, 인간이라는 존재가 펼쳐가는 삶의 이행이다. 교육은 운명을 다루는 제도적 장치다. 어떤 사람은 숙명을 운명처럼, 또 어떤 사람은 운명을 숙명처럼, 삶의 변주를 울린다. 숙명과 운명의 사이세계에서 자신의 몸을 기대는 인간의 참모습은 어디쯤 자리할까?

히말라야 지역에 '좁교'라는 동물이 있다. 야크와 물소가 교배하여 낳은 짐승이다. 이종교배(異種交配) 출신이다. 겉모습으로만 보면, 한국의 소와 비슷하다. 힘이 좋고 일을 잘 한다.

그런데 좁교에게는 안타까운 사연이 있다. 이종교배 탓인지, 한 번 좁교가 된 다음에는 그 좁교의 2세를 둘 수 없다. 한 번 태어났다가 자신에게 주어진 목숨만큼 단일한 삶을 살다 죽어간다. 야크와 물소 사이에서, 그냥 태어나 살다갈 뿐이다! 잡종이어서 그런지 힘은 아주 세다. 그게 좁교의 숙명이다. 단 한번뿐인 자신만의 삶이지만, 힘이 센 만큼 일을 잘한다. 이건 그의 특성이다.

좁교와 함께 생활하는 인간은 그런 속성을 철저하게 이용한다. 좁교의 단순한 디엔에이(DNA)와 그 속성을 너무나 잘 장악하고서, 그 힘만을 갈취하는 듯하다. 단 한번뿐인 생애에 대한 다른 배려가 엿보이지 않을 때, 유용성으로 포장한 인간의 잔인함이 느껴지기도 한다. 그들은 평생 죽도록 일만 하다가 삶을 마감한다!

어쩌면, 인생도 그런 부분이 없지 않다! 운명일까? 숙명일까? 교육은 무엇을 스케치하고 있을까?

2. 『황제내경』 독해 1 • 황제라는 존재

2020. 7. 1. 수. 21:57

2020년 7월 1일이다. 한 해의 후반부를 시작하는 날이다. 벌써 반년째 코비드-19에 대한 염려가 밀려온다. 이 바이러스 창궐(猖獗)을 조금이나마 이해할 수 있을까 고민하면서, 동양의 의학 경전을 펼쳐 보았다. '의경(醫經)'의 대명사로 꼽히는『황제내경(皇帝內徑)』이다. 그 과학성의 여부는 뒤로 하더라도, 질병을 해소하고 대처하기 위한 나름의 의견을 제시하고 있다. 그 '양생(養生)'과 '교육(敎育)'의 차원을 간략하게 살펴본다.

『황제내경』을 교육적 차원에서 고민한 사례는 거의 보지 못한 듯하다. 한의학에 문외한이지만, 고전 해석학이라는 차원에서 지성을 발동하며, 새로운 접근을 해보리라.

『황제내경소문(黃帝內經素問)』제1권 제1편은「상고천진론(上古天眞論)」이다. 제목부터 온통 한자로 기록되어 까다롭다. 아니, 파악하기가 상당히 어렵다. 그래도 한자를 알고 보면, 어렴풋이 의미가 보인다.

'상고천진(上古天眞)'에서 '상고(上古)'는 '아주 오래전 옛날'을 뜻한다. '천진(天眞)'은 '자연 그대로의 상태'를 의미한다. 그러므로 '상고천진'은 아주 오랜 옛날, 태고(太古)의 꾸밈없는 상태, 자연의 원기(元氣)를 가리킨다. 이 시기에 황제(黃帝)라는 인물이 존재했단다.『황제내경소문』의 첫 문장이 그 황제에 대한 묘사다. 상당히 구체적으로 서술되긴 했으나 인간미가 적다. 오히려 신성(神性)이 강하게 부여된 것 같은 느낌이다. 아래는 원문이다.

"석재황제(昔在黃帝), 생이신령(生而神靈), 약이능언(弱而能言), 유이순제(幼而徇齊), 장이돈민(長而敦敏), 성이등천(成而登天)!"

문자 그대로의 뜻을 한글로 옮기면, 다음과 같다.

"옛날에 황제가 있었다. 태어나면서 신령스러웠다. 애기 때 말을 잘 했다. 어린 시절에도 언행이 어른스러웠다. 어른이 되면서 인품이 두텁고 일을 재빨리 처리했다. 맡은 사업을 마무리하고 하늘로 올라갔다!"

살을 붙여 의역하면 다음과 같이 이해할 수 있다.

"아주 먼 옛날에 황제라는 사람이 있었다. 그는 태어나면서부터 신령스러운 기운이 있어 남다른 차원의 기질이 느껴졌다. 4-5세 정도의 어린 시절부터 말을 조리 있게 잘했다. 조금 자라난 10대 무렵에는 이미 육체적으로 정신적으로 어른처럼 성숙하였다. 20대 이후 어른이 되었을 때는 높은 수준의 품격을 갖췄고, 어떤 사안이건 재빨리 처리할 정도로 일에 통달하였다. 그리하여 자신에게 부여된 사업을 완성하고는 자연으로 돌아갔다!"

이 천재성(天才性)을 지닌 '황제'라는 존재는 무엇일까? 신(神)인가? 인간(人間)인가? 신인(神人)인가? 신처럼 전지전능한 인간인가? 어린 시절부터 어른에 이르기까지 성장과정에서의 능력을 구체적으로 밝혀 놓은 걸보니, 인간으로 묘사된 것은 분명해 보인다.

어쨌건, 『황제내경』의 간단한 저 첫 문장으로 보면, 황제는 분명, 보통 사람은 아니다. 일반인의 경우, 겨우 말을 시작하는 시기에, 황제는 이미 조리 있게 사리에 합당한 말을 했다. 보통 사람에 견주어 보았을 때, 이는 완전히 차원이 다른 인간임에 분명하다. 10대 때 정신적·육체적으로 어른으로 성장했다. 이 또한 마찬가지다. 어른이 되어서는 최고의 인격자로 어떤 작업이건 능숙한 인간이 되었다. 그리고 마침내 원래의 자리였던 자연으로 귀환한다.

어, 이게 뭐지? 인간이 가야할 길을 상징적으로 지시하는 건가? 그럼 인생 전체를 교육의 과정으로 제시한 것 아닌가? 다시 정돈해 본다.

'① 황제라는 존재 - ② 유아기의 성장 - ③ 청소년기의 성숙 - ④ 성인기의 능통 - ⑤ 자연으로의 회귀!'

이런 과정이 인간의 길이라면, 그 의미심장한 세계를 어떻게 해석하느냐에 따라, 삶의 양식은 방향을 달리한다. 그것은 양생의 이치인가? 교육의 길인가?

3. 『황제내경』 독해 2 · 100세 시대 살기

2020. 7. 4. 토. 23:29

황제(黃帝)가 당대 최고의 의사이자 스승인 천사(天師)와 다음과 같은 대화를 나눈다.

황제: 옛날 순수의 시대를 살았던 사람들은 대부분 100세를 넘겨 생존했다고 합니다. 100세의 나이에도 인간으로서 행동이 노쇠하지 않았다고 하지요? 그런데 요즘 사람들은 그 절반인 50세 정도의 나이에 이미 노쇠하여 행동이 온전하지 못합니다. 그 이유는 무엇입니까? 시대가 달라서 그런 겁니까? 사람들이 삶의 지혜가 어두워 실수하기 때문입니까?

천사: 옛날 사람 가운데 인간의 길을 훤히 깨달은 사람이 있습니다. 그들은 음(陰: 月)과 양(陽: 日)의 변화를 본받아 음양(陰陽)과 오행(五行: 水·木·火·土·金)의 원리를 조화시킬 줄 알았습니다. 무엇보다도 음식을 먹는 데 절도가 있고, 기거하는 데 법도가 있었으며, 어떤 일을 하건 힘이 다하도록 지나치게 애쓰지 않았습니다. 그러므로 육체와 정신을 함께 잘 갖출 수 있게 되어, 각자에게 부여된 자연의 수명을 모두 마친 다음, 100세를 넘어서 죽었습니다. 지금 사람들은 그렇지 못합니다. 이유는 간단합니다. 술을 음료수로 알고, 망령된 행동을 떳떳한 행위로 착각하고 멋대로 나댑니다. 술에 잔뜩 취해 문란한 성행위를 하고 욕정을 조절하지 못하여 자신의 정기를 고갈시켜 버립니다. 그리하여 자신의 알찬 기운을 마구 발산하기만 하고 내면으로 만족할 줄 모릅

니다. 이렇게 제멋대로, 방탕한 삶을 살며 허비하고 있으니, 어찌 정신을 제대로 운용할 때를 알겠습니까? 온통 쾌락에만 마음 쏟고, 삶의 즐거움을 거스르며, 기거하는 데 절도가 없으므로, 50세 정도에서 노쇠해지고 죽음에 임박하게 되는 것입니다.

이런 대화를 보니, 평소 삶의 기본 원리를 인지하고 행동한다면, 100세 이상의 삶을 누리기 위한 인생교육은, 그저 상식에 불과한 것으로 느껴진다.

첫째, 자연의 질서와 원리를 파악하라. 둘째, 음식을 절도 있게 섭취하라. 셋째, 일상의 행동을 법도 있게 실천하라. 넷째, 일을 할 때 과로로 피곤하지 말라.

이렇게 하면, 몸과 마음이 건강하게 되어 자연 수명을 누릴 수 있다! 여기에서 핵심이 음식(飲食), 기거동작(起居動作), 본분(本分)의 이행이다. 잘 먹자! 알맞게 행동하자! 그리고 내 몸에 적절하게 열심히 일하자! 그것만이 오래 살 길이다.

50세 정도에서, 자연 수명의 절반도 제대로 살지 못하고, 죽는 원인도 간단하다. 첫째, 술을 음료[물]처럼 마시며 방탕한 생활을 하거나, 둘째, 잘못된 행위를 정당한 사안으로 둔갑시켜 행동하는 경우, 셋째, 문란한 성행위와 욕정 조절에 실패하거나, 넷째, 만족할 줄 모르고 기운이 소진할 때까지 마구 발산하는 경우다. 이렇게 쾌락에 빠지고, 즐거움을 모르며, 기거동작에 절도가 없을 때, 타고난 제 수명의 절반도 제대로 누리지 못하고 빨리 죽는다. 안타깝다.

오늘날 의료기술의 발달은 예방(豫防)의 차원도 있지만, 상당수가 질병을 얻은 후 치료(治療)를 하는 상황이 많다. 『황제내경소문』의 내용을 기준으로 보면, 50세 정도에 이미 노쇠하고 있는 형국이다. 긍정적으로 얘기하면, 과학 의료기술의 발달로 연명하는 꼴이다. 어떤 차원에서는 아주 서글픈 인간 현실이다! 현대 사회에서도 위에서 제시한 방식이 자연스럽게 가능한 일인지는 과학적 검증이 필요하겠지만, 자연 수명을 누릴 수 있도록, 교육적으로 진지하게 고민할 필요가 있겠다.

어찌 보면 실제로 이런 자연 수명과 건강의 문제는 다양한 교육을 통해 이미 시행되고 있다. 문제는 개개 인간의 실천이다! '지도생락(知道生樂)!' ― 자연의 질서에 순응하는 삶의 즐거움, 그 묘미를 장악하라!

4. 『황제내경』 독해 3 • 인간 교육의 첫 단추

2020. 7. 5. 일. 20:16

『황제내경소문』 제1권 제1편 「상고천진론」에는 교육에 관한 중요한 첫 단추를 내민다. 내용은 다음과 같다.

"옛날 순수했던 사회, 그 시대의 지도자는 사람들을 교육할 때 진정으로 강조한 것이 있다. 몸이 약해져 취약한 부분이 있을 때, 그것을 타고 들어오는 나쁜 기운, 즉 사기(邪氣)가 몸을 해친다는 사실을 인지하라! 사기가 빈틈으로 침투하고, 바람이 들어오면 몸에 해를 끼친다는 사실을 인식하라! 그리고 사기가 침투하는 시기를 장악하고 피해 나가라! 편안한 상태로 모든 잡념을 없애고 마음을 비워라! 자신의 참된 기운을 따라 내면으로 정신을 차려라! 그런 상황으로 몸을 돌보는데, 어찌 질병이 함부로 들어오겠는가?

이런 자세로 자기교육에 임하면, 뜻은 한가해지고 욕심은 줄어들며, 마음은 편안해지고 두려움이 없어진다. 몸은 수고스러워도 고달픔을 느끼지 않게 되고, 기운은 순리대로 움직인다. 이에 사람이 하고 싶은 일에 따라 모두 원하는 것을 얻는다. 그 결과, 사람들은 먹는 음식을 아름답게 여기고, 입는 옷에서 자유로우며, 더불어 사는 사회 분위기를 즐긴다. 지위가 높은 사람이건 낮은 사람이건, 자신의 자리에 만족하며 상대방의 처지를 부러워하지 않는다. 이런 사람들을 '질박하다' 또는 '소박하다'라고 한다.

그런 까닭에, 어떤 일을 즐기며 욕심을 부려도 눈이 피로하지 않다.

음란하고 사특한 것에 마음이 현혹되지 않는다. 어리석은 자나 지혜로운 사람, 어진 사람이나 어질지 못한 자, 모두가 세상일을 두려워하지 않는다. 자신의 할 일을 적절하게 할 뿐! 그것이 인간 삶의 길을 여는 첫 단추다.

나이 100세가 되어도 행동이 흐트러지지 않고 노쇠하지 않는 사람, 그들은 오직, 이와 같이 자신의 덕성을 위태롭게 하지 않았다."

인간 교육의 첫 단추, 그 핵심으로, 네 글자로 된 원전의 두 구절이 눈에 띈다.

"허사적풍(虛邪賊風)!" — 내 몸의 취약한 부분을 파고들어오는 나쁜 기운, 사람에게 해를 끼치는 찬바람!

"염담허무(恬憺虛無)!" — 편안한 마음! 어떤 물욕도 없고 허영에도 빠지지 않는.

5. 『황제내경』 독해 4 • 네 가지 인간 유형

2020. 7. 15. 수. 19:23

동서고금을 막론하고, 교육은 인간의 성장(成長: growth)과 성숙(成熟: mature)을 고민한다. 성장은 '자라나는 사업'이고 성숙은 '익혀가는 사업'이다. 교육(敎育)은 문자 그대로 '가르침을 통한 기름'을 추구하는 행위다. 그런데 많은 사람들은 '가르치고 배우는 일'인 교학(敎學)으로 오독한다. 교육과 교학은 대동소이(大同小異)하다. 하지만 의미의 '소이(小異)'가 전혀 다른 차원을 형성할 때가 있다.

교육(敎育)과 교학(敎學)은 유사하지만, 동일한 의미는 결코 아니다. 인식의 원천이 다르다. 교육은 배우고 가르치는 활동임에 분명하지만, 그보다 기본적인 사안이 문자 자체에 포함되어 있다. 다시 강조하지만, 가르치고 배우는 일은 정확하게 표현하면, 한자로 '교학(敎學)'에 해당한다. 이는 가르치는 '교수자'와 배우는 '학습자'를 이원적(二元的)으로 전제하고, 상대적으로 역할을 부여하여 교육을 인식하려는 자세다. 하지만 교육(敎育)은 '가르치고 기르는' 사태가 하나로 이어지는 일원적(一元的) 인간의 삶이 핵심이다.

'가르침-배움'이라는 '교-학'의 구도는 상대적이고 기계적인 일종의 메커니즘(mechinism: 機械論)이다. '가르침을 통한 기름'이라는 교육의 통일성은 유기체적인 일종의 오가니즘(organism: 有機體論)이다. 기계론은 분리 가능한 '분열적 형식'이 되기 쉬우나 유기체론은 분리 불가한 '통합적 양식'을 지닌다.

각 시대마다, 각 사회마다, 교육은 '어떤 인간 유형을 양성할 것인가?'에 초점을 맞춘다. 당대에 가장 올바르고 건전한 인간형을 심사숙고한다. 『황제내경소문』의 제1권 「상고천진론」에는 그 하이라이트로 네 가지 인간 유형을 제시한다. 이 네 부류에 담긴 인간형의 특성을 성찰하면, 내가 가꾸고 다듬어 가고 싶은 인간의 모습을 떠올릴 수도 있으리라.

첫 번째 유형은 '진인(眞人)'이다.

"아주 오랜 옛날, 순수의 시대, 이른바 '상고(上古)'시대에는 '진인'이 있었다. 그는 우주의 존재적 바탕인 하늘과 땅을 근거로, 그 특성을 이루는 음(陰)과 양(陽)의 본질을 정확하게 이해하였다. 그리고 음양(陰陽)의 기운을 들이마시고 내쉬며, 어떤 사안에도 의지하지 않고 독립적으로 서서, 자신의 삶을 지키고 펼쳤다. 그런 만큼 몸이 한결같았다. 그런 만큼 장수를 누렸다. 하늘과 땅의 자연 질서가 어긋날 때도 있었다. 하지만, 생명을 끝마치지 않고, 삶에 생명력을 불어 넣는, 인간의 길을 열어 놓았다."

두 번째 유형은 '지인(至人)'이다.

"상고 시기로부터 상당한 시간이 흐른 후, 순수의 시대가 약간은 흐려진, 이른바 '중고(中古)'시대에는 '지인'이 있었다. 그는 인간으로서 착한 덕성을 두텁게 하고, 인간 사회의 도리를 오롯이 하여, 그것을 음과 양의 특성에 맞추어 호응하게 만들었다. 봄-여름-가을-겨울로 끊임없이 순환하는 사계절의 변화에 삶의 균형을 잡고, 세속의 잡된 일에 대해서는 거리를 두거나 한발 떨어져, 온몸에 기운을 모우고 힘을 다해 자신의 삶을 펼쳤다. 이렇게 하늘과 땅 사이의 자연을 유람하며 저 멀리 팔방의 바깥 세계에 이르기까지 다양한 세상을 보고 들었다. 그 결과, 자신의 본래 수명을 더욱 강대하게 만들었고, 진인의 세계에 가까운 경지에 이르렀다.”

세 번째 유형은 ‘성인(聖人)’이다.

“성인은 하늘과 땅의 특성에 맞추어 호응하며 거처하고, 자연의 이치를 따라 살았다. 세상에 살면서 즐기고 싶은 일은 적당하게 조절했다. 화내거나 성내는 마음이 없었다. 세상 사람들이 입는 의복이나 장식품 같은 일상도구를 회피하거나 멀리하지 않으면서도, 속세의 잡다한 행사에는 관여하지 않았다. 외형적으로 볼 때, 일하면서 몸을 혹사시키지 않았다. 내면적으로는, 깊이 생각하면서도 고민에 빠지지 않았다. 마음을 편안하게 만드는 데 힘을 쏟았다. 자연스럽게 체득하는 것을 일삼았다. 때문에 육체가 망가지지 않고 정신이 흩어지지 않았다. 그만큼 제 수명을 모두 누렸다.”

네 번째 유형은 ‘현인(賢人)’이다.

“현인은 하늘과 땅의 존재 상황을 우주의 법칙으로 본받고, 해와 달이 번갈아 교차하며 차고 기우는 현상을 모방하였다. 그리고 하늘의 별과 별자리가 다양하게 나열된 천문(天文)을 파악하고, 음과 양의 변화를 헤아리고 따르며, 사계절의 특성을 분별하며 살아가려고 애썼다. 즉 상고(上古)시대 진인의 발자취를 따라 그런 인간의 길을 꿈꿨다. 최선을 다해 그에 다가서려고 노력하였다. 이 또한 수명을 연장하기 위한 삶의 애착이었다. 하지만, 상황이 그것을 뒷받침하기 힘든 시기였다.”

네 가지 유형 가운데 가장 낮은 차원의 인간이 ‘현인’으로 묘사되어 있다. 그 위 단계가 ‘성인’, 또 그 위에 ‘지인’, 또 그 위에 자리한 최고의 인격체가 ‘진인’이다. 즉 ‘현인-성인-지인-진인’이라는 인간의 품격이자 도덕적 성취의 위계질서다.

유학(儒學)에서 볼 때, '성인(聖人)은 경(經)을 짓고 현인(賢人)은 전(傳)을 짓는다!'라고 했다. 그래서 '성경현전(聖經賢傳)'이라 한다. 성인이나 현인은 경전이라는 위대한 작품, 어떻게 보면 불변의 진리를 담고 있는 듯한 정전(正典)인 캐논(Canon)을 저술한 존재들이다. 그런데 '현인'에서 '성인', 그 위 단계에 '지인'이나 '진인'이라는 인간 유형을 두었다. 인품의 위계가 엄중하다. 과연 교육에서 모색하는 인간상을 어느 수준까지 설정해야 할까? 이상적 인간상을 둔다면, 어떤 경지건 관계없이 형이상학적 최고 인격체를 둘 수도 있다.

하지만 구체적으로 양성해야 하는 교육적 인간상이라면, '현실성'을 띠어야 한다. 특히, 민주주의 사회에서 '민주적 시민을 양성한다!'라는 교육목적을 설정했다면, 이때 시민은 민주시대에 부합해야 한다. 민주 시민은 어떤 인간 유형에 비유할 수 있을까? 현인인가? 성인인가? 지인인가? 진인인가? 참 어렵다!

6. 『황제내경』독해 5
• 잠복해 있는 기운을 펼쳐내는 유아 청소년기

2020. 7. 26. 일. 8:40

『황제내경소문』 제1권 제2편은 「사기조신대론(四氣調神大論)」이다. 여기에서 핵심 개념은 '사기(四氣)'와 '조신(調神)'이다. '대론(大論)'이라 했으므로, 그것에 관한 대체적 논의를 기록하였다.

'사기(四氣)'는 봄의 '온기(溫氣)', 여름의 '열기(熱氣)', 가을의 '냉기(冷氣)', 겨울의 '한기(寒氣)'를 말한다. '온(溫)-열(熱)-냉(冷)-한(寒)'의 기운은 사계절의 에너지를 상징적으로 드러낸다. 자연 그대로의 힘이다. 자연에 비유되는 인간의 삶도 마찬가지다. 교육에서도 이와 유사하게 비유되는 상황이 수시로 연출된다. 교육의 온기와 열기와 냉기와 한기.

'조신(調神)'은 계절에 따라 펼쳐지는 저 기운을 '때에 맞게 고르고 살피다'라는 의미다. 봄의 따스함, 여름의 더움, 가을의 서늘함, 겨울의 추움. 그 기운에 따라 잘 보살펴야 한다는 말이다. 인간의 몸은 사계절의 기후에 민감(敏感: sensitive)하다. 따스하면 서서히 펼치려 한다. 더우면 조금씩 축 늘어진다. 서늘하면 약간 위축된다. 추우면 잔뜩 움츠린다.

이 사계절의 자연 질서, 그 기후 변화에 맞추어, 견디고 몸을 배려하는 작업이 바로 인간의 삶이다. 교육이 '삶의 원현상(原現象)'이라면, 인간 교육은 사계절을 비롯하여, 자연이건 인위건 발생하는 모든 사안에 대처하는 양식을 일러주는 작업이다.

「사기조신대론」의 첫 구절은 다음과 같다.

"1월과 2월, 그리고 3월에 걸쳐 있는 봄, 이 3개월의 시기를 '발진(發陳)'이라 한다. 이때는 하늘과 땅의 기운이 동시에 살아 움직인다. 모든 사물이 번성한다.

이런 계절에는 밤이 깊어질 무렵에 잠자리에 들고 아침 일찍 일어나라! 운동을 할 때는 집안의 마당에서 느릿느릿한 걸음으로 산책 하듯이 거닐어라! 머리를 풀어 헤치고 몸을 느슨하게 만들어 편안한 자세를 유지하라! 이런 방식으로 행동하여 삶의 뜻이 돋아나도록 하라! 살아서 꿈틀대고 있는 생물은 함부로 죽이지 말라! 어떤 사태건 가능한 두루 주면서 베풀되 거둬들이거나 빼앗아서는 안 된다. 잘한 일은 상을 주고, 잘못한 일도 정확하게 분석·검토하여 무조건 죄를 물어 벌해서는 안 된다.

이러한 일들이 봄의 기운과 상응한다. 그 상응의 조신이 다름 아닌 양생(養生)하는 길이다.

이러한 일을 거역하면, 우리 몸의 오장(五臟)으로 비유해 볼 때, 간(肝)이 상하게 된다. 그렇게 되면, 다음 계절인 여름이 와도 '열기'가 아니라 '한기'인 차가운 기운으로 바뀌어, 한참 성장시켜 나갈 임무를 맡을 사람이 줄어들게 된다."

'발진(發陳)'은 잠재해 있는 사물, 묵은 것을 펼치고 피어나도록 하는 일이다. 다시 말하면, 잠복해 있는 기운을 펼쳐내는 작업이다. 교육적으로 해석하면, 소질이나 잠재능력을 가꾸고 성숙시키는 일과 상통한다. 영·유아기의 보육은 물론 유치원에서 청소년기에 이르는 다양한 교육 양식에 해당한다.

눈여겨볼 대목도 많다. 늦게 자고 일찍 일어나기, 산책처럼 하는 운동, 몸을 이완시키는 자세, 삶의 의지(意志) 다지기, 흔히 말하는 '입지(立志)'의 시공간이다. 가능한 한 살리고 베풀고 상주며, 봄의 기능과 보조를 맞추는 행위, 상황에 적합하게 조절하고 균형을 맞추며 어울리는, 저 숨고르기의 우주를 담고 있다.

봄에는 봄의 온기에 통하는 양생의 길을 모색해야 한다. 교육도 동일한 패턴을 지향해 왔다. 인생 전체에서 봄에 해당하는 시기, 즉 '영아기-유아기-아동기-청소년기' 등등 여러 단계의 삶의 과정을 고려하라. 그 시기에 적합한 교육을 진행하라. 그래서 심리학에서 축적해 놓은 인간의 발달 단계, 그것을 인식하는 일이, 교육에서 그렇게 중요하다. 발달을 고려하여 교육방법을 제시할 수 있기 때문이다.

봄의 온기가 지닌 질서를 거부할 때, 몸도 상한다. 특히 간(肝)이 상한단다. 간이 어떤 역할을 하는가? 사전을 확인해 보니, '신체 에너지 관리, 해독작용, 호르몬 분해, 지방 소화, 면역력 제고와 살균 작용' 등, 적극적으로 드러나지는 않지만, 우리 몸을 이끌어가는 핵심을 담보하고 있다. 보이지 않는 성실함과 노력, 관리자로서의 지도적 역할을 품고 있다.

7. 『황제내경』 독해 6
• 우거지게 자라나고 꽃 피우는 성인 초년기

2020. 7. 27. 월. 21:51

「사기조신대론」의 두 번째 구절은 다음과 같다.

"4월과 5월, 그리고 6월에 걸쳐 있는 여름, 이 3개월의 시기를 '번수(蕃秀)'라 한다. 이때는 하늘과 땅의 기운이 서로 느낀다. 모든 사물이 꽃을 피우고 열매를 만들어 간다.

이런 계절에는 밤이 깊어질 무렵에 잠자리에 들고 아침 일찍 일어나라! 낮에 쨍쨍 비추는 저 태양빛을 싫어하지 말라! 가능한 한 화를 내지 않도록 마음을 다잡고, 꽃이 핀 것들은 이삭을 만들 수 있도록 도와주라! 좋아하는 사물이 밖에 있는 것처럼, 기운이 새어 나가게 하라!

이렇게 해야 여름의 기운과 상응한다. 그 상응의 조신이 성장을 돕는 길이다.

이러한 일을 거역하면, 우리 몸의 오장으로 비유해 볼 때, 심(心)이 상하게 된다. 그렇게 되면, 다음 계절인 가을이 되어 학질(瘧疾)에 걸릴 수 있다. 거두어들이는 일을 맡은 사람이 적어진다. 겨울에 이르러서는 중병으로 바뀔 수 있다."

식물이나 곡식의 성장으로 비유해 볼 때, 잎이 무성해지고 가지가 뻗어나가는 시절이다. 잎과 가지의 사이와 끄트머리에는 꽃이 피고 이삭이 형성되어 열매를 맺을 준비를 한다. 이는 성년의 초기 단계에서 맛보아야 할 교육의 효과다.

특히, 마음 상하지 않게, 화내지 않고, 내면에 찬 기운을 외부로 보내기도 하면서, 성장을 지속하는 노력을 충실히 해야 한다.

8. 『황제내경』 독해 7

• 균등하게 담으며 추수하는 성인 중년기

2020. 7. 28. 화. 22:24

「사기조신대론」의 세 번째 구절은 다음과 같다.

"7월과 8월, 그리고 9월에 걸쳐 있는 가을, 이 3개월의 시기를 '용평(容平)'이라 한다. 이때는 하늘의 기운이 급박해진다. 땅의 기운이 밝아진다. 이런 계절에는 일찍 잠자리에 들고 아침 일찍 일어나라! 닭 울음소리에 깨어나는 새벽과 더불어 활동하라! 마음이 지향하는 뜻을 안정되고 완만하게 이행하라! 가을의 살살한 기운에 초목이 말라 죽으므로 펼치는 기운을 수렴하라! 가을의 기운을 공평하게 하고, 그 뜻이 밖에 처함이 없게 하여 폐(肺: 허파)의 기운이 맑아지게 하라!

이렇게 해야 가을의 기운과 상응한다. 그 상응의 조신이 수확을 제대로 돕는 길이다.

이러한 일을 거역하면, 우리 몸의 오장으로 비유해 볼 때, 폐(肺)가 상하게 된다. 그렇게 되면, 다음 계절인 겨울에 설사를 일으킬 수 있다. 저장하는 일을 맡은 사람이 적어진다."

가을은 수확의 계절이다. 수확은 사계절이라는 한 단위의 정돈이다. 한 단위의 정돈은 그 단위체로 볼 때는 죽음이다. 그 죽음을 아름답게 꾸민 말이, '수렴'이고 '저장'이다. 어떤 사안이건 '수렴'하고 '저장'했다는 의미는 질적 성장을 담보하는 노력의 결정체가 된다. 그것은 다음 단위체의 씨앗이다. 새로움을 여는 가능성이다. 그 가능성의 펼침은 삶의 지속과 연결된다. 그렇기에 수렴은 생명의 축적이다. 생명을 축적하고 새로운 생명을 성장시키면, 다시 질적 성숙을 거친 축적으로 나아간다. 그것이 인간의 품격을 성숙해 나가는 교육의 양상이다.

9. 『황제내경』 독해 8

- 인생을 정돈하며 닫아 감추는 성인 노년기

2020. 7. 30. 목. 8:41

「사기조신대론」의 네 번째 구절은 다음과 같다.

"10월과 11월, 그리고 12월에 걸쳐 있는 겨울, 이 3개월의 시기를 '폐장(閉藏)'이라 한다. 이때는 물이 얼어 얼음이 된다. 땅이 갈라진다. 따라서 양(陽)의 기운을 요동시켜서는 안 된다.

이런 계절에는 일찍 잠자리에 들고 늦게 일어나라! 반드시 햇빛을 기다려 스스로의 의지를 가만히 낮추어 숨어있는 듯이 하라! 개인적으로 하고 싶은 일을 차분하게 지향하면서도 이미 무언가를 얻은 것처럼 자부하라! 추운 곳을 벗어나 따스한 곳으로 나아가고, 피부를 함부로 노출시켜 기운이 빨리 빼앗기는 일이 없게 하라!

이렇게 해야 겨울의 기운과 상응한다. 그 상응의 조신이 저장하는 일을 제대로 돕는 길이다.

이러한 일을 거역하면, 우리 몸의 오장으로 비유해 볼 때, 신(腎: 콩팥)이 상하게 된다. 그렇게 되면, 다음 계절인 봄에 중풍이나 뇌출혈과 같은 병이 발생할 수 있고, 봄에 생명을 돋게 할 일을 맡은 사람이 적어진다."

겨울은 인생의 황혼기에 빗대어 볼 수 있다. 황혼(黃昏)은, 하루를 기준으로 볼 때, 해가 뉘엿뉘엿 넘어가는 석양(夕陽)의 시간이다. 해가

지고 어둑어둑해질 때 그 어스름한 빛! 어쩌면 하루 종일 온갖 사물과 소통하며, 모든 걸 품고 내일로 넘어가는 아름다움의 극치다.

인생으로 본다면, 한창 때인 중년을 넘어, 육체적으로 쇠퇴하면서도 정신적으로 최고의 경지에 머무는 소요유(逍遙遊)의 시절이다. 단순한, 삶의 종말이 결코 아니다. 나 자신은 한 생명의 단위체로서, 노년을 지나 생애를 마감한다. 그러나 나의 자식, 나의 제자 등, 수많은 후손이나 후속 세대를 통해, 삶은 연속체를 이룬다. 일종의 문화 전통으로 살아 숨쉰다.

이런 겨울은, 일단, 지금까지 누려온 삶을 성찰하고 조용히 닫는다. 그것을 숨겨서 감추는 것이 특징이다. 그래야 내년의 새봄을 준비할 수 있다. 닫고 감춘 것은 내년 봄에 싹틔울 새로운 종자다. 썩어 새 생명을 탄생시킬 밀알이다.

닫고 감추는 시기라고 해서, 겨울이 삶의 끝자락에 멈춘 것은 결코 아니다. 시공간의 단위를 무한 연장하면, 처음과 마지막은 존재하지 않는다. 그렇게 겨울은 조용하게 시작을 준비하며, 시작의 차분함만큼이나 성취의 웅장함을 그려보는, 묵상과 기도의 안식처로 자리한다.

10. 집, 거주의 교향곡!

2020. 7. 3. 금. 8:49

집은 사람이 살아가는 공간이다. 거기에는 나를 둘러싼 생애의 시간도 함께 녹아든다. 현재 내가 살고 있는 집은 엄마와 아내, 두 딸이, 오랜 시간 어울리며, 희로애락을 즐겼다. 가족이라는 아름다운 인생의 우주가 담겨 있다. 그래서 묵은 흔적을 볼 때마다, 때가 낀 만큼, 스며든 추억을 떠올린다. 미소를 지으며 회상에 젖기도 한다.

이런 점에서 집은 사람이 살아가면서 인생을 변주(變奏)하는 위대한 교향곡(交響曲)이다. 악장의 선율을 맛볼 때마다 전율을 느끼며 삶의 가치를 제고한다. 멋진 세계다. 삶의 알파와 오메가가 서리는 곳, 그런 존재의 가치를 부여하는 원석(原石)같은 자산(資産)이다. 적어도 나에게, 집은 그렇게 아늑한 곳이다.

특히, 집안에 마련한 서재에 들어서면, 나는 자유를 느끼고 평안을 만끽한다. 가족이 공용하는 거실이나 주방, 기타 여러 공간에서는, 또 나름대로의 안식이 주어진다. 이런 것이 소소한 일상, 삶의 행복은 아닐까?

언제부터였던가? 솔직히 말하면, 나는 사실 잘 모른다. 전깃불도 없던 산골에서 흙으로 빚은 집에서 살았다. 그 후에 살게 된, 시멘트 콘크리트로 된 도시의 집이 어떻게 탄생 되었는지, 그 역사를 잘 모른다. 어느 영화를 보니, 아마 1970년대쯤인가 보다. 대한민국에 '부동산 열풍'이 불어 닥쳤다. 이른바, 서울의 '강남개발'이라는 프로젝트가 몰고 온 광풍(狂風)이란다. 미친 듯이 불어 닥치는 바람이 아니라, 정말 광풍 자체였다!

그것은 사회의 개념을 바꾸고, 삶의 양식을 혁명적으로 전환시켰다. '인간세상 별유천지(人間世上 別有天地)'라고 했듯이, 인간을 비인간(非人間)으로 만드는 데 일등공신 역할을 했다. 그 이후 비인간의 세상이 인간의 세상인양, 사이비(似而非) 인간사회를 조작한다. 그 수위는 점점 높아지고 강도는 더욱 단단해져 왔다. 난공불락(難攻不落)이다. 지금 눈앞에 보이는 우리 사회의 단면이 그것을 증명한다. 젊은이건 늙은이건 '한 큐'의 '한 탕'을 꿈꾼다. 많은 사람들이, 부동산이라는 괴물의 마법에 걸려, 마약 중독자처럼 헤어나지 못한다. 최고지도자에서 서민에 이르기까지 '허파에 바람이 들고 물이 꽉 찼다!' 율곡 이이(栗谷 李珥)의 표현을 빌린다면, "부념(浮念)"이다. 붕 뜬 마음이다. 헛된 생각으로, 인생을 망가뜨리며 허우적대고 있다.

'집'을 대하는 태도도 예외는 아니다. 특히, 아파트를 매매할 때 재미난 현상이 난무한다. 어떤 사람들은 편안하게 거주하기 위해, 흔히 말하는 내 집 마련을 위해, 수십 년간 땀 흘려 모은 돈을 거기에 쏟아붓는다. 그나마 아파트에 당첨되어 원하는 집 한 채라도 구하면, 날아갈듯이 기뻐한다. 온 가족이 내 집 마련의 꿈을 실현한, 축제를 즐긴다.

그러나 어떤 사람은 내 집 마련보다는 가격을 먼저 따져가며, 집을 재산 증식용 물건으로 취급한다. 그런 사람이 많다. 아니 세상사람 대부분 그렇게 느껴진다. 뉴스에 집 얘기만 나오면 그러하니, 서글퍼진다. 그 자리에서 '수 천 만원 또는 수억을 벌었다!', '바로 프리미엄을 붙여 다시 판다.' 돈 놓고 돈 먹기 같은 사기도박을 조장한다. 참 저질이다.

그러나 현실은 사실을 진실처럼 꾸며놓는다. 서글픈 한국사회의 민낯이다. 자신이 맡은 일을 열심히 수행하고, 꾸준히 노력하여, 차곡차곡 저축을 하며 재산을 증식하는 사람들의 시선에서 볼 때, 그 일확천금(一攫千金)의 우울한 세계, 로또 복권 당첨 같은 불로소득(不勞所得)의 세상, 허무의 극치를 보여주는 아수라(阿修羅), 지옥의 입구에서 서성이는 인간 실격의 마당이다.

이런 부동산의 아수라장이 사회의 보편적 현상으로 드러날 때, 인간은 살맛을 잃는다. 인생을 즐기기에 다양한 한계를 느낀다. 더구나, 사회 지도급 인사들이 이런 아수라장에 적극적으로 뛰어든다면, 말해 무엇 하리! 김지하 시인의 〈오적(五賊)〉이 생각난다!

민주 시대를 이끌어가는 주체들은 적극적으로 자신의 삶을 주도해야 한다. 민주적 원리와 양식을 고려하며, '솔선수범(率先垂範)'이라는 거룩한 언표를 고민해야 한다. 그러나 그런 모범이 쉽게 드러나 보이지는 않는다. 그렇다고 우리 사회에서 그런 인간이나 사회의식이 완전히 사라진 것은 결코 아니다! 그런 롤 모델이 없어졌다면, 대한민국은 존재하기 힘들다. 분명, 보이지 않는 솔선수범 덕분에, 내가 살아가는 사회가 이만큼이라도 지속하고 있다! 와신상담(臥薪嘗膽)의 고사를 떠올리며, 나 스스로를 위로해 본다. 전혀 아닐 수도 있겠지만.

최근에는 '각자도생(各自圖生)'이라는 말이 곳곳에서 터져 나온다. 제각기 스스로 살아갈 방법을 모색하라! 이 얼마나 비교육적(非敎育的) 언표인가? 인간이 사회를 만들어 사는 이유가 뭔가? 협동(協同)과 배려(配慮)를 통해 인생을 짜나가야 하는데, '홀로 삶'이라니. '인간'이라는 말에 대해 가장 모욕적 언사다. 이렇게 비사회적이고 비인간적인 단어가 세상을 뒤덮다니! 안타깝기 그지없다! 본능에 따라 일부 홀로 살아가는 동물을 제외하고, 짐승의 세계도 그렇지만은 않다! 무리를 이루고 군집(群集) 생활을 한다.

벌써, 수십 년째, 교육에 종사하고 있다. 사람으로서, 사람됨을 추구하고, 사람답게 살기를 갈망해 왔다. 이 학문의 마당이 의미 없는 헛수고인가? 세상을 보니, 아직도 가야할 길이 너무나 멀다.

도원임중(道遠任重)!

11. 정의와 명예를 함부로 거론하지 말라

2020. 7. 11. 토. 11:53

어제 2020년 7월 10일 금요일. 새벽부터 밤늦게까지, 전혀 다른 삶의 특성을 지닌, 한국 사회에 큰 족적을 남긴 두 존재의 죽음을 목격했다.

하나는 박원순(1956~2020)이라는 서울시장의 자살(自殺)이다. 다른 하나는 백선엽(1920~2020)이라는 장군의 별세(別世)다. 전자는 대한민국 수도(首都)의 기관장이었던 존재였다. 후자는 대한민국 최초의 대장이었던 존재였다. 전자는 60대 중반이고 후자는 100세의 인생이었다. 이 짧은 사색의 마당에서, 백선엽 장군에 대해서는 언급하지 않는다.

하지만, 박원순에 대해서는 할 말이 많다. 자살! 자살이라고? 오늘은 내 간략한 감정만을 피력한다.

먼저, 그의 자살은 나에게 결코 충격이나 안타까움으로 다가오지 않는다. 오히려 극도의 분노(忿怒)에 휩싸이게 만든다. 이게 대한민국 수도(首都)를 책임지던 지도자의 모습인가? 시정(市政)을 보살피다 과로(過勞)로 쓰러지지는 못할망정, 자살이라니! 어처구니가 없다! 몇 줄로 남겨놓은, 모든 사람과 세상을 향해 던진 형이상학적이고 낭만적 언사의 유서를 보고, 그 무책임함에 더욱 화가 난다. 미안하다는 애절한 안녕, 그 가슴 아픈 작별 인사는 충분히 이해할 수 있다. 그런데 죽어서 명예(名譽)를 지켜? 그건 아니다. 명예라는 아름다운 언어는 자살이라는 비겁한 행위에 어울리지 않는다. 명예라는 말을 함부로 쓰지 말라! 그건 허접한 인간에게 붙여주는 의미 잃은 언표가 결코 아니다.

지난날 노무현(1946~2009) 전 대통령, 노회찬(1956~2018) 전 국회의원 등 사회지도급 인사들의 자살을 보며, 안타까움, 분노, 씁쓸함을 느끼며, 끊임없이 인내(忍耐)했다. 그래도 민주 사회 진보를 지향하며 희생하던 그들의 배려(配慮)와 책임(責任), 열정(熱情)을 옹호해 왔다. 이제는 그것이 싸구려 변명(辨明)으로 전락한 것 같다. '추(醜)'함의 극단으로 치달렸다. 시대정신을 더럽혔다. 볼 것 없다! 성급한 생각인지는 모르겠으나, 박원순 자살 사건으로 인해, 나는 진지하게 재고한다. '참여연대'를 비롯한 진보진영이 가꾸어온 사회운동의 긍정적 힘은 여기까지다. 이제 그 아름답던 1980년대식 사회개혁운동은 한꺼번에 침몰되었다! 이제 나는 새로운 침묵(沈默)과 묵언(黙言)으로, 내 은둔(隱遁)의 길을 조용히 가야겠다.

정의(正義)는 결코 그것을 회피하려는 '죽음'으로 덮이지 않는다! 어떤 특정한 사안에 의해 사라지지도 않는다. 진실로 살아남을 뿐이다. 동서고금, 누구를 막론하고, 잘한 일에 대해서는 그만큼 보상받고, 잘못한 일이 있다면 그만큼 처벌받아야 마땅하다. 그것만이 민주사회를 지탱할 수 있는 공정한 처사다. 민주적 삶을 추동하는 힘이다!

명예는 절대 자살로 지켜지지 않는다! 명예는 본분을 다할 때, 떳떳하게 부여되는 인간 최고의 자존감이다! 인간의 목숨이자 생명이다. 인간 존재의 근거이다.

제발, 인간으로 살아가는 한, 부끄러운 일이 적어지기를 소망한다. 윤동주 시인의 '서시(序詩)' 구절이라도 좀 읽으며 성찰하자.

민주주의 사회의 자유와 평등, 권리와 의무, 특히 본분과 책무성 등등, 나한테 주어진 길을 심각히 재인식하며 실천하자. 나부터 다시, 사람으로서 자신의 온몸을 깊이 반성할 수 있기를 기원해 본다.

12. 자라남과 늙어감

2020. 7. 11. 토. 11:58

갑자기 '인생(人生)'이라는 단어가 생각을 짓누른다. 나이가 들었다는 의미인가? 뭔가 심각하게 잘못하거나 실수로 인해 성찰이 필요해서인가? 수많은 영화의 제목에 삽입된 '인생'이라는 의미와 스크린 장면들이 스친다. 나는 어느 정도 성장했을까?

아직도 자라나고 있을까? 늙어가고 있는가? 자라남은 늙어감의 다른 표현이다. 늙어감은 자라남의 다른 양상이다. 자라는 만큼 늙어가고 늙은 만큼 자란다. 인생은 그렇게 다져진다.

인간은 태어나면서 자라고 늙는다. 일반적으로 자라남은 기운이 점점 활력을 높여가는 과정으로 인식된다. 늙어감은 그 반대로 기운이 점점 활력을 잃고 죽음으로 나아가는 과정으로 이해된다. 그래서 어린 시절로 거슬러갈수록 자라는 일에 관심을 기울인다. 이들에게는 청춘만이 열기를 뿜는다. 어른이 되어 삶의 경험이 축적되면서 인생을 성찰하는 시기에는 늙어가는 일에 신경을 쓴다. 흔히 말하는, 노후(老後)를 고려한다.

태어남은 삶의 시작 지점이기도 하지만, 죽음의 근원이기도 하다. 죽음은 탄생과 더불어 성장(成長)한다. 그 성장의 가운데 자라남과 늙어감이 자리한다. 성숙(成熟)의 차원이 그것을 대변한다. 교육은 자라남과 늙어감의 뫼비우스 띠를 관리하는 인생의 디자이너다.

13. 자가 격리 경험

2020. 7. 12. 일. 20:23

큰딸이 방학하자마자 독일에서 귀국했다. 2주간 자가 격리를 해야 한다. 서울 회현동 모 빌라에 보름 동안 머무를 숙소를 구했다. 2주 후 집으로 올 때까지 팬데믹 사태에 대응하는 한국의 여러 규정을 지켜야 한다. 큰 걱정 말고, 이것도 그냥, 이 시기의 재미난 일정 가운데 하나로 여겨야 마음 편할듯하다.

저녁 8시 조금 지난 시간, 밖엔 비가 내린다. 본격적인 장마인가!

이웃나라 중국과 일본은 홍수로 난리를 겪는 것 같았다. 큰 물난리는 없기를 기도해 본다.

코비드-19, 서울시장 자살, 각종 경제사건 등 참 재미가 적은 우중충한 하루다.

여름 더위가 시작되는 '소서(小暑)' 절기에, 무더위가 밀려오더라도, 이 어려운 상황에 또 다른 재해가 가중되지 않기를 소망할 뿐이다.

14. 혁신에 관한 단상

2020. 7. 13. 월. 16:19

정기 진료차 병원에 들렀다. 로비에서 잠깐 생각해 보았다. 크게 한 번 앓고 나면, 인간의 삶은 이전과 확연히 다른 모습을 보이기 쉽다. 2016년 3월, 나도 한 달쯤 입원하고 거의 죽다 살아난 이후, 사고와 행위가 조금 달라진 듯하다.

사회적으로 파장이 큰 사건도 마찬가지다. 지난 1월말부터 현재 진행형인 코비드-19 팬데믹! 오늘 장례를 치른 서울시장 박원순의 자살, 조금 전 박원순의 장례식이 끝나자마자, 한국 시민운동, 여성 인권 보호의 상징이었던 그의 성추행 문제 기자회견 등, 일상의 완벽한 파괴와 해체는 새로운 세계를 여는 디딤돌로 전화(轉化)한다.

민주 사회로 나아가는, 보다 건전한 사회를 지향하는 사회 진보를 위협하는 '걸림돌'들이 우리 사회에 존재한다면, 그 부정적 요인을 없애나가는 작업이 우리의 의무이자 권리가 되어야 한다. 그것이 당당한 민주 시민의 책무다!

남성 중심의 여성 비하 행위나 여성의 인권을 침해하는 어떤 사안도, 그와 반대되는 경우도, 이 사회에 횡행해서는 곤란하다. 성에 대한 평등은 서로를 존중하는 배려 의식에서, 가장 소중한 자리를 차지한다.

충격적인 사건 뒤에 따라오는 혁신을, 일상에서 예비(豫備)하라! 그것은 새로운 양태의 삶을 준비하게 만들고, 이전과 차원이 다른 건강한 인생을 담보할 수 있다.

코비드-19 이후, 일상을 완벽하게 개조할 충격을 기꺼이 맞이하라! 그것이 이 시대에 감당해야 할, 우리 모두의 의무이자 권리다. 책임이자 권한이다.

15. 아침 꽃들의 웃음 · 작은딸 생일 선물

2020. 7. 16. 목. 8:41

작은딸 생일이다. 2001년에 태어났으니, 스무 번째 기념일이다. 대학생이자 성인으로 맞는 첫 생일이기도 하다.

무엇보다도 건강하게 자라줘서 고맙다. 거기에다 내가 지어준 이름 그대로, 다른 사람을 배려할 줄 아는 심성(心性)과 예의(禮儀)를 갖추고 있는 것 같아 대견스럽다. 딸이 태어날 무렵 나는 박사과정을 수료했고, 조금 있다가 교수로 취직되었다. 돌아보니, 큰딸과 작은딸의 존재가 나를 그렇게 만들었던 것 같기도 하다. 참으로 고마운 자식들이다.

당시 박사논문 주제가 유학에서 중시하는 '충서(忠恕)'였다. 현대적 의미를 부여하면, '충서'에서 '충'은 '자기충실'이고 '서'는 '타자배려'에 해당한다. 작은 딸의 이름은 '충서(忠恕)' 가운데 '서(恕)'를 따서 지었다. 그런데 딸은 자신의 이름값을 톡톡히 하고 있는 것 같다. 어릴 때부터 다른 사람들을 돕는 데 소질이 있었다. 중고등학교 때도 봉사 동아리에서 여러 활동을 했다. 이런 것이 일종의 배려가 아닐까? 애비로서 기분이 좋다.

작은딸! 앞으로 인생에서 수많은 혼란과 역경, 시행착오, 실패와 성공 등등, 생각하지 못한 일들을 마주하게 될게다. 내가 평소에도 수시로 얘기했지만, 그렇다고 그런 사안에 대해 미리 걱정할 필요는 없다. 함부로 피해서도 안 된다. 반드시 마주쳐야 하는 일이라면, 당당하게 적극적으로 나서라! 제대로 마주할 수 있도록 마음의 준비를 하면 된다. 긍정적이건 부정적이건, 이 모든 만남이 작은 딸의 삶을 성숙시키며, 인생의 밑천을 마련해 주는 일이다. 너희를 돌봐준 할머니가 생전에 자주 말씀하셨던 것처럼, 매사(每事)에, 즉 모든 일 하나하나에 감사해야 한다. 네 엄마가 평소에 얘기하는 것처럼, 기죽지 말고 떳떳하게, 걱정하지 말고 진취적이어야 한다.

삶의 과정에서 발생하는 희로애락(喜怒哀樂)! 그것은 어떤 상황이건 열정적으로 견뎌내고, 재미있게 펼쳐나가자! 가능한 한 기쁨 가득한 삶을 여러 사람과 더불어 즐기기를 기대한다.

아침에, 가족 카톡방으로 사진 찍어 보내긴 했지만, 다시, 생일 축하 꽃다발이다!

쓰레기 분리수거할 때, 늘 딸과 함께 보던 그 꽃들이다. 그런데 오늘은 또 다른 의미로 웃어준다. 출근길, 우리 집 아파트 입구 화단의 싱싱한 꽃들, 릴리를 비롯한 몇몇 꽃의 생명력.

저렇게 생기 넘치는 삶이 작은딸에게 쭉 이어지기를.

16. 아우구스티누스의 시간에 관한 고백

2020. 7. 16. 목. 18:46

아우구스티누스의 『고백록』을 읽다가, '시간(時間: time)'에 대해 언급한 부분을 보았다. 상당히 신중한 사유가 펼쳐져 있다. 어렵기도 하지만, 1,500여 년 전, 한 지성인의 시간에 관한 생각을 엿볼 수 있는 멋진 장면이었다. 나중에 심사숙고하기 위해 메모를 겸해서 몇 줄 적어 본다.

"시간이란 무엇일까? 그것에 대해 아무도 나에게 묻지 않는다면, 나는 그것에 대해 알고 있다. 그러나 누군가 그것에 대해 묻고 설명을 요구한다면, 나는 그것을 알지 못한다.

하지만, 나는 다음과 같은 '사실을 안다'는 확신을 가지고 있다.

'그 무엇이건 지나가는 것이 없다면, 과거라는 시간은 존재하지 않는다!'

'그 어떤 무엇도 오는 것이 없다면, 미래라는 시간은 존재하지 않는다!'

'그 무엇도 존재하는 것이 없다면, 현재라는 시간은 존재하지 않는다!'

나는 이 세 가지 사실만은 알고 있다.

영혼은 '기대(期待)'하고 '직관(直觀)'하고 '기억(記憶)'한다! 영혼이 기대하는 일은 직관을 거쳐 기억으로 옮겨간다.

그런데 누가 아직 미래가 존재하지 않는다는 사실을 부정하는가? 그럼에도 불구하고 미래에 대한 '기대'는 이미 마음에 존재한다.

또한 누가 과거의 이미 존재하지 않는 일을 부정하는가? 그럼에도 불구하고 과거 일의 '기억'은 계속해서 영혼에 존재하고 있다.

또한 누가 현재라는 시간이 순간에 지나가 버리며 시간의 연장이 부족하다는 사실을 부정하는가? 그럼에도 불구하고 '직관'은 지속된다.

그 다음에는 장래에 존재하는 일이 이미 존재하지 않는 일로 된다. 따라서 존재하지 않는 미래의 시간은 길지 않다. 긴 미래란 미래의 긴 '기대'일 뿐이다.

또한 아직 존재하지 않는 과거는 길지 않다. 긴 과거란 과거의 긴 '기억'일 뿐이다."

일반적으로 '과거-현재-미래'의 흐름으로 단순화하여 인식하는 시간에 대한 관념이, 가고 오는 것, 존재, 영혼, 그 '기대'와 '직관'과 '기억'을 통해 조명되는 사유의 깊이가 나를 감동케 한다.

교육도 저 시간 속에, 영혼의 '기대'와 '직관'과 '기억' 가운데 녹아들어 있으리라!

17. 2020년 제헌절 단상

2020. 7. 17. 금. 9:33

2020년 7월 17일 금요일, 제헌절(制憲節) 아침이다. 제헌절은 말 그대로 '헌법(憲法)'을 제정하고 공포한 일을 국가적 차원의 경사로 기념하는 날'이다. 내가 알기로는 대한민국의 국경일은 삼일절(3.1), 제헌절(7.17), 광복절(8.15), 개천절(10.3), 한글날(10.9)이다. 이 다섯 날을 5대 국경일이라고도 한다. 국경일은 모두 공휴일(公休日)인데, 언제부턴가 제헌절만 공휴일에서 제외되었다. 법에 대해 문외한이라, 그 이유는 잘 모르겠다.

오랜만에 책장에 꽂아둔 성낙인 선생의 『헌법학』을 펼쳐 보았다. 책의 앞부분에 보니, 다음과 같이 대략적으로 정돈되어 있었다.

영어나 독일어, 불어에서 말하는 '헌법(憲法: constitution)'이라는 용어는 '구성' '조직' 등을 뜻한다. 이를 바탕으로 헌법의 기본적 의미는 '국가의 조직과 구성에 관한 법'이 되었다. 여기서 조직과 구성은 한 '국가 체제의 조직과 구성'을 가리킨다. 그러므로 헌법은 국가의 최고법이자 기본법이다. 근대 한국의 경우, 장정(章程)이나 국제(國制), 국헌(國憲) 등으로 표현되기도 했다.

헌법은 1787년에 제정된 〈미국 헌법〉과 1789년 프랑스 혁명기에 천명한 〈인간과 시민의 권리선언〉을 기점으로 전개된 일련의 입헌주의(立憲主義) 문서에 기반한다. 이 초기의 문서들은 주권재민(主權在民)에 기초한 근대 입헌주의 헌법의 풀뿌리 역할을 했다. 그것이 발전하여 오늘날 헌법은 단순히 국가의 조직과 구성에 관한 기본법을 뛰어넘어, 주권자(主權者)인 국민의 자유와 권리 보장을 위한 장전이 되었다.

요컨대, 근대 입헌주의의 정립 이래, 헌법은 국민 주권주의에 기초하여 국가의 조직과 구성을 설계하고, 국민의 자유와 권리를 보장하는 국가의 기본법이자 최고법이다.

대한민국의 제헌 헌법은 1948년 7월 12일에 제정되고, 5일 후인 7월 17일에 공포되었다. 사람의 나이로 따지면 70세가 넘었다. '10년이면 강산도 바뀐다!'라고 했으니, 일곱 번 정도 강산이 바뀐 세월이다.

현행 대한민국 헌법은 1987년 10월 29일에 개정되었다. 30여 년 전에 개정한 이 헌법은, 국민의 기본권 보장을 강화하고 대통령 직선제를 골자로 하는, 대한민국 헌정사에서 아홉 번째 개헌이었다. 이전의 주요 개헌으로는 4.19 이후 의원내각제가 세 번째 개헌이었고, 박정희 정권 시대의 유신헌법이 일곱 번째 개헌이었던 것으로 기억된다.

4.19 이후의 3차 개헌에서 현재까지, 내 유년기와 청소년기, 그리고 성년기를 관통하는 대한민국 헌법이 있었다. 그 헌법에 기초하여 진행된 교육을 통해, 내 의식의 상당 부분이 형성되어 왔을 것이다. 그 의미는 무엇일까? 1960-70년대는 유신, 새마을, 산업화, 경제개발, 독재 등등의 용어가 내 성장의 동력처럼 작동했다. 나는 유년기와 청소년 시기, 학교에서 학업 성적이 상위에 있었던 학생들에게, 자신의 의지와 상관없이 의무처럼 부과했던, 〈향토애향단〉의 단장 역할을 한적이 있었다. 때문에, 그 헌법 치하의 교육적 특성을 몸으로 느꼈고, 지금도 아주 각인된 형태의 추억으로 기억하고 있다.

80년대 초·중반은 이전과 또 다른 시기였다. 성인기에 들어서면서 더욱 패배감에 젖어드는, 정치적 독재가 횡행하던 시절이었다. 그때 자주 불렀던 노래가 〈농민가〉〈독립군가〉를 비롯한 일제 저항기 선조들이 울분과 독립 의지를 가득 머금으며 외쳤던 투쟁가였다. 아니면 1920년대 초기 대중가요였던 〈희망가〉였다. "이 풍진 세상을 만났으니……."로 시작하는.

그러다가 1980년대 후반, 현행 헌법이 개정되면서, 민주화가 급진 전되어 나갔다. 민주화를 열망하며 저항하던 대학생들 사이에 노래 문화도 바뀌기 시작했다. 시대정신을 반영한 민중가요가 등장했다. 1988년 올림픽 이후 90년대 들어서면서 경제적 풍요와 정치적 민주화의 진척은, 다른 측면의 부작용도 함께 드러냈다. 빈부격차, 민주주의의 원리 원칙을 넘어설 정도의 비민주적 상황, 다양한 측면에서 정의와 부정의, 합리와 불합리 등등, 혼란을 부추기는 요소가 만연하고 있다. 사회 문화적 측면에서는 상식과 인지상정의 세계가 사라지기도 하고, 지나친 사무행정의 시간이 길게 흐르는 것처럼 느껴지기도 한다. 어떤 사람은 이런 세태를 매우 견디기 힘들어 하기도 한다.

어쨌건, 대한민국 헌법은, 현재 9차 개정까지 이루어졌다. 10년마다 강산이 바뀌는 것보다 자주 바뀐 셈이다. 이런 헌법 개정 현상은 1948년 대한민국이라는 신생 국가의 탄생과 발전 과정이 얼마나 험난한 여정이었는지를 잘 보여준다.

언제 10차 개정이 이루어질까? 정치권에서는 몇 해 전부터 헌법 개정 문제를 논의하고 있는 듯하다. 분명한 것은 대한민국의 국가 정체성과 국민의 수준, 경제능력, 과학기술, 교육문화 등등 다양한 요소를 고려하여, 함께 고민하는 시간이 필요할 것 같다.

제헌절 아침, 나는 생각한다.

헌법은 그것에 기초하여 생활할 수 있고, 그것을 적극적으로 누릴 수 있는 국민이, 한 국가의 영토 내에서 주권을 행사할 수 있을 때,

빛을 발휘한다! 국민이 민주주의의 원리와 원칙, 민주적 삶의 자세를 상당 부분 이해하고 인식하여 실천하지 못하는 경우라면, 헌법은 존재 자체가 무의미하다!

18. 『엥케이리디온』의 도덕에 관한 작은 메시지 1

2020. 7. 19. 일. 4:36

2020년 7월 19일 일요일 새벽 4시 무렵이다. 2-3일 정도, 장마로 많은 비가 내린다고 했다. 그러나 아직 비는 오지 않았다. 아침 9시쯤 되면 강수 확률 70%라고 예보하고 있으니, 그때 쏟아질 모양이다.

『엥케이리디온』은 헬레니즘 시대의 아주 짤막한 '도덕[윤리]' 교본이다. 헬라스 철학이라고 하면, 우리에게는 일반적으로 플라톤이나 아리스토텔레스를 떠올린다. 하지만 그 두 철학자의 사이 세계에서 에픽테토스의 『엥케이리디온』은 서양인들에게 매우 깊은 영향을 미친 저작이라고 한다.

에픽테토스의 『엥케이리디온』 제33장에 「중요한 삶의 원칙」이 16가지로 정돈되어 있다. 그 가운데 첫 번째가 "혼자 있을 때건 다른 사람을 만날 때건, 네가 지켜야 할 성격의 어떤 태도와 입장을, 너 자신을 위해서 언제든 애초부터 규정해 두라!"이다.

이 첫 번째 삶의 원칙은 인간이 살아가는 존재 이유나 철학이라는 느낌을 준다. 개인적 좌우명이나 생애의 원리와 같은 인생의 법칙을 추동하는 생명력인 것 같다. 당신은 무엇으로 사는가? 왜 사는가? 지천명(知天命)의 평생을 살아오면서, 삶에서 지켜야 할 태도와 입장이 분명히 있을 텐데, 구체적으로 확인해 보려니 언뜻 떠오르지 않는다. 아직도 제대로 갖추지 못한 건 아닌가?

두 번째 원칙: "대부분의 경우에 침묵하거나 또는 꼭 필요한 것만 몇 마디로 말하라. 드물게 그 상황이 무언가를 말하도록 요구할 때 우

리는 그렇게 해야 한다. 그러나 일상적인 어떤 것에 관해서도 말하지 말라. 즉 검투사에 관해서 말하지 말고, 경마에 관해서 말하지 말고, 운동선수에 관해서 말하지 말고, 먹을 것이나 마실 것에 관해서 말하지 말고, 모든 곳에서 말해지는 것들을 말하지 말라. 특히, 사람들에 관해서 그들을 비난하거나 칭찬하는, 또는 비교하는 말을 하지 말라."

이 '침묵'의 옹호와 '꼭 필요한 부분에 관한 몇 마디 말'은 일상의 절제 미학을 보여주는 듯하다. '일상의 어떤 것에 대해 말하지 말라'는 의미는, 일상은 대화의 중요한 부분이 아님을 의미하는 걸까? 그럼 일상에서 무엇을 말해야 하는가? 말할 수 없는 것과 말할 필요가 없는 사안은, 그 대화의 범주와 영역이 다르다. 정확하게 파악되지는 않으나, 이 두 번째 원칙은, 늘 동일하게 반복되거나, 누구에게나 모든 곳에서 말해지는 것들에 대해, 무의미하게 말하지 말라는 뜻을 담은 듯하다. 그런 만큼 그와 다른 특별한 양상들, 필요한 부분은 말해야 한다.

무엇보다도, 사람들에 관해, '비난', '칭찬', '비교'하는 말을 하지 말라는 원칙은 사람 사이의 관계망을 인식하는 핵심 언표인 듯하다. 진짜로 사람에 대한 비난이나 칭찬, 비교를 하지 말라는 의미라기보다는 그렇게 해야만 하는 언표 너머의 숨은 뜻을 고려하라는 언행조심(言行操心)의 격려처럼 들린다. 어떤 경우에는 비난과 칭찬, 비교를 통해 인간의 삶을 더욱 비옥하게 만들 수도 있다. 비난이 칭찬으로, 또는 칭찬이 비난으로 전이되기도 하고, 비교를 통해 장단점을 드러내며 타자를 존중하고, 자아와 타자가 서로 기댈 수 있는 장이 마련되기도 한다.

세 번째 원칙: "만일 그렇게 할 수 있다면, 너 자신의 대화와 동료

들의 대화를 적절한 것으로 이끌라. 그러나 만일 네가 모르는 사람들 가운데 홀로 남게 되었다면 침묵하라."

아는 사람들과의 대화와 그 적절함을 고려하라! 모르는 사람들을 향해서는 침묵을 고수하라! 참 어려운 얘기다. 아는 사람들과의 대화는 당연하게 여겨지지만, 때로는 모르는 사람들과의 대화를 시도하는 경우도 상당히 있다. 세 번째 원칙에서 조건은 간단하다. 아는 사람들과의 대화는 '적절한 것'으로 이끌어라! 모르는 사람 사이에 남겨졌을 때의 침묵! 마치 유학의 중용(中庸)과 닮아 있기도 하다. 상황의 적합성이나 의미의 균형!

'침묵은 금(金)이고 웅변은 은(銀)이다(Silence is gold, Eloquence is silver)!'라는 말도 있듯이, 말과 침묵 사이의 용융(鎔融)과 연장(延長)의 수준은 어디쯤에서 가늠할 수 있을까?

19. 『엥케이리디온』의 도덕에 관한 작은 메시지 2

2020. 7. 20. 월. 22:05

「중요한 삶의 원칙」 일곱 번째에는 다음과 같이 기록되어 있다.

"몸에 관련된 것들은 최소한의 필요만큼만 취하라! 예를 들면, 음식, 의복, 집, 기타 생활도구 같은 것들이다. 외부적으로 드러나는 사안이나 사치스러운 모든 사물과 단절하라!"

나는 의식주(衣食住)에 대해 '최소한의 필요만큼 취하라!'는 생각에는 적극적으로 동의한다. 그런데 '사치스러운 모든 사물과 단절하라!'는 표현은 무엇을 의미하는지 좀 혼란스럽다. 그것이 검소한 삶의 영역을 추구하기 위한 의도라면 충분히 수긍할 수 있다. 하지만 지나치게 금욕적인 삶의 요청이라면, 너무 재미없지 않은가! 사치스러움이 도를 넘거나, 너무 호화로운 생활로 사람들에게 피해를 주거나, 본분에 어긋나는 재물을 쌓는 경우에는 문제가 심각하다. 비판 받아야 마땅하다. 지도급 인사일수록 그런 사치와 호화판 생활은 절제의 미덕을 발휘하며 일반 시민들의 모범이 되어야 한다. 그것이 상식이다. 그러나 현대 사회와 같이 복잡한 삶의 환경에서, '모든'이라든가, '단절'과 같은 극단적 대처는 쉽지 않다. 사치(奢侈)라기보다는 적절한 치장(治粧)이나 장식(裝飾)은 오히려 권장할만하지 않은가? 수수하고 은은한 미학을 발휘하는 인간상!

아홉 번째에도 의미심장한 삶의 원칙이 담겨 있다.

"누군가가 너에게, 이러저러한 사람이 너에 대해 나쁘게 말한다고 전달하면, 말한 것에 대해 방어하지 말고, 다음과 같이 답하라! '그래,

그는 내가 지니고 있는 다른 나쁜 점을 정말 알지 못했군! 알았다면, 그가 이것만을 말하지는 않았을 테니까.'"

정말 깊이 있는 대화법이다. 비판(批判)과 비난(非難)의 사이 세계를 깊이 파고든다. 그러면서도 자신을 변호하고 옹호하는 인내의 언어철학을 발휘한다. 나를 욕하는 존재에 대해 방어하지 말자! 그가 욕하는 사실보다 비난 받을만한 사안이 나에게 잠재되어 있다! 그것에 대해 말하지 않은 것만으로도, 행복하지 않은가! 참 무서운 자기성찰일 수 있겠다.

마지막 열여섯 번째 원칙이다.

"부끄러운 말을 옹호하는 것 또한 위험하다. 이러한 어떤 일이 일어날 때마다, 적절한 기회가 주어진다면, 심지어 그러한 말을 한 사람에 대해 꾸짖는 데까지 나아가라. 그렇지 않다면, 적어도 침묵을 지키고, 얼굴을 붉히고, 언짢은 표정을 지음으로써, 그러한 말에 의해 내가 불쾌하다는 것을 분명히 하라!"

한국어 번역자의 주석을 보니 다음과 같이 되어 있다. "어떤 상황에서도, 자연적으로 발생하는 도덕적 분노를 숨기지 말라!"

그렇다. 비상식적 상황, 부정, 부패, 부조리 등, 정당하지 못하고 분노를 자아내는 사안에 대해서는 숨기지 말라. 적극적으로 의사를 표현하라! 그것이 살아 있는, 생명력을 분출하는, 진지한 인간의 모습이다. 불의(不義)에 저항(抵抗)하라! 그것이 도덕적이다. 윤리의 초석이다.

20. 『엥케이리디온』의 도덕에 관한 작은 메시지 3

2020. 7. 23. 목. 9:56

『엥케이리디온』 제37장을 보니 이런 기록이 보인다.

"너의 능력 범위 밖의 역할을 떠맡지 말라! 네가 너의 능력 범위 밖의 어떤 역할을 떠맡으면, 그 일을 하는 너의 모습이 우습게 된다. 또 네가 아주 잘 할 수 있었던 일까지도 소홀히 하게 된다."

왜, 이런 충고가 중요한가? 인간은 자신에게 맞는 옷을 입어야 한다. 그 옷은 인품(人品)이다. 인간의 본분이고 사람의 품격이다. 사람이 하는 일이 격(格)에 맞지 않으면 조롱당하기 쉽다! 자신이 감당할 수 있는 범위를 정확하게 꿰뚫어라. 그것이 자신을 제대로 알고 행위를 적절하게 만들 수 있는 윤리 활동의 기본이다. 자신의 능력을 넘어 엉뚱한 데 관심을 가질수록 자신의 재능까지도 망각하게 된다! 이런 사태가 발생하면, 인생은 이미 그르쳤다. 소크라테스가 강조한 것으로 유명한 '네 자신을 알라!'

이 대목을 곱씹어보다가, 문득 생각났다. 서양 고대 그리스철학의 사유 가운데 어떤 대목은 고대 중국철학의 사유와 너무나 닮아 있다! 이런 것이 인간의 보편성인가? 그렇다면, 이 보편성은 '보편적 사유'일까? '보편적 행위'일까? 사유와 행위 둘 다일까?

『논어』에도 이와 유사한 의미를 지닌 표현이 있다. "그 자리에 있지 않으면, 그 자리에서 담당하는 일[정사]을 도모하지 않는다! — 부재기위, 불모기정(不在其位, 不謀其政!)"

이 구절은 『논어』에서 「태백」과 「헌문」에 두 번이나 기록되어 있다. 편집이 잘못 되었을 수도 있고, 옛날 책을 엮던 주요 수단인 죽간(竹簡)의 뒤엉킴 때문에 후대에 잘못 필사했을 수도 있다. 어쨌건 중복되어 나왔다. 두 번이나 등장한다는 말은 그 만큼 중요하다는 의미일 수도 있다.

어떤 일을 맡은 담당자나 책임자로서 그 자리[지위]에 있지 않다면, 그 일에 대해 함부로 말하지 말고, 그 일을 도맡아 처리하지 말라! 이 언표는 정당하다. 당연하다. 상식이다. 자신의 일도 아닌데 쓸데없이 관여하지 말라. 일 망친다!

하지만, 상당수의 사람들이 본분을 넘어선, 일탈(逸脫) 행위를 저지른다! 일탈은 인간 행위의 현상을 근원적으로 대변하는가? 먼저, 자신에게 주어지거나 맡겨진 일에 충실하라! 어느 영화의 대사처럼, '너나 잘 하세요!' 이 비꼬는 것 같은 오묘한 충고가 쓴 웃음을 자아내게 만든다.

『논어』「헌문」에는 위의 구절을 이어 다음과 같은 예방전이나 처방전, 성찰의 사례를 제시한다.

"군자는 자신의 지위를 벗어나지 않도록 신중하게 생각한다. - 군자, 사불출기위.(君子, 思不出其位.)"

현대적으로 이해하면, 군자(君子)는 '교육받은 사람(educated man)'이다. 사회지도급 교양을 갖춘 사람이다. 점잖고 예의 바르다. 신사(紳士: gentleman)다. 지식인(知識人)이면서 지성인(知性人)에 해당한다. 지도자이거나 자신의 업무를 충실히 이행하는 사람이다. 이러한 군자는 자신이 어떤 자리에 있는지 충분히 인식한다. 자신의 처지를 알고 그 범위를 넘어 월권하려고 생각하지 않는다.

세상에 존재하는 모든 사물은 제 자리가 있다. '각득기소(各得其所)!'

사람도 마찬가지다. 제 자리에서 본분을 다하고, 권리와 의무, 이른바 '도리'를 다해야 한다. 그래야만이 세상이 그만큼 건전한 사회를 빚어 갈 수 있다.

위의 구절 아래에는 또 다음과 같이 정돈되어 있다.

"군자는 자기의 말이 행실보다 지나친 것을 부끄럽게 생각한다. - 군자, 치기언이과기행.(君子, 恥其言而過其行.)"

군자는 자기의 말을 본뜻대로 다하지 못했을 때 부끄럽게 여긴다. 동시에 자기가 하려는 말이 본의를 지나쳐 넘칠 정도로 과장되어 나올 경우에도 부끄러움을 느낀다. 인간의 언행 문제가 그러하다. 언동(言動)과 행실(行實)은 '조심(操心)'하는 것이 상책이다. 이때 '조심'이라는 말은, 개를 키우는 어떤 집 대문에 큼직하게 써 놓았던, '개 조심!'이라는 의미까지 포함하여, 사람의 '마음을 다잡는 일'이다. 때문에 삶의 합리적이고 풍요로운 운영은 '조심철학(操心哲學)'을 몸에 익숙하게 만들 때, 훨씬 원활할 것으로 판단된다.

21.『엥케이리디온』의 도덕에 관한 작은 메시지 4

2020. 7. 30. 목. 9:22

『엥케이리디온』제8장의 글 하나가 눈으로 빨려 들어온다. 시선을 사로잡는다.

"세상에 벌어지는 일들이 네가 바라는 대로 일어나기를 요구하지 말라! 오히려 벌어지는 일들이 실제 모습 그대로 일어나기를 바라라! 그러면 모든 일이 잘 되어 갈 것이다!"

그렇다! 많은 사람은 그러기를 바라는지도 모르겠다. 세상은 내가 원하는 방향으로만 구현되지는 않는다. 정반대로 진행되기도 하고, 때로는 내가 생각한 것 이상으로 마음에 드는 경우도 있다. 결코 만만치 않다. 호락호락하지 않다. 그러기에 수시로 살펴야 한다. 그냥 보고만 지날 영역이 절대 아니다. 그럴 수도 없다.

대강 훑어보더라도 전반적으로 검토하라! 세밀하게 따져보더라도 구체적으로 분석하라! 내가 바라는 대로, 멋지고 아름답고 재미있는 세상에 조금이라도 접근하려면 말이다. 더 중요한 자세는 내가 소망하는 세상만을 추구하지 않는 마음이다. 내가 바라는 것보다 훨씬 많은, 내가 원하지 않는 일들이 곳곳에 도사리고 있다. 피하고 싶은 수많은 일들이 말이다. 그것이 현실이다.

하지만, 제발, 발생해야 할 일은 내가 생각하는 상식 그대로 일어나라. 그것이 내가 삶에서 추구하는 소박한 희망이다. 정말 기도한다. 일어나야 할 일은 정상적으로 일어나기를. 일이 비정상적으로 뒤틀리면 혼란에 휩싸인다. 그러면 보편적인 삶의 대처가 불가능하다! 소망하는 것은 그 이상도 이하도 아니다.

실제 바랐던 사실에 반전(反轉)이 발생하여 상상을 초월한다면, 우리 삶은 너무나 큰 충격에 가로 놓인다. 거기에다 사실 왜곡까지 발생한다면, 절망의 늪으로 빠진다. 헤어나기 힘들다.

'실제로 일어나는 대로 일어나기를', 간절히 희구한다!

22. 『엥케이리디온』의 도덕에 관한 작은 메시지 5

2020. 8. 2. 일. 10:52

『엥케이리디온』의 내용 가운데 가장 짧은 메시지가 제27장 「악의 본성에 대해서」다.

"과녁을 빗맞히기 위해 과녁을 세우지 않는 것처럼, 이 우주에 악 (惡)의 본성은 없다!"

번역자의 주석에는 다음과 같이 정돈되어 있다.

"어떤 것이 잘못되도록 우주가 존재한다는 것은 생각할 수 없는 노릇이다. 자연적인 어떤 것도 악(惡)하지 않고, 자연적으로 악한 것은 우주에 있을 수 없다. 이 생각은 전형적인 스토아적 자연관이다."

나도 이런 생각에 충분히 동의한다. 우주의 모든 존재는 그 자체가 악으로 상정될 수 없다. 그 근거는 어디에서도 찾기 힘들다. 선(善)과 악(惡)은 철저하게 인간의 가치 판단이 개입된, 사유이자 인식의 문제다. 그러므로 '우주 그 자체에 악의 본성이 없다!'는 말은 정당하다. 타당하다. 다시 말하면, 우주는 선(善)이다. 이때 선은 '자연 그대로'를 뜻한다.

이는 동양적 의미의 중용(中庸)과도 상통한다. 중(中)은 자연의 마음, 용(庸)은 그 쓰임이자 지속력이다. 하지만 우주에 살고 있는 모든 존재에 대해, 인간의 삶이 관계되고, 그것을 판단하는 가치 기준이 존재와 연관을 맺으며, 새로운 존재를 창출할 때, 선과 악은 그 구분이 뚜렷해진다.

23. 코비드-19 온라인 교육과 등록금

2020. 7. 21. 화. 14:55

2020학년도 1학기, 코비드-19 팬데믹(pandemic) 상황으로 모든 대학이 온라인 교육을 실시했다. 사태가 위급한 만큼, 갑작스럽게 준비한 만큼, 교수학습에서 소화불량이 일어나는 건 당연하다. 이 과정에서 학생들이 학습권 보장을 이슈로 삼았다. 강의실 대면수업을 제대로 하지 못한 만큼 학습권이 침해당했다는 의미다. 학습권을 보장해주지 못했다고 인식한 몇몇 대학은 다양한 형태로 등록금 반환을 해주었다. 아직 등록금 반환이 이루어지지 않은 여러 대학의 학생들은 등록금 반환을 거세게 요구하고 있다.

교육부는 등록금 반환을 해준 대학에 재정지원을 하겠다고 한다. 또 어떤 대학생들은 기껏해야 10만 원대 20만 원대 환불 수준인데, '이게 진정한 환불인가?'라는 목소리를 던지기도 한다. 뿐만 아니라, 대학은 대학 나름대로 할 말이 있다. 재정수입 감소는 물론 다양한 어려움으로 인한 생존 대책에 고충이 많기 때문이다. 개인에서 국가에 이르기까지, 모두가 정말 어려운 시기다. 코비드-19가 안정되지 않는 한, 정말 난제 가운데 난제다. 풀기 어려운 문제다.

대학과 연관된 논의는, 대학이라는 고등교육기관의 교육 문제다. 그러므로 '교육적 해법'으로 접근하는 것이 합리적일 수 있다. 국가[교육부], 학교당국, 교수자, 학습자, 교육 행정·재정 담당자, 국민의 이해, 사회적 인식 등등, 관련자들이 머리를 맞대면서 이 팬데믹 난국을 헤쳐 나가는 게 중요하리라.

학내를 둘러보다가, 학생회나 동아리 등에서 등록금 환불을 비롯하여 교육권이나 학습권을 요구하는 대자보를 보았다. 학생들의 심경과 요청에 충분히 공감하며 이해한다. 학습권 침해가 있다면, 그에 대한 이의제기와 그 권리를 보장하기 위한 주장은 당연하다. 하지만 살펴보아야 할 것이 많다. 학습자의 학습권은 물론 교육자의 교수권, 학교당국의 교육 관리에 대한 고민 등등, 사상 초유의 팬데믹 상황에서 고려해야 할 문제들에 대해 신중해야 한다.

특정한 사안을 강조하는 것만이 온전한 해법은 결코 아니다. 아마, 학생들의 교육권이나 학습권 이상으로, 학교와 교수자는 학생들이 문제를 제기하기 이전부터, '현재 상황을 어떻게 슬기롭게 극복할 것인가?' '이 시기에 효율적인 교육은 무엇일까?'에 대해 진지하게 고심하고 있다고 판단한다. 내가 만나본 대부분의 교육 관계자들은 걱정이 태산 같았다.

그러나 현실은 현실이다. 교내에 붙인 학생들의 대자보를 보며, 2020년 현재, 대한민국의 청년 대학생들이 어떤 고민을 하고 있는지, 우리 모두가 분명하게 인식할 필요도 있다. 가능하면 그들의 고충을 함께 고민하며, 온전한 해결책은 아니더라도, 더불어 격려하는 마음을 가지면 좋겠다.

이와 성격이나 내용은 다르지만, 대학시절, 민주화를 갈망하며 대자보를 써 붙이던, 내 청년학도 시기가 떠오르기도 했다.

그렇다고 청년 대학생들의 주장을 모두 반영하여 들어주어야만 한다는 얘기는 결코 아니다. 모두가 관심을 갖고 문제를 분석 검토하고 논의하며 고민해야 한다. 학생들의 젊은 패기와 전투적 사유의 혈기 왕성함은 매우 소중한 것으로 느껴진다. 대자보의 특성상 그럴 수도 있으나, 냉철한 이성과 논리적 설득력, 지성적 판단의 부재도 상당히 엿보이는지라, 좀 씁쓸하면서도 상당히 아쉬운 부분도 있다.

팬데믹이라는 상황, 더불어 고심해야 하는 시기에, 적대의식으로 가득한 전투 대열만을 가다듬는다면, 공멸의 가능성은 그만큼 높아진다. 보다 중요한 사안은 코비드 팬데믹을 이해하는 방식과 이후의 대학교육을 대비하는 포스트 코비드 시대의 교육 기획이 아닐까? 예컨대, 면대면 강의실 수업이 불가능할 때, 보다 효율적인 교수-학습 설계는 어떠해야 하는가? 기존의 삶의 양식은 패러다임 전환을 하고 있는데, 내 의식은 시대정신을 반영하려고 노력하고 있는가?

누구를 핑계할 시기는 아닌 듯하다. 코로나 바이러스를 탓하기에는, 이 우주가 너무나 거대하다. 학교당국, 교수, 학생, 직원 등, 학교 구성원 모두가 지혜를 모아, 새로운 교육을 예비하는 삶의 자세가 보다 중요하다. 교육 세계의 근거인 학교, 그 기초나 근본, 존재 자체가 사라진다면, 그에 관한 모든 논의는 무의미하다. 의미는 존재로부터 시작한다.

재밌게 얘기하면, '학교의 교육을 옹호하라!' 그것은 학교가 존재하는 한, 우리 모두의 권리이자 의무다. 교육의 방법은 다양하게 펼쳐질 수밖에 없다. 그것은 현재까지 언제 어디서건 그러하다. 포스트 코비드 시대도 마찬가지다. 이념이나 목적, 목표에 회의가 있다면 성찰하자!

나는 생각한다. '코비드-19' 사태는 절대 끝날 사안이 아니다. 우리 삶속에서 다양한 형태로 지속될 생활의 일부다. 때문에 그것이 끝나기를 기다려 이전과 유사한 삶을 고려한다면, 오해이자 오산, 또는 오판일 가능성이 높다.

대학[고등]교육도 마찬가지다. 구성원 모두는 철저하게 삶의 방향을 전환할 수 있는 용기를 마음에 심어야 한다. 학교당국도, 교수자도, 학습자도, 나아가 교육을 염려하는 국민 모두가 코비드 사태가 빨리 끝나기를 기다리며, 이전의 교육으로 돌아가기를 희망해서는 안 된다. 흔히 말하는 변곡점[러닝 포인트]은 지났다. 기존의 멘탈은 붕괴되었다. 다시 돌아온다 하더라도 이전과는 다른 양식이다.

다시, 나는 진지하게 생각해 본다. 저 바이러스와 철저하게 공존(共存)해야 한다. 공기를 마시며 삶을 조율하듯이 말이다. 자연 발생적인 현상도 있겠지만, 인간은 스스로 무슨 일을 하고 있는지 모르는 상황에서 자신을 위협하는 존재를 적극적으로 생산했을 수도 있다. 그렇다면, 어떤 연유로 발생했는지 관계없이, 삶을 위협하는 모든 존재에 대해, 그것을 극복하건 순응하건, 자연스럽게 사라지기를 기다리건, 싸워서 물리치건, 건강한 삶을 지속하는 것이 관건이다. 대안을 모색하라! 기존의 의식을 과감하고 진지하게 검토하고, 포기할 것과 보존할 것, 새롭게 창출해야 할 사유와 실천을 준비하자!

24. 가장 더운 계절의 추억

2020. 7. 22. 수. 16:42

달력을 보니, 오늘은 2020년 7월 22일 수요일, '대서(大暑)'다. 1년 가운데 가장 덥다는 절기(節氣)다. 아침부터 빗방울이 떨어졌다. 오전에는 장마 수준의 비가 내렸다. 그렇다고 끈끈하거나 후덥지근하지는 않다. 오히려 시원한 느낌이다.

어린 시절, 시골 산촌에 살 때, 이 무렵은 참 바쁜 시기였다. 밭에는 풀이 왜 그렇게 무성하게 자라는지, 김매기에 정신없었다. 나의 부모 세대들은 온종일 밭에서 콩죽 같은 땀을 흘리며, 농작물 기르는 일에 열중했다. 그것 이외에 할 일이 없는 듯했다. 그것만이 목숨을 살리는 생명줄이었으니까! 참 무던했다. 누구도 불평 없이 한 이랑 한 고랑씩 자신의 농사 임무를 수행했다.

이 시절만 되면, 식사(食事)는 정말 간단했다. 집 앞 밭에 주렁주렁 열려 있던 오이와 고추 몇 개! 그 자리에서 따다가 고추장에 찍어, 시원한 석간수(石間水)에 보리밥을 말아 먹던 기억이 새롭다. 밥과 고추장을 제외하고는 생식(生食) 그대로였다. 화식(火食)은 사치였다. 그것을 만들 시간이 부족했다. 순식간에 자라는 저 들녘의 잡초(雜草)들이 괴롭히던 시간이었다. 하지만 아무도 그 잡초 녀석을 원망하지는 않았다. 물에 말아 낱알이 흩어진 보리밥 한 덩어리, 그리고 고추 서너 개와 고추장의 어울림은, 세상이 허용하는 최고의 단맛이었다. 참 맛있었다. 특히, 엄마와 누나, 형과 함께 먹던 그 추억의 밥상은, 꿀맛을 초월하는 진수성찬(珍羞盛饌)이었다. 열심히 일하고 난 후, 땀을 흠뻑

흘린 후의 식사야말로 최고의 오찬이자 만찬이었다.

내 가족이 누렸던, 농사라는 생명줄을 온몸으로 받아 안은 당위적 열정! 그 땀방울의 축제는 이제 찾아보기 힘들다. 지금도 가끔씩 혼자 보리밥 한 덩어리를 정수기 물이나 녹차 물에 말아, 풋고추 몇 개와 먹어보기도 한다. 허나, 옛날 맛이 느껴지지 않는 듯했다. 옛 보리밥과 풋고추의 진수성찬은 정말 추억 속에 아스라이 남겨졌다. 추억을 뒤로 한 현실은 다른 양상으로 표출될 뿐이다.

대학에 진학하면서, 성인이 되어 농사와 멀어졌다. 지금은 농사가 아니라 학문이라는 또 다른 사업에 종사하고 있다. 이제는 학문에 대한 정열을 식지 않게 다잡아야 한다. 어린 시절, 대서 절기에 뿜어내던 당위적 열정을 그리며, 최고의 무더위 시절에 학문을 고민해 본다.

25. 단련의 세월을 즐기다

2020. 7. 23. 목. 6:54

인생은 타이밍(timing)일까? 새벽에 눈을 뜨자마자 이런 생각이 스친다. 몽롱한 꿈속의 생각인가? 장자(莊子)의 호접몽(胡蝶夢) 상황도 아닌데, 뭔지 모를 사유의 끄트머리가 뇌리에 맴돈다.

어떤 일을 하든지 적절한 시기가 있는 건 분명한 듯하다. 때가 아닌데 일을 벌이는 경우, 아무리 발버둥 쳐봤자 헛수고다. 탁월한 능력을 지니고 있어도 성취하지 못하고, 능력이 별로 없어 보이는데 뜻하지 않게 성취하는 경우도 있다. 이를 두고 '운(運)'이라고 한다. '재수'라고 하기도 한다. 운수 좋은 날, 재수가 있다! 운이 좋은 인생은 타이밍을 잘 맞춘 삶으로 볼 수도 있다.

하지만 인생이 정말 타이밍으로만 결정될까? 사람마다 생각이 다를 수는 있겠지만, 나는 절대 그렇게만 믿지는 않는다. 설사, 그런 경우가 일부 진리처럼 적용된다 할지라도, 어떤 일을 하기 위한 능력과 실력을 갖추고 타이밍을 고려하는 것이 정당하다고 생각한다. 그래야 살맛나지 않을까? 능력도 실력도 없는데, 타이밍만으로, 또는 운수만 좋아, 특별한 노력도 없이 어떤 사안을 성취했다고 하자. 그런 존재들도, 진정 기쁨에 충만한, 음미할만한 자기 인생의 가치를 축적할 수 있을까?

어느 영화의 대사처럼, '타이밍!'만을 되풀이하며, 다른 영역을 고려하지 않는 행태는 곤란하다!

현실이라는 시공간은 언제 어디서나 늘 펼쳐져 있다! 내가 함부로 펼치는 게 아니다. 나는 그 현실을 올라타고 잔뜩 긴장하고 있다. 이런 현실 속에서, 내 앞의 모든 상황은 타이밍이다. 여기에 적합한지의 여부는, 자신의 능력과 실력, 의지와 열정에 의거한다. 그런 점에서 내가 단련(鍛鍊)하여 축적한 힘, 그 추동력이 타이밍을 불러온다. 주어지는 타이밍에 맞추기보다 자신이 타이밍을 만들어 가면 어떨까! 그것이 삶의 의미를 보다 풍부하게 창출하는 존재의 이유가 아닌가?

많은 일이 나를 기다리고 맞아줄 때, 오히려 행복감이 배가될 수 있도록, 그것이 괴로움이 아니라 즐거움이기를, 현실에서 나를 반기는 모든 상황에 고마움의 인사를 건네라!

이른바 '범사(凡事)에 감사하라!'

자신의 일만을 위한 별도의 타이밍은 결코 존재하지 않는다? 현실 자체가 타이밍이다. 타이밍은 내가 가꾸어 간다! 자기를 '단련(鍛鍊)'하라!

일본 사무라이들의 수련 방식에 의하면, '단련(鍛鍊)'에서 '단'은 1,000일에 걸쳐 연마하는 공부이고, '련'은 그 10배인 10,000일에 걸쳐 지속적으로 탐색하는 연구다. 세월로 따지면 1,000일은 3년 정도의 시간이고, 10,000일은 30년 가까운 기간이다. 그것만이 능력과 실력과 타이밍을 조합(調合)하여, 삶을 주재(主宰)할 줄 아는 존재의 존중과 존경을 담보하는 보배다.

나도 이제 겨우 30년 정도 학문을 연마(鍊磨)해온 것 같다. 그 단련(鍛鍊)의 시간이 어떤 모습을 만들었는가?

26. 대안학교에 관한 추억

2020. 7. 23. 목. 12:36

1990년대 후반, 강화도 마리서당 학동들의 마음이 담긴 소중한 글이 책장 사이에 보인다. 20여 년 전 강화도에서 대안학교 운동을 할 때, 마리서당 초대 훈장을 맡았다. 마리서당은 나중에 마리학교로 발전되었으나 운영난을 비롯한 여러 사정으로 지금은 문을 닫은 상태다. 좀 아쉽다.

1년 교육을 마칠 무렵, 당시 학동들이 적어 준 글과 그림에, 천진난만한 마음이 담겨 있다. 그때 학동들은 아마 지금쯤 거의 30대일 것 같다. 재미있었던 시절 가운데 하나로 기억된다. 비록 1주일에 한 번, 토요일에 대안교육을 했으나, 천자문(千字文) 사자소학(四字小學) 등, 전통 아동교육을 중심으로 강화도의 갯벌과 농촌의 인프라를 활용한, 나름대로 즐겁고 신나는 교육이었다.

당시 학동들 모두 건강한 민주시민으로 대한민국을 이끌어가고 있으리라 믿는다. 대안교육에 관심을 갖고 함께 이끌어 주었던 감리교신학대학의 송순재 선생을 비롯하여, 여러 선생님들도 벌써 60대를 넘어 70대에 이르렀을 것 같다. 건강하게 오래도록, 진보적 사유를 지속해 가길 소망한다.

27. 자기충실을 위한 다짐

2020. 7. 23. 목. 13:52

벌써 20여 년 전이다. 21세기를 맞이하며, 2000년 1월 1일 아침에 '충(忠)', 이 한 글자를 써서 액자에 넣어 벽에 걸었다.

충(忠)은 '본분에 충실하라!'는 의미로, '자기충실(自己忠實; 自己充實)'에 해당한다. 당시 새천년을 시작하며, 가족 모두가 '자신의 일에 성실히 임하자!'는 뜻을 담았다.

이때 큰딸이 두 살이었다. 작은 딸은 아직 태어나지 않았다. 1년 후에 작은딸이 태어났는데, 당시 나의 박사학위 주제와 연관지어, 딸의 이름에 '서(恕)'자를 붙여 주었다. '서(恕)'는 '충(忠)'과 짝이 되는 말로 '타자배려'와 상통하는 개념이다.

'충(忠)'과 '서(恕)'는 공자가 일관한 삶으로 인식되면서, 유학의 핵심 개념으로 자리잡는다. 나는 유학을 전공하였기에, '충서(忠恕)' 두 글자를 생명으로 하는 삶의 철학을 가훈(家訓)으로 삼았다.

'자기에게 충실하고 타자를 배려하라!' 충서지도(忠恕之道)!

28. 특강 가는 길목

2020. 7. 24. 금.

① 어묵 맛

음식은 일상을 유지하는, 이른바 '일용할 양식'이다. 일용할 양식은 생존의 기본 수단이다. 때문에 양식이 풍족하지 않던 시절에는 챙겨 먹기에 바빴다. 시간을 가지고 그 맛을 음미하기 힘들었다. 음식 맛을 즐기며 여유를 부리기는커녕, 허기를 달래기 바빴다. 대한민국 정부 수립 이후, 6.25 전쟁이 지나고, 1960-70년대를 살며 견뎌낸 세대들 대부분이 그랬다. 나도 그 마지막 세대에 속한다. 이른바 '베이비부머 (baby boomer)'다.

충남도서관 특강을 가는 길에 휴게소에 들렀다. 코비드-19 때문인지 사람이 별로 없다. 휴게실에 들른 사람들도 대부분 서로 부딪치지 않으려고 눈치를 보며 긴장하고 있다. 화장실에 갔다가, 정말 오랜만에 어묵 가게 앞을 서성거렸다. 어묵(오뎅)을 하나 사서 맛보았다. 배가 고플 즈음 먹다 보니, 정말 달콤했다. 일용할 양식이지만, 그것을 훌쩍 뛰어넘는, 그 어떤 묘미가 깃든 것 같았다.

음식에 맛을 더하려면, 가끔씩, 일부러, 굶주리던 시절을 떠올리며, 배를 고프게 할 필요도 있다. 왜냐하면 배고플 때 먹는 음식이 가장 맛나기 때문이다. 진짜 일용할 양식이 없는 사람에게는 그것을 먼저 충족시켜 주어야 한다. 약간 여유가 있을지라도 사치와 낭비는 경계하라. 건강을 해치지 않는 선에서, 의도적으로 굶는 행위는 또 하나의 보약이 될 수도 있다. 건강을 위해 단식(斷食)도 하지 않는가!

오늘 어묵은 굶은 후, 조용히 맛 본, 한 첩의 보약과도 같았다.

② 곡식 자라는 소리

충남도서관 특강 가는 길, 홍성의 어느 시골 들판에 벼가 무성하게 자라고 있다. 발길을 멈추고 사진 몇 장을 찍어 보았다. 한국의 들녘은 참 정겹다! 논밭, 마을, 산, 개울 …… 등등.

논두렁에 심어져 있는 콩도 보인다. 누렇게 단풍이 든 콩잎을 젓갈에 담은, 그 거친 콩잎이 내가 즐겨 먹는 반찬이다. 하하. 오늘 그 젊은 이파리, 녹색의 콩잎을 마주하니 기분이 좋다.

③ 코비드-19 시대 강연장

충남도서관 대강당. 300여 명을 수용할 강의실에 40여 명으로 수강 제한! 거리두기와 마스크 착용은 필수! 시민들과의 약속이기에, 특강을 취소하기 힘들고, 이렇게라도 운영해야 한단다. 행사 담당자가 여러 차례 인사를 건넨다. 널리 헤아려 달라고.

이런 상황은 당황스러워 피해야 할 사태라기보다 기꺼이 맞이하며 즐겨야 할 새로운 양상이다. 단 1명과 1:1로 마주하더라도, 인간이 서로 만나 의견을 주고받을 수 있다는 상황 자체가 행복이다.

100분 정도, 동양 고전과 교육에 관한 특강, 청중과의 질의응답을 통해, 다시, 깨달음을 얻은 시간이었다. 대부분의 청중들에게서 삶을 건전하게 가꾸어가려는 의지가 엿보였다. 그것이 소망이고 희망이었다. 경청과 소통에 응해준 여러 시민들에게 감사할 따름이다.

강의가 끝나고, 자동차 문을 열고 가방을 정돈하는데, 강의에 참석한 어떤 부부가 계란 몇 개를 건넨다. 집에서 직접 생산한 계란을 구운 것이란다. 마지막에 단상까지 나와 질문한 어느 부인이었다. 강의가 재미있었단다. 구운 계란까지 선물로 받다니. 오는 길이 든든했다. 참 고마웠다.

29. 혈액순환을 위한 변명 • 위스키 한 잔

2020. 7. 25. 토. 23:15

오늘은 엄마가 하늘나라로 여행 떠난 지, 100일째 되는 날이다. 부모의 존재라는 건, 말로 다 설명하기 힘들다. 저 창공(蒼空)의 푸름과도 같다. 언젠가 시간을 내어, 내가 평생 경험한 부모-자식 사이의 사랑에 대해, 아버지·어머니의 일생에 대해서 기록해 놓고 싶다. 그것이 자서전 형식일지, 자전적 소설이 될지, 써 봐야 알겠다.

지난 4월 15일, 93세로 일생을 마감한 엄마의 삶을 그려보며, 독일에서 큰딸이 보내준 양주(위스키) 한 잔을 맛나게 마셔본다. 군대 생활 3년을 제외하고 50여 년을 함께 살았던 엄마였기에 감정이 교차한다. 아직 술을 마실 만큼 몸이 성하지는 않다. 사실은 이전에 비해 음주를 할 수 없다. 하지도 않는다. 지난 4년 동안 바깥에서 술을 마신 적은 한 번도 없다. 집에서만, 가족들이 있는 데서만, 와인이나 위스키를 혈액순환에 좋다는 핑계를 대며, 조금 마셔볼 뿐이다. 잔의 밑바닥 1-2센티미터 정도의 소량을 입에 대기만 한다.

엄마는, 손녀인 큰딸과 작은딸을 애기 때부터 정성껏 돌봐 주셨다. 나와 아내가 직장 일로 바빠 부모 노릇을 제대로 못할 때, 버팀목이 되어 주었다. 그런 할머니의 사랑, '격대교육(隔代敎育)'이 두 딸의 건전한 사고를 형성하는 데 상당한 기여를 했으리라. 벌써 대학생이 되어, 할머니를 그리는 나이가 되었다.

30. 자가 격리 해제 날 아침

2020. 7. 26. 일. 7:17

2020년 7월 26일 아침 7시다. 큰 딸이 독일에서 귀국한 후, 지난 2주 간 코비드-19 사태로 자가 격리(隔離) 했다가 오늘 12시에 해제된다.

베란다에서 본 풍광(風光)이 깨끗하고 상큼하다. 저 드리운 구름 사이, 창공을 배경으로 햇살이 화창하게 비춘다. 녹음도 푸르고, 왕숙천 (王宿川) 벼락소 물결, 잔잔하면서도 유유히 흐른다. 조금 뒤편에는 아파트와 학교, 산등성이가 묵직하게 자신을 펼치고 있다.

몇 시간 뒤에 큰딸도 자가 격리 해제, 탈출이다. 최소한 지난 몇 개월 간, 독일 유학 생활로 마음고생이 심했으리라. 빨리 만나서 맛난 점심 한 그릇 사줘야겠다.

31. 40년 전 대학시절 독서 • 『인간이란 무엇인가』

2020. 7. 27. 월. 22:23

밤 10시 무렵, 답답한 마음에 바깥 공기를 좀 마시고 싶었다. 창문을 열기 직전, 문득 서가(書架) 한 귀퉁이를 보았다. 낡은 책 한 권이 눈에 띄었다. 라다크리슈난과 라쥬가 편집한 『인간이란 무엇인가(The Concept of Man)』라는 책이다. 아마 대학 1학년 때, 거의 40년 전쯤에 읽었던 것 같다.

표지도 너덜너덜하고, 속을 들추어보니 종이도 군데군데 부서지는 곳이 있다. 함께한 시간이 오래 되었구나! 희미해지긴 했으나, 머리말을 비롯하여 본문 곳곳에 밑줄을 그으며 읽은 흔적이 남아 있다.

"우리가 어떤 분쟁을 일으켜, 다른 국민과 우리의 의견이 맞지 않을 경우, 민주주의적인 방법으로 마땅히 상대방을 우리의 의견에 동조시키기 위해 설득하는 노력을 기울여야 한다. …… 논리만이 시금석(試金石)이 아니다. 진정한 시금석은 인간의 삶이다. 우리는 인간의 삶과 인간의 세계를 논리적으로 구성하기를 원하고 있다. 그러므로 우리 관심의 중심은 인간 자신이다. 인간이 우리 연구의 주제인 동시에 그 연구의 시금석이기도 하고 의미이기도 한 것이다."

이런 등등의 여러 구절에 밑줄이 그어져 있었다. 1980년대 초반 대학생 시절, 당시에는 아마 '인간' 문제에 관심을 갖고 고민했나 보다. 그런 흔적이 정답게 다가오기도 했다.

40년이 지난 지금, 나의 제자들, 2020년 20대에게는, 이런 언급이 어떻게 비쳐질까? 궁금하기도 하다.

32. 천민자본, 수치심조차 없는 그 낯설음과 괴로움

2020. 7. 27. 월. 23:39

이 역동적인 사회를 살아가면서, 오류 없는 사람이 있겠는가? 나도 마찬가지다. 실수로 점철된 잘못이 삶의 곳곳에 스며든다. 가능한 한 그것을 최소화하려고 노력할 뿐, 실수와 오류를 완벽하게 대처하기는 힘들다. 그래서 인간은 관용(寬容)과 배려(配慮), 용서(容恕)와 화해(和解)를 통해 서로를 이해한다. 도덕적 완벽함을 구현하기 위한 어떤 제도적 장치를 마련하더라도, 인간 사회에서 의도하건 의도하지 않건, 비도덕적 일은 발생하기 마련이다. 겉으로 드러나지 않아 남들이 알지 못할 뿐, 나 스스로 부끄러움을 품고 살아가는 날도 많다.

그런데 최근, 우리 사회가 너무 재미없다. 부끄러움이 수치(羞恥)의 총량처럼 극도에 달한 느낌 때문이다. 비상식적이고 비합리적인 사건들이 횡행(橫行)하다 보니, 인간이 무섭다. 당연히 그렇지 않은 사람이 대부분이겠지만, 거리를 다니는 평범한 사람조차도, 비상식적이고 비합리적인 수준의 죄인이거나 잠재적 범인처럼 보인다. 왜 이렇게 사람을 오해하며 불신하는 의식이 싹틀까?

더욱 짜증나는 일이 있다. 솔선수범(率先垂範)해야 할 사회 고위층 인사들이 수치의 지옥문(地獄門)을 활짝 넓히고 있다. 수치스러운 사건이 생겼다면, 조금의 반성이나 사과라도 해야지. 최소한 직접 관계된 사람들에게 어떤 이해나 양해를 구하는 것이 도리 아닌가? 그게 그렇게 어려운가! 이성을 지닌 사람들의 상당수는 인간 삶의 상황을 이해하며 상호부조 한다. 그래야 인간에 대한 최소한의 예의를 지킨 셈이 된다.

'민주주의(民主主義)'라는 말 앞에 삶이 부끄럽다. 자유와 평등, 법치, 양심 등등, 사회적 가치를 무시하거나 멸시하는 존재들이 너무나 많다. 무식한 녀석들, 모조리 악인(惡人)이다. 나쁜 놈들 천국이다. 수치를 모르는 뻔뻔한 작자들, 이런 놈들과 동일한 시대를 살며, 함께 사회를 가꾸어 나가기가 정말 싫어지는 시절이다. 저런 버러지같은 녀석들과 대한민국이라는 이 아름다운 민주사회에서, '국방, 납세, 교육, 근로' 등 국민의 4대 의무, 그 상식의 세계를 언급하는 것조차도 창피하다.

아니, 국가를 합리적으로 잘 운영해 나가라고, 국민이 권력을 위임하여 공직자 자리를 주었는데, 그 권력을 사적으로 이용해! 제멋대로 본분에 반하는 미친 짓거리를 저지르고 있어! 참으로 한심한 얼빠진 녀석들일세! 물론, 동서고금을 막론하고, 정치권력은 부정과 부패를 초래하는 속성을 지니고 있다. 하지만, 모든 정치지도자가 썩어빠진 것은 절대 아니다. 위인(偉人)이라고 존경받는 분들, 훌륭한 정치지도자도 많다.

국가를 다스리는 지도자들, 국민으로부터 나오는 권력을 위임받은 자들은 모범적으로 민주주의의 권리와 의무를 이행해야 한다. 그래야 믿고 위임해준 공직자를 국민이 신뢰한다. 그 가운데 민주주의는 더욱 아름답게 꽃이 핀다. 그런데 이 뭐냐 말이다. 공직자로서 지도급 인사라는 놈들이 그와 정반대의 길을 적극적으로 앞장 서 가고 있으니, 이게 도대체 뭔가? 허탈함 그 자체다.

언론 보도를 보면, 나라가 온통 부정부패(不正腐敗)로 얼룩져 있는 듯하다. 병역, 부동산, 입시, 주식 비리 등등, 온갖 부조리(不條理)를 녹여 놓은 비리의 용광로(鎔鑛爐)같다. 비리(非理)의 화신(化身)들이 이 땅에 득실대는 듯하다. 국민으로서 마땅히 이행해야 할 의무를 정면으로 배신하는, 이 천하고 또 천한 자본주의의 민낯은 무엇을 의미할까?

경제 위기설에, 코비드-19라는 팬데믹 사태의 질병까지 창궐하여, 삶의 괴로움을 가중시키고 있는데, 서민들, 민중들은 저렇게 신음하고 몸부림치며, 생존을 위한 처절한 투쟁을 펼치고 있는데, 저 개념 없이 떵떵거리며, 자신의 잘못이나 실수조차 제대로 인식하지 못하는, 저 뻔뻔스러운 물건들은, 도대체 어떤 생각으로, 이 사회에서, 그것도 공직자로서 지도급 인사로서, 나와 동일한 시공간에 존재하는가?

더럽고 더럽다! 밖으로는 입을 막고 눈을 닫고 귀를 막는다. 안으로는 입을 열고 눈을 닦고 귀를 씻는다. 몸 전체의 악취를 몰아내고 향기를 간직해 놓는다.

다시 생각해 본다. 이런 상황을 뛰어넘는 지혜를 발휘해야 하는가? 개념 없는 저 무식한 물건들을 무시해야 하는가? 이것도 저것도 아니라면, 무관심의 초탈로 은둔해야 하는가? 인간의 힘으로 할 수 있는, 사회에 대한 관심, 그것을 감당할 수 있는 한계는 어디쯤일까? 민주 시민사회를 위한 교육을 얼마나 고민해야 하는가?

33. 민주주의의 적과 교육의 허실 사이

2020. 7. 29. 수. 9:56

민주주의의 발전은 다양한 양상으로 이루어진다. 때로는 피를 흘리는 희생이 강요되기도 한다. 그래서 전통적으로 '민주주의는 피를 먹고 자란다!'라고도 했다. 때로는 합의를 통한 의사소통이 자연스럽게 진행되기도 한다. 여론에 의해 조작되었던 특정 사안이 원래의 사실이 밝혀지며 뒤집어지기도 한다. 여론이 사실을 왜곡하여 현실에서는 전혀 다른 사건으로 변질되기도 한다. 인간이 저질러 놓은 '사실(事實)'은 '현실(現實)'을 통해 '진실(眞實)'을 창조한다.

사실일까? 진실일까? 현실일까? 이 세 가지 실제 가운데 어느 것이 확실(確實)할까? 인생을 영위하면서, 나는 늘 고민하고 있다.

'사실(事實)-진실(眞實)-현실(現實)-확실(確實)'이라는 네 가지 화두(話頭)를 잡고, 수시로 그 '허(虛)'와 '실(實)'을 저울질한다. 인간 사회의 '내실(內實)'을 성찰한다. '실(實)'이라는 열매, 그 알맹이의 알짜배기 여부가 진짜 문제다.

오늘도 마찬가지다. 새벽부터 들려오는 언론의 뉴스는 우울(憂鬱)하다. 아니 암울(暗鬱)하다. 소통의 부재는 말할 필요도 없다. 앞만 보고 달리는 무지하고 무식한 수준의 아집(我執), 그 광신적이고 집단 무의식적인 집착(執着)만이 횡행하는 듯하다. 대한민국의 국가사(國家史: 國家事)에 관해 고심하는 일말의 여유조차 없다. 아주 씁쓸하다. 민주주의 사회에, 민주적 원리나 원칙, 민주적 상식을 옹호하거나 성숙시켜 나가려는 노력보다는, 온통 그것을 위반하거나 위배되는, 민주주의의

적(敵)들이 언론 기사를 도배하고 앉았다.

1970년대는 유신독재 시대였다. '긴급조치(緊急措置)'라는, 코미디같이 웃기는 수준의, 정권 수호를 위한 굳건한 방어전술이 있었다. 정적(政敵)에게 퍼부어 대는 탄압은 상상 이상이었다. 개발(開發)독재를 통해 경제 개발은 신속하게 전개되었다. 그러나 정치적으로 민주화는 성숙을 꿈꾸지 못했다. 민주주의를 인식하기 시작한 민중과 지식인들은 당연히 민주화를 향한 열망을 불태웠다. 그게 '사실'이었고 '진실'이었고 '현실'이었다.

1980년대에 들어서면서 한국의 민중과 지식인들은 서서히 민주화의 시대를 열어 나갔다. 이건 엄연한 '사실'이다. 그런데 민주주의의 진정성, 그 '진실'이 확보되었는가? 이는 또 다른 차원에서 우리 마음에 고통을 더한다. 민주주의의 시공간을 누적한 '현실'에서는, 존재 자체가 민주주의의 반역이자 비민주적 상황을 연출하는 경우가 허다했다.

오늘 들려오는 저 다양한 뉴스도 그런 측면을 보여주는 것이 '확실'하다.

내가 아주 선호하지 않는 용어나 개념들이지만, 사회에서 자주 쓰는, 이른바 '진보'나 '보수', '좌파'나 '우파'를 막론하고, 권력자들의 각종 비리, 부당한 청탁, 학력 위조, 거짓 진술, 지도급 인사로서 기본예의도 갖추지 못한 천박하고 비열한 언행, 노예나 식민 근성과 같은 인간성!

이 눈앞에 펼쳐지는 민주주의의 파괴(破壞)와 역적(逆賊) 행위를 보면서, 고심(苦心)이 밀려온다. 고등교육에 종사하는 학자가 무슨 교육을 어떻게 할 수 있을까?

교육은, 인류가 축적해온 진리를 전수하려는 몸부림이다. 무엇이 진리인지 가늠하기 힘든 현실에서, 진리는 도망간 지 오래다. 과거의 진리는 현재의 어떤 지점에 도달하면서 이미 해체되었다. 도무지 잡히지 않는다. 그런 상황을 혼돈(混沌: chaos)이라 한다.

그렇다면, 현재는 혼돈으로만 가득한가? 질서는 사라지고 나타날 기미조차 없는가? 인문사회 질서가 아니라, 과학의 변환을 상징하는 저술이긴 하지만, 일리야 프리고진과 이사벨 스텐저스는 『혼돈으로부터의 질서(Order Out of Chaos)』라는 책으로 우리를 각성시킨 적이 있다.

민주주의는 소수의 개인이나 특정한 집단의 전유물이 결코 아니다. 주권재민(主權在民)의 원칙이 헌법으로 보장되는 국가에서, 우리 모두가 주인인 국민[시민]의 권리(權利)와 의무(義務)를 담보하는, 숭고한 제도적 장치다. 그 제도가 존속하는 한, 부정적 양태의 반민주적 행위가 아무리 창궐(猖獗)할지라도, 국민[시민]이 주인이어야 하는 민주주의는 성장(成長)하고 있다. 뚜벅뚜벅 걸어 나가며 진보(進步)하고 있다. 그 성장과 진보의 밑바닥에서 성숙(成熟)을 모색하는, 좁은 길목에서 '내실'을 다져나가려는 신성한 작업이 교육은 아닐까?

이런 생각을 앞세우면서, 오늘도 침묵(沈默)과 묵언(默言)과 은둔(隱遁)의 사이 세계를 들락거린다.

34. 존재 자체가 반민주적인 자들

2020. 7. 30. 목. 10:06

'세상은 요지경'이라는 대중가요가 있었다. 가사의 전문은 다음과 같다.

"세상은 요지경/요지경 속이다/잘난 사람은 잘난 대로 살고/못난 사람은 못난 대로 산다/야야 야들아/내 말 좀 들어라/여기도 짜가/저기도 짜가/짜가가 판친다/인생 살면 칠팔십/화살같이 속히 간다/정신차려라/요지경에 빠진다/싱글벙글싱글벙글/도련님 세상/방실방실방실방실/아가씨 세상/영감 상투 삐뚤어지고/할멈 신발 도망갔네 어허/세상은 요지경/요지경 속이다/잘난 사람은 잘난 대로 살고/못난 사람은 못난 대로 산다/세상은 요지경/요지경 속이다/잘난 사람은 잘난 대로 살고/못난 사람은 못난 대로 산다/야야 야들아/내 말 좀 들어라/여기도 짜가/저기도 짜가/짜가가 판친다/인생 살면 칠팔십/화살같이 속히 간다/정신차려라/요지경에 빠진다/싱글벙글싱글벙글/도련님 세상/방실방실방실방실/아가씨 세상/영감 상투 삐뚤어지고/할멈 신발 도망갔네 어허/세상은 요지경/요지경 속이다/잘난 사람은 잘난 대로 살고/못난 사람은 못난 대로 산다"

반복되는 가사지만, 곰곰이 생각해 보기 위해, 전문을 다시 옮겨 적어보았다. 이 가요는 우선 온갖 현상이 난무하는 세상을 비꼬듯이 표현한 노랫말이 재미있다. 원래 가수가 아니라 배우가 본업이었던 가수의 음성과 몸짓이 즐거움을 더해준다.

그런데 지금 마주한 요지경(瑤池鏡)은 그런 재미나 즐거움이 아니다. 지난 밤중에 우연히 뉴스를 보았다. 웃기는 짬뽕같은 요지경이 발생했다. 사회 정의를 담보하는 검찰 내부에 몸싸움이 일어났다. 고소·고발 등등 초유의 사태가 발생했단다. 검사장과 부장검사라는 사람 사이에 요지경! 법에 무지하여 어떤 사태인지는 정확히 모르겠다. 하지만 고위 공직자들이, 누가 봐도 민주주의의 법치 상식에 한참 벗어나는 일을 저질렀단다. 이게 말이 되나?

개인의 잘 잘못을 논의하기에 앞서, 그들의 행위는 무조건 '민주주의의 적(敵)'이다. 그런 녀석들은 존재 자체가 반(反)민주다. 그런 존재들을, 국민을 대신하거나 대변하는 대표 공직자로 선출하거나 임명했으니, 국민 자체가 오류인가?

'아재 개그' 같은 농담 한마디 하자. 일류(一流) 국민이 되어도 자부심이 생길까 말까 하는데, 일류는커녕, 이류, 삼류도 아닌 오류(5류; 誤謬)? 나 자신이, 우리 국민이 오류다! 오류 국민!

민주주의는 민중이, 국민과 시민, 이른바 서민을 중심으로 하는 모든 사람이 주인 되는 세상이다. 근대 민주주의를 기준으로 볼 때, 거기에는 반드시 필수조건이 달라붙는다. '법치(法治)'라는 제약이다. 법치는 민주주의를 실천하기 위한 최소한의 규제 조치다. 그 규제 조치는 국민의 권리와 의무를 보다 합리적으로 이행하기 위해, 국민 스스로가 약속한 삶의 구제 장치다. '민주주의=법치!' 이 원리원칙이 무너지면 민주주의도, 권리와 의무도, 삶도, 모두 해체된다.

그래서 나는 〈교육학개론〉 첫 시간에 '교육은 법치에 근거하여 실천된다!'라고, 무엇보다도 이 문제를 먼저 제기하고 교육에 임한다. 내가 쓴 교육학개론서, 『네오에듀케이션』의 제1장도 온통 〈헌법〉과 〈교육법〉에 적시해 놓은 교육의 근거, 즉 '교육 법치주의'에 관한 내용으로 구성되어 있다.

민주주의에서 민주적 삶이 보장되지 않는다면, 인간사회는 금수(禽獸) 이하의 세계로 돌입한다. 금수(禽獸)에서 금(禽)은 새와 같은 '날짐승'을 말한다. 그래서 독수리와 같은 사나운 새를 맹금(猛禽)이라 한다. 수(獸)는 기어 다니는 '길짐승'을 말한다. 그래서 호랑이와 같은 사나운 길짐승을 맹수(猛獸)라 한다. 본성에 따라 사는 이런 짐승들의 세계는 오히려 '질서 정연'하다! 자연의 질서에 충실하다.

그런데 인간은 짐승이 아니다. 날짐승도 아니고 길짐승도 아니다. 그렇다고 그 중간은 더욱 아니다. 짐승처럼 본능에 충실한 자연이 아니라 인위를 즐긴다. 법치도 인위의 소산이다. 자연의 본성대로 살지 못해서 그런가? 인간이 맹금이나 맹수 같은 짐승보다 사나울 때가 있다. 물론, 인간사회이기에, 인위를 통해, 규칙과 규정을 존중하며 질서를 유지하려고 끊임없이 노력한다. 하지만, 질서보다는 악의적이고 의도적인 무질서가 연출되는 경우도 상당히 많다. 그 무질서를 질서로 바꾸어 안정을 추구하려는 노력이 법치 아니던가? 금수의 본성처럼, 인간을 상징하는 '페르조나(persona: person)'라는 '이중인격'의 특징을 상정하여 권력(權力)이나 금력(金力) 등 힘에 의한 전제(專制)적/전체주의(全體主義)적 논리가 활개를 치게 되면, 인간사회는 건전하게 존속하기 힘들다. 그것만 기억하자!

뉴스로만 볼 때, 나는 한국사회의 요지경을 보았다. 짐승 이하로 치닫는 현실적 징후를 심각하게 느꼈다. 〈악마를 보았다!〉라는 영화와 그 포스터가 섬뜩하게 떠오른다. 고위층의 지도급 인사들의 요지경을 보면서, 교육은 어떤 인간상을 요청할 수 있을까?

35. '등록금 반환'이라는 말의 오류

2020. 7. 30. 목. 12:03

'국립대 등록금 반환!'이라는 뉴스가 들린다. 국립대에 소속되어 있지 않아 현재의 사태를 정확하게 파악하고 있지는 못하다. 하지만 문제 제기식 단상(斷想)을 간략하게 적어본다.

등록금 반환과 관련하여 '교육부 장관'이 직접 이에 대해 발표했단다. 교육을 담당한 주무 장관이 이런 발표를? 아니, 대학 총장은 뭐하고? 대학의 문제는 대학의 구성원이 결정해야지, 교육부 장관이 왜 나서나? 교육학자로서 볼 때, 참 비교육적이다!

'국립대(서울시립대 포함) 30개 대학 등록금 반환 결정! 사립대도 늘어나는 추세!' 그래 좋다! 이미 이렇게 언표를 구사하고 있으니, 언어의 사회성을 존중하겠다. 그래도 단도직입적으로 요청한다. '등록금 반환'이라는 용어 자체를 취소하라! 대학이 개강하고 학생들이 등록하여 강의가 지속되고 있는 상태에서, 이 언표는 성립할 수 없다. 절대, 그래서도 안 된다.

언어의 사회성과 역사성을 담보로, 다시 요구한다. '등록금 반환'이라는 표현을 엄금하라! 이보다 비교육적이고, 반교육적 발언이 어디 있는가? 아니, 대학이 교육을 이행하지 않고 고등교육의 기능을 포기하고 멈췄는가? 그렇다면, 당연히 등록금은 반환해야 한다.

코비드-19 팬데믹 사태로 전 세계 대학이 곤란에 처했다. 그래도 교수, 학생, 직원 등 대학 구성원 모두가 난관 극복에 애쓰고 있다. 이런 총체적 난국에서는, 수업의 형태가 바뀌었다는 이유로, 특히, 학생

들의 학습권 침해를 중심으로 그들의 권리만을 주장할 사안이 결코
아니다.

대학의 생존과 코비드-19 사태 이후 고등교육의 목적과 목표, 기능
과 역할의 문제가 심각하다. 어떻게 '등록금 반환'을 함부로 거론하는
가? 어려운 상황이지만, 각 대학은 온라인(on-line)교육을 비롯한 다양
한 조치를 취하며, 나름대로 최선을 다하고 있다.

학생들이나 학부모 등, 등록금반환을 주장하는 사람들의 고충이나
의견은 충분히 이해한다. 하지만, 표현이 문제다. 학습권 침해로 불이
익이나 고민해야 할 사항이 있다면, 그에 상응하는 용어를 고려해야
한다. 그것이 지성인다운 태도다. 등록금 반환? 그럼 몇 백만 원 되는
등록금 전체를 다 돌려주나? 아니지 않은가?

내가 제기하는 문제는, 왜 비교육적 언사로 우리 사회가 일구어온,
지성의 분위기를 흐리고 망가뜨리는가이다. 코비드-19로 인한 '등록금
감면'이나 '특별장학금 지급' '학생의 동기부여를 위한 활동기금 지급'
등 충분히 소통하기 알맞은, 의미 있는 용어나 개념들이 많지 않은가?

'그게 그거다!'라는 식의 제멋대로 표현을 함부로 마구 써서는 곤란
하다. 그런 언표는 교육상황을 타락시킨다. 저질로 전락하게 만든다.
'등록금 반환'이라는 표현은, 특별한 상황에 의해, 교육이 이루어지지
않았을 때, 당연히 취해야 하는 조치다.

내가 근무하는 사립대학 평생교육원에서도 수강생이 특별한 상황
에 의해 수강을 취소하면 당연히 수강료를 되돌려준다. 그야말로 '등
록금 반환'이다. 중도에 수강할 수 없는 상황이 되어도 규정에 의거하
여 그에 상응하는 수강료를 환불한다. 이건 상식이다.

그런데 대학에서 교육이 이루어지지 않았는가? 아니다. 불편한 부

분이 있었지만, 대부분의 대학이 시행착오를 겪으면서도 교육을 정상화하려는 최선의 노력을 다했다. 학생이 학기 등록을 하지 않거나 수강 취소를 했는가? 그러면 대학의 규정이나 학칙에 의거하여 조치를 취하면 된다.

'등록금 반환'을 하겠다고 적극적으로 나서는 대학이 있다면, 그 대학은 그만큼 교육을 포기했거나 부실했음을 스스로 드러내는 꼴이다! 언어표현의 진정성에 유념하시라!

세계의 어떤 대학이, 교육적 차원의 진지하고 신중한 고려를 배제한 채, '등록금 반환'이라는 말을 멋대로 지껄이던가? 한 사회의 지성인을 양성하는 고등교육기관이, 무슨 돈 놓고 돈 먹기식의, 시정잡배(市井雜輩)들의 도박장(賭博場)인가? 어찌 이런 천박한 언표로 건전한 지성인의 모습에 먹칠하는가?

국립대학은 설립 주체가 국가다. 그러니 대학 재정문제를 국가가 책임지겠지? 그럼 사립대학은 어떻게 되나? 등록금을 모두 반환하면, 무엇으로 학교를 운영하나? 사립대학과 국·공립대학은 설립 주체에서 교육이념, 교육 목적이 엄연히 다르다. 물론, 고등교육의 차원에서 보편적으로 고민해야 할 사항도 있다. 하지만, 본질을 좀 정확하게 인식하고 지성을 발휘하면 좋겠다.

Summer Landscape near Dedham (between 1849 and 1855)
Lionel Constable (English, 1828 - 1887)

8월

1. 입추, 2학기 온라인교육 준비

2020. 8. 1. 토. 12:28

2020년 8월 1일 토요일이다. 코비드-19 팬데믹 시대이기는 하나, 많은 사람이 휴가를 즐기려고 길을 나서는 모양이다. 지인의 부탁으로 동해안에 자리한 학교 수련관 숙소 예약을 알아보니, 앞으로 약 2주간은 거의 꽉 차 있을 정도였다.

일주일 뒤, 8월 7일은 입추(立秋)다. 벌써 가을인가? 책상 앞의 달력을 넘겨보았다. 사진 속 하늘이 흰 구름 사이로 파랗다. 정말 공활(空豁)하다.

입추는 24절기 가운데 13번째 절기다. 이전 절기는 대서(大暑)고 이후 절기는 처서(處暑)다. 더위의 무성한 정도를 가늠하는 시절이다. 계절로 따지면, 여름이 지나고 가을에 접어들었음을 알린다. 겨울에 접어드는 입동(立冬) 절기까지, 가을이다. 그러므로 오늘 8월 1일부터 8월 7일 전까지는 여름의 끝자락이다. 그런데 지난 5월부터 7월까지, 3개월 동안의 여름이, 여름답게 좀 무더웠던가? 코비드-19에 매몰되어, 여름이 어떻게 지나고 있는지, 느낌이 제대로 다가오지도 않는다. 감각이 무뎌졌다.

그런 먹먹한 시간을 넘어, 8월이 시작됐다. 집의 서재 밖 왕숙천(王宿川)을 보니, 비가 눈물 쏟듯 내린다. 입추 무렵은 맑은 날씨가 계속되어야 좋다. 옛날부터 어른들에게 들어오던 말이다. 이유는 우리 먹거리와 연관된다. 입추 무렵에는 벼가 한창 익어가는 시기다. 그만큼 맑은 날씨가 지속되면서 햇빛이 내리쬐어야, 벼가 알곡을 제대로 채

워갈 수 있다. 처서에 이르기까지 약간의 더위는 있겠지만, 이제는 아마, 밤이 되면 서늘한 바람이 불기 시작하리라. 그 서늘함은 약간의 쌀쌀함으로 다가올 수도 있으리라.

몇 년 전, 주말농장을 할 때는, 이 무렵에 무와 배추를 심기도 했다. 유기농으로 한다고 약과 비료를 전혀 주지 않아, 배추에는 벌레 가득하고 통배추가 제대로 굵게 자라지 않아 영 배추 모양새가 나지 않았다. 좀 못생기기는 했으나, 배추 수십 포기와 무 수십 개를 수확하여 김장을 담가 먹기도 했다. 3년여 정도 묵혀가며 묵은지로도 먹었던 것 같다. 이젠 추억으로만 남았다.

달력을 확인해 봤다. 다음 주부터 2학기 수강신청을 비롯하여 학사 일정이 시작된다. 코비드-19시대, 학교에서 정한 교육의 기본 원칙 또는 방침은 '온라인 실시간 강의'다. 학생들의 학습권을 조금이라도 잘 보장하기 위한 조치라고 한다.

개인적으로는, '온라인 교육에서 실시간 강의를 해야 효율적이다!'라는 데 대해, 상당한 회의가 있다. 그것이 틀렸다는 말이 아니다. 고등교육의 특성을 충분히 고려한 온라인 교육의 방식을 고민했으면 하는 아쉬움이 남는다. 물론 급박한 시기인지라 교육 당국을 비롯하여 학교 본부에서도 엄청난 고심을 한 것 같다.

대학의 교육은 방침이나 지침도 필요하지만, 교수자를 믿고, 학문의 자율성을 부여하는 것이 의미가 크다. 내용 특성에 따라 '실시간 강의'가 유용한 교과목도 있고, '녹화 강의'를 비롯하여 '자료 제시', '과제 제시형 논쟁 토론' 등 다양한 형태의 교육을, 교수자가 책임지고 진행할 수 있도록 배려하는 것이 고등교육의 특성에 부합한다고 판단한다. 극단적으로는 교수자가 직접적으로 강의를 하지 않더라도, 그

119

교과목에 필요한 참고문헌이나 자료들을 다양하게 제시하며, 한 학기 동안 학생들이 자발적으로 독서하고, 자료를 검색하고 조사하며, 문제 해결형 탐구에 적극적으로 참여하여 탐색 활동을 할 수 있도록, 교수자가 공부 환경을 조성해주는 조력 활동이, 강의 자체보다 훨씬 고등교육의 참맛을 보여주면서 지성을 함양해 갈 수도 있다. 단지, 교수자가 실시간으로 또는 녹화로 예전과 같은 방식으로 강의를 하지 않는다고 해서, 학습자가 실시간으로 강의를 수강하지 않는다고 해서, 교수-학습 활동이 이루어지지 않는다고 판단한다면, 이는 교육에 대한, 매우 위험한, 오해다. 온라인 교육도 그러하고, 특히, 대학원 연구나 강의의 경우에는 더욱 그러하다.

나는 생각한다. 학생들의 학습권은 교수자의 강의에서만 나오는 것이 아니다. 한 학기 동안 일정한 과목의 강의를 듣고, 과제 한두 개 제출하고, 시험 보고, 학점 받는, 이런 전통적 강의 방식, 그런 단순 유형의 대학교육, 고등교육은, 급변하는 시대정신을 담아내기 힘들다! 시대를 선도할 수 있는 지적 능력의 함양은, 어쩌면, 교수자의 단순한 강의보다 학생들의 자율적인 학습 자세나 태도를 통해 형성되는 사안일 수도 있다.

도널드 핀켈(D. L. Finkel) 교수는 에버그린 주립대학(The Evergreen State College)에서 20여 년간 학생들을 가르치고, 그것을 바탕으로 자신이 경험한 30여 년의 교수법을 토대로 『침묵으로 가르치기(Teaching with Your Mouth shut)』라는 책을 펴냈다. 학생 스스로 생각하고 배우는 새로운 형태의 교수법이다.

나도 10여 년 전부터 핀켈 교수가 제시하는 교수법과 유사한 방식으로 고등교육에 임하고 있다. 그렇다고, 이 교수법이 '유창하고 열정적인 말솜씨로 학생들을 가르치고 영감을 불어넣는 훌륭한 강의'를 무의미하다고 생각하는 것은 결코 아니다. 다만, 그런 강의법은 고등교육을 펼쳐내기에는 지나치게 편협할 수 있고 한계가 있다는 말이다.『침묵으로 가르치기』는 말로 가르치는 한계를 비판적으로 고민한다. 그리하여 '책이 말하게 하고, 학생이 말하게 하며, 교수자와 학습자가 함께 탐구하고, 친숙한 글쓰기, 학습을 일으키는 경험 설계, 동료와 함께 가르치기, 경험을 제공하고 생각을 불러일으키기' 등등, 학생들에게 탐구할 기회를 제공하며, 탐구 문제와 개념 연구 등 학생들이 교수-학습을 설계할 수 있도록 배려한다. 이런 요소들이 고등교육의 과정에서 훨씬 중요할 수 있다.

내가 아주 적극적으로, 실제로 진행하고 있는 교수법 가운데 하나가 '자문자답(自問自答)'이다. 스스로 묻고 스스로 답하기! 10여 년 전 이 방법을 처음 도입했을 때, 학생들은 굉장히 괴로워했다. 그러다가 자발적이고 자율적으로 공부하는 학생일수록 빠르게 적응해 나갔고, 점점 익숙해지면서는 학생들은 자문자답의 공부를 즐겼다. 이런 방식은 시험에도 적용되었다. 기존의 시험은 대개 교수자가 출제하여 학습자가 풀이하여 답변하는 형식이다. 그러나 자문자답형 시험은 학생이 시험문제를 스스로 출제하면서 지식을 탐구하고, 부족한 부분을 자발적으로 탐색하며 답변을 창출해 가는 방식을 지향한다. 학문을 자발적으로 즐기며 공부하는 학생은 이런 방식을 대단히 선호한다. 하지만, 강의만 듣고 교수자에게 이끌려 시험이나 보고 학점만 받으려는 학생은, 이런 수업 방식에 아주 난감해 한다. 교육을 수업 이외에 뭔가 새롭게, 또다시 해야 하는, 별도의 일처럼 인식해 버린다.

단순하게 온라인교육을 실시간에 진행하여 학생들의 학습권을 보장하려는 조치는, 여러 교육의 방식 가운데 하나에 불과할 수 있다. 극단적인 경우, 교수자가 실시간 강의에만 의존하여 그 강의 하나와 과제물, 시험으로만 한 학기를 진행했다고 하자, 그것이 교육의 효율성을 담보하는 최적의 양식인지는 심각하게 고민해 봐야 한다.

교수자의 교수 방식도 다양하고, 학생들의 학습 습관이나 태도도 여러 유형이다. 적극적으로 강의와 토론, 자율학습 등등 고등교육의 수준에 맞는 교수-학습활동을 하는 교수자와 학습자도 많다. 또 한편으로 보면, 상당수의 교수자와 학습자들은 대학에서 고등학문에 해당하는 교육활동에 적극적이지 않다. 소극적인 차원을 넘어 귀찮아하거나 싫어하는 경우도 있다. 이유는 여러 가지다. 휴강을 좋아하고, 과제물이 적고, 시험을 보지 않는 수업을 선호한다. 내가 지난 40여 년을 경험한, 대한민국의 대학, 고등교육의 현실이다.

어쨌건 2학기 개학까지 1달 정도 시간 여유가 있다. 학교의 교육 방침은 정해졌다. 세상 일이 그러하듯, 어떤 방침이건 완벽한 것이 어디 있겠는가! 그러므로 자기의 생각과 맞지 않는다고 무조건 비난만 하고, 엉뚱하게 행동해서는 곤란하다. 아니, 그래서는 안 된다. 코비드-19 팬데믹의 비상사태 시기에는 더욱 그러하다. 학교의 방침을 존중하고 준수할 필요가 있다.

이제 1학기의 경험을 바탕으로 더욱 효율적인 강의를 고민해야겠다. 온라인 교육의 장점과 단점, 실시간 교육의 유용성과 비효율성, 교수자와 학습자의 비대면이 지닌 교육적 의미를 신중하게 고려하며, 2학기를 대비하리라.

2. 한밤을 적시는 빗소리

2020. 8. 2. 일. 20:56

낮부터 마구 쏟아진 장맛비에 세상이 놀란다. 집에서 멀지 않은 팔당댐 방류로, 한강 수위가 상승했다. 서울 잠수교에는 차량 운행도 통제되었단다. 풍수재해 대책본부에서 그렇게 문자가 왔다.

밤이 깊어 가지만 창문에 귀를 대어 보니, 빗방울 소리 여전하다.

갑자기 노산 이은상(鷺山 李殷相, 1903~1982) 선생의 〈밤 빗소리〉라는 양장(兩章) 시조가 생각났다.

밤 빗소리

천하 뇌고인(惱苦人)들아 밤 빗소리 듣지 마소

두어라 이 한 줄밖에 더 써 무엇 하리오

짧다, 너무나 짧다! 노산은 1930년대부터 '양장 시조'라는 새로운 시풍(詩風)을 개척하려 했다. 전통적인 시조는 '초장-중장-종장' 3장의 짧은 형식을 지켜왔다. 그런데 노산은 짧은 형식의 문학에서 3장도 낭비라 생각했다. 그리고는 중장을 생략하는 2장 형식의 새로운 시조를 시도했다.

〈밤 빗소리〉를 보니, 이런 짧은 노래도 재밌다. 그러려면, 보다 과감하게 줄일 것이지! 한 줄로 남긴 시는 더욱 함축적이지 않겠는가!

어쨌건, 이 짧은 시조의 혁신처럼, 오늘 장맛비도 좀 그쳐라! 짧아져라!

곧 입추(立秋)다! 곡식도 익어가야 할 것 아닌가!

3. 방역소독 관리 감독 유감

2020. 8. 3. 월. 9:09

　　TV 뉴스 자막을 보니, 교육부가 2학기 개학과 더불어 각 학교의 '코로나 방역소독 실태'를 점검하고 관리할 것이라 한다. 당연한 일이고 그렇게 해야 한다. 그런데 왠지 좀 안타깝고 한심한 느낌이 든다. 이유가 무엇일까?

　　이런 행정 지시사항도 수행해야 하지만, 포스트 코비드-19를 예비하는 교육에 대해, 전망을 보여주는 선도적 자세가 더 중요하지 않을까?

　　현재와 같은 코비드-19 팬데믹 상황에서는 교육부가 굳이 나서지 않아도, 안전을 위해 철저히 방역하고 소독한다. 각급학교는 이미 지역 교육청, 지방자치단체 등등과 연계하여, 적극적인 방역소독 조치를 취하고 있다. 스스로 생존과 극복의 몸부림을, 오히려 건강을 해칠 정도로, 고심하고 있다.

　　교육에서 상급기관의 관리 감독은 소중한 권리이자 의무다. 하지만 일을 추진할 때는 상황 적합성을 재고할 필요가 있다. 우선순위, 효율성, 신뢰, 지속성 등, 고려할 요소가 많다. 매뉴얼의 변화가 거의 없는 일상에서는 관례대로 적용하면 아주 유용하고 편리하다. 그러나 긴급 상황이 발생했을 때는, 일상의 매뉴얼을 참고하되, 특수 상황에 적합하도록 신중해야 한다. 그것이 교육에서 강조하는 '현실 대처 능력'이고 일종의 '창의적 사고 발현'이다. 매뉴얼이나 일상의 관례를 준수하여 관리 감독하는 일은 당위다. 당위는 뉴스에 등장할 사안이 아니다. 뉴스로서의 신선함이나 가치가 아주 떨어진다. 그런데도 대서

특필(大書特筆)이다. 구태의연한 홍보를 특종처럼 올려놨다. 이런 일들이 교육을 비교육적으로 만든다.

　일상의 관리 감독을 넘어, 긴급 상황의 특수한 시기에, 무엇을 어떻게 교육적으로 지원할 수 있을지, 고민하고 방안을 제시하시라. 방역소독과 같은, 당연히 하고 있는 일을 관리 감독하려는 어리석음에서 벗어나라. 일선 행정이 이 정도라면, 창의적인 사업 대안은 기대하기 힘들다. 방역소속 관리감독보다 교육에 직접 종사하는 사람들이 불안을 최소로 느낄 수 있도록 격려하고, 난관 극복의 희망을 불어넣는 작업이 간절하다. 그 방법이나 대안은 너무나 많다. 탁상공론(卓上空論)을 일삼지 말고, 직접 현장을 조사해 보시라.

4. 개에 관한 오해와 이해

2020. 8. 6. 목. 12:28

'개'는 한자로는 '견(犬)'이라 한다. 영어로는 '독(dog)'이라 한다. 여러 사유로 개를 싫어하는 사람도 있겠지만, 동서고금(東西古今) 남녀노소 (男女老少)를 불문하고, 상당수의 사람들은 개[강아지]를 좋아한다. 그런 점에서 개는 인간과 아주 가까운 동물이다. 최근 들어, 개를 반려동물 (伴侶動物)로 키우는 사례가 엄청난 것만 보아도, 그 친근함의 정도를 간파할 수 있다.

개는 인간이 기르는 가축이나 동물 가운데, 때로는 사람보다도 사람의 말을 잘 듣는다. 그러면서도 인간사회의 용도에 맞게 빨리 길들여진다. 특히, 전통적으로 개는 사냥을 돕는 동반자이기도 했다.

중국의 고대 문자인 갑골문(甲骨文)을 보면, '개[犬]'는 돼지를 나타내는 '시(豕)'와 비슷한 모양의 글자 형태를 보인다. 돼지는 몸집이 통통하게 보인다. 이에 비해, 개는 몸집이 호리호리하면서 꼬리가 위로 말려 올라가 있다. 대부분, 개는 꼬리를 살랑살랑 흔들면서 자신의 기분을 의미 있게 드러낸다.

은(殷: 商)나라 때는 개를 담당하는 관리도 있었다. '견관(犬官)'이라고 했다. 왕이 사냥을 나갈 때, 개를 풀어 사냥할 짐승이 나타났는지의 상황을 알아보게 했다. 뿐만이 아니다. 군사훈련이나 전쟁에 동원하기도 했다. 오늘날에도 사냥개가 있다. 하지만, 요즘은 재난이 발생했을 때 소방 구조견이나 탐지견, 군사용 목적의 군견 등, 다양한 분야에서 중요한 역할을 담당한다.

그런데 '개'라는 말은 때로는 매우 '부정적 의미'로 쓰이는 경우도 많다. 예를 들어, 화가 난 사람이 '개새끼'라고 한마디 내뱉는 경우, 인간을 비하하는 욕설로 쓰이기도 한다. 또 '개소리', '개수작', '개좋아' 등등 '개'자가 들어가는 말도 많이 쓴다. 이때 '개'자가 앞머리에 붙은 말 가운데는, 전통적으로 사용해온 용어도 있지만, 신조어(新造語)도 많다. 신조어에서 개는 '견[犬]'을 의미하는 개가 아니다. '모두' '다' "함께" '두루' '온갖' '모든' 등과 같은 의미를 포괄하는 '개[皆]'를 뜻한다.

즉 '개소리'는 '모든 소리', 또는 '온갖 잡소리'라는 의미다. '헛소리' 또는 '비합리적'으로 지껄이는, 말 같지 않은 말을 마구 쏟아 내는 경우에 사용한다. 그러니까 단순하게, 동물인 '개'가 짖는 소리를 뜻하는 것이 아니다. 하지만 일상에서 개를 부정적 의미의 욕설로 사용하는 것에 비추어 본다면, '개소리'는 '헛소리'와 상통하기도 한다.

'개좋아'의 경우, '모두 좋아', '두루두루 좋아', '아주 좋아'와 같은 의미로, '가장 좋은 것', '더 이상 좋은 것이 없을 정도의 최고로 좋은 것'을 뜻한다. 그러므로 동물인 '개'와 혼동해서는 안 된다. 종종 이런 이해를 거치지 않고, 그냥 말을 막 쓰는 경우도 있는 듯하다. 막말은 사람 사이에 소통을 막는다. 적대적 의식을 조성할 수도 있다. 인간사회를 험악하게 만드는 데 기여한다. '개소리'같은 막말은 조심하자.

우리 사회도 말같지 않은 '개소리'보다, 인간답게 살아가면서 즐거움을 만끽할 수 있는 '개좋아' 상황이 많아지기를 소망한다.

5. 나의 혈족 나의 선조

2020. 8. 6. 목. 15:59

나는 본관(本貫)이 아주(鵝洲)다. 어떤 가문(家門)이건, 그 집안의 족보(族譜)가 사실인지, 그 신빙성을 증명할 때 여러 논란이 있다. 족보를 위조하는 경우도 많기 때문이다. 하지만, 내가 어릴 때부터 어른들에게 들었고, 또 여러 경로를 통해 전해오는 바에 의하면, 아주 신가(鵝洲 申家)의 비조(鼻祖: 原始祖)는 고려의 개국 공신인 장절공(壯節公: 신숭겸, 평산 신씨 시조)이고, 그 12대손인 아주군(鵝洲君: 신익휴)이 시조라고 한다. 나는 장절공으로부터 헤아리면 38대손이고, 아주군으로부터는 26대손에 해당한다. 그러나 나는 이런 족보의 자부심이나 선조들의 이름에만 빗대어 살아가는 인생에는 큰 관심이 없다. 물론, 조상의 뿌리를 통해 자긍심을 갖고 가문의 전통을 자부하는 세태에 대해서는 존중한다.

보다 중요한 사실이 있다. 내 삶의 현재 노력과 실제 인식이다. 아주군의 14대손인 난재공(懶齋公, 申悅道, 1589~1659)은 나의 12대 선조이고, 공으로부터 파가 나누어지다 보니, 나는 아주신씨 난재공파에 속한다. 난재(懶齋)는 그냥 한자로는 '나재'로 읽지만, 집안에서는 '난재'로 호칭해 왔다. 어릴 때 집에 공의 문집인『난재집』이 있었는데, 제대로 보존하지 못하고 유실되었다. 다행히 최근에 발간된『한국문집총간』에 포함되어 있다.

난제 할아버지는 최고위급 당상관(堂上官)은 아닐지라도, 서장관, 예조정랑, 사간원 정언, 사헌부 장령, 울진현감, 능주목사 등 요직을 지냈다고 한다. 사헌부 장령의 경우, 감찰 업무를 담당하는 직책이다. 때

128

문에 그 직책을 담당하는 관리는 학문과 덕행이 뛰어나고 성품이 강직하여 시류에 영합하지 않는다. 옳다고 믿는 일을 굽히지 않고 직언할 수 있는 인물에게 부여한다.

　조선 시대 아주신씨 집안은 난재공을 비롯하여 아홉 분의 어른이 문과(文科)에 급제했다고 기록되어 있다. 나의 직계 선조가 과거에 급제하고, 이런 직책을 담당하여 봉사했다는 사실이 자랑스럽다. 나에게도 그런 유전자가 흐르고 있을 것이다. 그만큼 학문이나 덕행, 강직한 성품 등, 삶의 자세에 대해, 성찰하며 살아야 한다.

6. 장횡거의 『정몽』 읽기 1
 • 감각에 구속되지 않는 마음

2020. 8. 6. 목. 21:44

성리학(性理學)의 주춧돌을 놓은 사람 가운데, 중국 북송(北宋) 시대의 장횡거(張橫渠: 張載, 1020~1077)는 매우 중요한 인물이다. 무엇보다도 '기(氣)'의 철학적 근거를 제공하기 때문이다.

횡거의 핵심 저작으로 『정몽(正蒙)』이 있다. 그 「대심(大心)」편에는 마음과 지식 등 교육의 양식에 관한 심도 있는 언급이 담겨 있다.

"마음을 크게 먹으면 세상 사물을 두루 포괄할 수 있다. 사물에 포괄되지 않는 것이 있다면, 그런 마음은 바깥에 어떤 경계를 두는 것과 같다. 세상을 살아가는 보통 사람의 마음은 듣고 보는 감각적 수준의 좁다란 한계에 그친다. 하지만 인격과 교양을 갖춘 교육받은 사람은 자신의 본성을 다하여 보고 듣는 감각적 수준에 자신의 마음을 구속하지 않는다. 그러므로 그가 세상을 볼 때는 그 어떤 사물도 자신에게 속하지 않는 것이 없다!

맹자가 '마음을 다하면 자신의 본성을 알고 자연의 질서를 안다'라고 말한 것은 이 때문이다. 자연은 너무나 커서 바깥 경계가 없다. 그러므로 바깥에 경계를 두는 마음은 자연의 마음과 합하기에 부족하다. 보고 들어서 얻는 감각적 지식은 사물과 교류하여 알게 된 것이다. 자신의 덕성으로 알게 된 사안이 아니다. 덕성으로 알게 된 것은 보고 들어서 터득하는 감각에 의거하지 않는다!"

감각적 지식, 덕성, 인격, 사람의 마음, 자연의 마음, 사물을 대하는 자세 등등, 이 모든 사안에 관한 인식과 이해, 파악과 장악은 교육의 과정이나 결과, 목표, 목적과 연관된다.

인간의 품격을 성숙시켜 완성도를 높여나가는 작업이 교육이라면, 감각적 지식을 넘어 자신의 인품을 가꾸어 나가며 구축하는 덕성을 어떻게 자리매김하느냐가 매우 중요하다. 그렇다고 감각적 지식이 의미가 없거나 필요하지 않다는 말이 결코 아니다. 포괄하지 못한 사물과 바깥의 경계를 인식하는 행위는 온전하지 못한 수준에서 인지되는 현실 세계다. 그 현실 세계를 포괄하고 한계를 초월하며 바깥 세계의 영역을 해체하는 일은, 욕망에 얽매이지 않는 궁극적 차원의 인격을 지향한다. 일상을 장악한 덕성의 자유자재(自由自在)와 통한다.

횡거가 언급한 큰마음의 교육적 상황은, 세상을 두루 포괄하며 바깥 경계를 두지 않는 기(氣)의 흐름이자 운동이다. 그러기에 교육은, 인간 스스로 몸과 마음을 자유자재의 상황으로 가꾸어 나가는 '자율적 힘'이다. 기운이 생동하는 삶의 힘을 축적하고 습관화하며 발휘하는 유기체 과정이다.

7. 장횡거의 『정몽』 읽기 2
• 보고 들은 지식의 터득

2020. 8. 9. 일. 21:38

『정몽』「대심」편에 '보고 들은 지식'인 '견문지(見聞知)'의 터득에 관한 의미 있는 언급이 있다. 지식 습득은 다양한 차원으로 설명할 수 있다. 하지만, 귀와 눈의 감각기관을 통해 습득하거나 터득하는 것이 일반적이다. 보고 들어서 인식한 지식을 '견문지(見聞知)'라 한다. 횡거가 지식을 이해하는 방식에 이와 유사한 설명이 있다.

"사람이 자기에게 지식이 있다고 할 때, 이는 귀로 듣고 눈으로 보고 얻은 것을 말한다. 사람이 얻은 것은 인식의 안과 밖이 합해야 가능하다. 귀나 눈과 같은 감각기관을 넘어 안과 밖을 합할 줄 알면, 그 지식은 다른 사람에 비해 훨씬 뛰어나다!"

견문지는 감각기관을 넘어, 인식의 이쪽과 저쪽, 즉 내면과 외면을 통해, 마음에서 통합되는 양식으로 드러난다. 그것은 드러나는 현상이나 모습에만 머물지 않는다. 눈과 귀가 마음의 시선과 마음의 소리로 통일되어, 마음 가운데 담기는 양상이다. 드러난 현상이 보이지 않는 마음으로 녹아들어 보존되는, '존심(存心)'의 양식이다. 이는 '깨달음'으로 귀결될 수 있다. 이때 깨달음은 교육의 본질을 형성한다.

교육이나 학문을 지칭할 때, '가르침[敎]'과 '깨달음[覺: 깨우침]'은 상통하거나 동일한 의미로 독해되는 경우가 상당히 있다.

132

8. 장횡거의 『정몽』 읽기 3
• 본성 계발의 요체로서 감각기관

2020. 8. 11. 화. 19:17

서구 교육학의 경우, 지식(知識: knowledge)과 도덕(道德: moral), 본성과 감각기관 등을 분리하여 인식하는 경우가 상당히 많다. 간혹 그것의 통합을 주장하지만, 서구 교육철학의 속성은 근원적으로 '본질계'와 '현상계'를 이분법적으로 나누어 이해하는 경향이 짙다. 그와는 상당히 다른 양상의 교육철학이 장횡거가 '기(氣)'를 언급하는 대목에서 엿보인다. 횡거는 『정몽』「대심」편에서 말한다.

"귀나 눈과 같은 감각기관은 기본적으로 본성에 얽매여 있다. 하지만, 안과 밖의 인식을 통합하는 차원에서 보면, 그 감각기관이 본성을 계발하는 요체다. 잘 보고 깨달아라!

내 몸을 완성하는 작업은 자연의 질서가 펼쳐지는 데 달려 있다. 자신의 자연성[본성]으로 몸을 완성한다! 그 사실을 알지 못하고, 몸을 근거로 지혜를 펼친다고 말한다면, 이는 자연의 생명력을 더듬어 찾으면서 자기가 힘쓴 일로 삼는 차원이다. 그런 것은 지식으로 인정할수 없다. 사물의 같고 다름이 서로 모양새를 갖추고, 온갖 변화가 서로 느낌에 따라, 귀나 눈과 같은 감각기관으로 안과 밖의 인식을 통합하고, 자연의 생명력을 더듬어 찾으면서, 그 자체를 자신의 지식이라말할 뿐이다."

횡거는 지식의 차원을, 주지주의(主知主義) 측면으로 접근하는 여러 유학자나 지식을 강조하는 서구 교육학과 상당히 다른 방식으로 이해한다.

본성과 감각기관의 분리가 아니다. 내외의 합일이다. 감각기관의 역동적 활성화가 본성을 계발한다. 그렇다면 본성은 감각기관이 활동한 산물이다. 감각 활동의 누적 결과다. 이는 본성과 감각기관의 분리를 쉽게 용인하지 않는다.

그것은 자연의 생명력 탐색 자체를 지식으로 통일하려는 의도를 보인다. 이는 인지적 능력을 통해 객관적으로 파악하는 지식 습득에 회의(懷疑)를 던진다. 지금 자신의 기운(氣運)을 통해 움직이는 행위 자체가 지식에 생명력을 불어넣는 삶의 지혜다. 이 지점에서 지식의 문제는 객관지(客觀知)에서 주관지(主觀知)로 전환한다. 때로는 인간 주체가 사물 객체를 통일적으로 인식하려고 노력한다.

9. 장횡거의 『정몽』 읽기 4
• '나'라는 존재의 크기

2020. 8. 12. 수. 19:24

이 세상에서 '나'라는 존재는 어떻게 자리매김 되고 있을까? 나는 어느 정도의 크기를 지닌 인간 그릇일까? 나는 우주의 중심일까? 티끌처럼 보잘 것 없는 작은 존재일까? 횡거는 세상 사물과 나, 그리고 존재가 나아갈 길에 관한 규모를 지시한다. 그 내용을 이해하고 받아들이는 데, 상당히 깊은 사색이 요청된다. 『정몽』「대심」편의 언급이다.

"세상 사물을 두루 받아들여 인간의 몸으로 녹여 넣는 작업이 중요하다. 왜냐? 존재는 화합하여 길을 모색하기 때문이다. 몸으로 존재의 길을 받아들여라. 그런 사람은 그 됨됨이 크다. 존재가 나아갈 길에 서서, 내 몸을 세상의 사물처럼 생각할 수 있다면, 나 자신이 크게 느껴진다. 하지만, 내 몸을 세상 사물처럼 생각하지 못하고, 자신의 몸 자체에만 얽매일 경우, 그런 사람은 아주 낮은 차원으로 전락하고 만다.

나의 입장에서 사물을 보면, 나는 크다. 세상 사물의 입장에서 나를 받아들이면, 존재의 길이 크다. 인간다운 사람, 그 됨됨이가 크다는 것은 존재의 갈 길을 크게 만든다는 의미다. 그럼에도 불구하고, 나를 크게 만들려고 자기과시에만 몰두할 경우, 뜻이 지나치게 크게 되어, 상식을 벗어난, 미치광이와 같은 일로 비난 받을 수 있다.

자연의 질서를 밝히는 작업은 밝은 차원을 향해 내달리는 것과 같다. 그만큼 온갖 현상이 발생하더라도 숨겨지는 사안이 없다. 인간의 욕망을 껴안는 작업은 오직 그림자 사이를 살펴보는 것과 같다. 그만큼 하나의 사물 가운데 조그맣게 구획 지을 따름이다.

제대로 밝히지 못하면, 하늘과 땅, 해와 달 같은 우주 자연을 보고도 환상(幻想)으로 생각한다. 자신의 한 몸과 같은 조그마한 데로 그 작용을 가려서 제한하며, 허공과 같은 큰 곳으로 그 진정한 뜻을 빠뜨린다. 이는 크고 작은 것을 제대로 말하지 못하고 왜곡시켜, 합리성을 잃는다.”

이 지점에서 돌아본다. 나는 누구일까? 나는 어느 정도의 크기로 세상을 포옹하는가? 배려와 관용을 실천하는가? 내가 그토록 내세우는 ‘겸손(謙遜)’과 ‘겸양(謙讓)’의 교육철학을 이행하는가?

나를 중심으로 사물을 이해하는가? 사물의 관점에서 나를 인식하는가? 저 자연에서 우러나오는 소리와 인간이 만들어낸 노래를 경청(傾聽)하고 경청(敬聽)하라!

10. 장횡거의 『정몽』 읽기 5
• 적절하고 적합한 삶의 균형 미학

2020. 8. 16. 일. 16:24

『정몽』「중정」에 '인간과 배움'에 관한 다음과 같은 언급이 있다.

"배우는 사람이 배움의 수준에 맞는 적절하고 적합한 길에 서면, 자신의 지위에서 그 자리를 넓혀간다. 그러나 적절하고 적합한 길을 고려하지 않고 넓혀가려고만 하면, 크게 만들 수는 있겠지만, 자신이 거처할 곳을 잃게 된다. 거처할 곳을 잃게 되면, 인간으로서 자신의 인격을 높일 터전이 없게 된다. 넓히거나 크게 만들려다 제대로 이루지 못한 사람과 같게 된다. 이것이 개인적 욕망을 절제하고 다가올 조짐을 알 능력을 연마하면서, 반드시 그 기준이 무엇인지를 인식하고 응용하려는 까닭이다."

시대는 다르지만, 횡거의 언급은 인상적이다. 민주사회의 교육철학으로 언급해도 손색없을 정도로 참고할 만하다. 상당한 공감을 불러일으킨다.

배움은 여러 측면에서 인간의 삶에 힘을 부여하는 거룩한 행위다. 배움의 수준과 정도에 따라, 개인적·사회적 생명력을 획득하는 차원이 달라진다. 삶을 인식하는 가치의 척도나 기준도 새롭게 설정될 수 있다.

횡거가 언급한 '중도(中道)'라는 말은, 유학의 핵심 개념 가운데 하나다. '중정(中正)'이라는 말과 더불어 『중용』이나 『주역』에서 주요하게 다루어진다. 참으로 쉬우면서도 어려운 개념이다.

'중도(中道)'는 일상용어로 환원하면, 멋지고 아름다운 생활이다. 인간으로서 가장 적절하고 적합하고 알맞고 합리적인 삶의 균형을 지속하는 자세다. 이런 '균형의 미학'은 누구나 바라는 인생길이다. 하지만 이게 쉽지 않다. 어떤 경우에는 실제 현실에서 지속적으로 발휘하기 힘든, 이상향(理想鄕)으로 느껴질 수도 있다. 그래도 일상을 살다 보면, 수시로 중도(中道)의 상황이 내 삶의 곳곳에서 묻어나기도 한다. 그것이 현실과 이상의 일치이자, 흔히 생각하는, 천국(天國)이요 극락(極樂)이다. 유학에서는 이런 사회를 '대동(大同)'이라 한다.

'중도(中道)'를 지속적으로 구현하는 거처를 마련하라! 유학이 추구하는 학문의 궁극 목적은 이를 벗어나지 않는다. 그리하여, 유학 최고의 인간은, 바로, '중도(中道)'에 거처하는 존재인 성인(聖人)이다.

11. 장횡거의 『정몽』 읽기 6
• 자신이 지닌 특성을 존중하라

2020. 8. 17. 월. 22:26

'난 안 돼!' 이 말은 교육철학적으로 보면, 가장 어리석은 표현이다. 세상에서 재미없는 말 가운데 하나다. 내가 엄연히, 열심히 살아가는데, '난 안 돼!'라니. 이 무슨 엉터리 같은 비교육적 언표인가? '난 할 수 있어!'라는 긍정적 표현으로도 성취하기 어려운 일들이 즐비한데, '난 안 돼!'라는 부정적 표현으로 인생을 포기할 이유는 세상 그 어디에도 없다! 그것은 절망을 부르는 반교육적 소음이다. 희망의 교육은 그런 점을 경계한다.

교육철학적 희망을 가늠할 수 있는 횡거의 지적이 하나 있다.

"자신이 지닌 특성을 존중하지 않으면, 배우고 묻는 작업을 그에 따라 말할 수 없다! 넓고 큰일에 이르지 못하면, 정밀하고 미세한 측면에도 제대로 다가설 수 없다! 높고 밝은 차원을 끝까지 보지 못하면, 마음을 알맞게 쓰더라도, 때에 맞추어 딱 떨어지게 적용하지 못한다."

이 표현을 긍정적인 용어로 바꾸면 다음과 같다.

'자신의 특성을 존중하면 배우고 묻는 작업을 그에 따라 말할 수 있다. 넓고 큰일에 이르면 정밀하고 미세한 측면에 제대로 다가설 수 있다. 높고 밝은 차원을 끝까지 보면 마음을 알맞게 쓰면서 때에 맞추어 딱 떨어지게 적용한다!'

한마디로 말하면, '덕성(德性)'을 존중하라! 자신이 지닌 성격에 자부심을 느끼라!

이 구절이 지시하는 교육의 핵심은 '자아존중감(自我尊重感: 자기존중 감: self-esteem)'이다.

자신이 지닌 특성에 대해, 나는 어떤 자세로 대하는가? 내면의 깊은 바닥에 감추고 싶은가? 외부의 높은 자리로 드러내어 자랑하고 싶은가?

어떤 경우이건, 인간은 자신의 고유성, 자기 덕성에 대해 스스로 자부심(自負心: self-respect pride)을 가져야 한다. '난 이래서 또는 저래서, 그래서 안 돼!'라는 '자기 비하(卑下)'나 '자기 부정'(否定)은 삶을 피폐하게 만드는 주범이다.

자신이 지닌 특성은 자기만이 지닌 장점(長點: merit: virtue)이다. 누구도 갖지 못한 자기만의 보배다. 물론, 그것이 어떤 측면에서는, 다른 사람에 비해 단점이 되기도 한다. 상대적으로 볼 때, 상황에 따라서는 가치의 정도가 저하될 수도 있다. 그러나 그것은 나만이 지닌 아름다운 덕성이자 나만이 지닌 소중한 가치다. 그것만큼 중대한 사안은 인간 세상에 존재하지 않는다. 고상함의 극치다.

나는 내가 지닌 특성, 그 소중한 생명력을 발판으로 살아간다. 내가 지닌 특성은 나의 상징이다. 때문에 나 스스로 그것을 높이고, 그것을 통해 나와 너, 우리가 어울리는 이 세상을 넓고 크게 만들고, 높고 밝은 차원으로 나아가야 한다.

내 삶의 생명력이, 아침 햇살로 떠올라 붉은 태양으로 모든 사물에 비춰 나가듯이, 그런 힘을 갖도록 인도하는 작업이, 다름 아닌 교육이다.

12. 장횡거의 『정몽』 읽기 7
● 예비하는 사람만이 누릴 수 있는 떳떳함의 미학

2020. 8. 19. 수. 22:09

또, 장횡거 『정몽』「중정」편에는 다음과 같은 언급이 있다.

"어떤 일을 하려는 자세가 미리 갖추어져 있으면, 세상이라는 들판에 서서 떳떳하게 살아갈 수 있다. 그에 앞서 반드시 해야 할 일, 그것은 '가르침'이다. 가르침을 제대로 이행하려면, 반드시 올바른 일을 분명하게 실천하기 위한 '연마(研磨)'를 해야 한다. 올바른 일이 무엇인지 명확하게 파악하라! 정확하게 펼쳐내라! 그래야 세상을 살아도 사는 맛이 난다. 그래야 어떤 행동을 하더라도 상식에 어긋나지 않는다. 이치에 맞아떨어진다."

의미심장(意味深長)한 언표다.

교육은 인생을 '예비(豫備)'하는 작업이다. 어떤 학자들은 '미래의 인생을 준비'하는 작업이 아니라 '현실 생활 자체(life itself)'라고도 한다. 그러나 현실 생활 자체에 충실함도 미래를 예고하는 교육적 가치가 스며든다. 이 인생을 예비하기 위한 노력은 '정의(正義)'를 향한 열정이다. '연구(研究)'와 '단련(鍛鍊)'의 과정을 거친다. 흔히 말하는 '노력(勞力)'이다. 올바름에 목숨 거는 진취적 기상이다.

정의로움에 대한 파악(把握)과 장악(掌握), 그리고 신장(伸張)과 확장(擴張) 가운데, 삶은 진미(眞味)를 드러낸다. 정말 멋진 인생이다.

그렇다면, 교육의 최종 목표는, 정의를 구현하는 인생, 멋진 삶을 지속할 수 있는 능력의 함양은 아닐까?

13. 장횡거의 『정몽』 읽기 8
• 배움의 원리와 지향

2020. 8. 23. 일. 9:09

횡거의 『정몽』 「중정」편을 이어서 읽는다. 배움의 시작과 질적 승화, 마무리 단계에 대한 개략적인 언급이 보인다. 시대는 다르지만, 교육의 원리나 철학으로 이해하면, 현대 교육에서도 그 방향이나 실제 구현의 원칙을 논의하는 데 참고할 만하다.

"'배움[學]'에 뜻을 둔 다음에, 사람들과 더불어 논의하며 인간의 길을 점검해 나갈 수 있다! '예의[禮]'에 힘쓴 다음에, 사람들과 더불어 행동하며 사회생활을 합리적으로 할 수 있다! '미혹[惑]'되지 않은 다음에, 사람들과 더불어 세상 형세에 맞춰 상황을 조절할 수 있다! '문화[文]'를 공유해 감으로써 올바른 의식을 모으고, '올바른 의식[義]'을 모음으로써 삶의 기준을 바르게 하며, '삶의 기준[經]'을 바르게 한 다음에, 한결같이 자기에게 충실하고 타자를 배려하는 세상의 도리를 꿰뚫는다!

세상 존재의 이치에 대해 낱낱이 캐물으려고 하면서도 그 이치에 따르지 않고, 올바른 의식을 자세하게 파악하려고 하면서도 그 올바른 의식에 나아가지 않으며, 그 밑천을 깊이 헤아리려 하지 않고 익힌 내용을 살피려고 하지 않는다면, 그러한 공부는 결코 지혜로운 차원으로 인정할 수 없다!"

개인에서 사회에 이르기까지, 개체에서 공동체에 이르기까지, 특수한 사안에서 보편적 사업에 이르기까지, 배움의 거시적 원리를 엄중히 경고하는 듯하다.

'학(學)-예(禮)-혹(惑)-문(文)-의(義)-경(經)'으로 연속적 과정은 교육의 여정을 적시한다. '배움-예의-미혹[정신적 헷갈림]-문화-올바른 의식[정의: 의리]-삶의 기준[도덕: 윤리]'으로 이어지는 배움의 과정은 인간의 개인적·사회적 삶에 관한 '지식 이론'과 '도덕 행위', '원칙과 원리', '논의와 논리'의 속성을 다차원적으로 머금고 있다.

그리하여 다음과 같은 교육철학을 예고한다.

첫째, 교육은 배움을 기초로 인식 능력을 기르는 데 기여하는 작업이다.

둘째, 교육은 예의의 이해와 확인, 체득과 실행을 중시하는 표준을 제공한다.

셋째, 교육은 정신적으로 헷갈리지 않는 꿋꿋한 각성을 지속하는 노력이다.

넷째, 교육은 그 사회의 문화를 공유하고 새로운 문명을 고민하는 창의적 활동이다.

다섯째, 교육은 정의로운 의식을 확보하고 구현하는 추동력이다.

요컨대, 교육은 삶의 기준을 마련하는 우주적 생명력이다. 열린 세계를 지향하는 유연성, 개방성, 진취성, 역동성, 참신성, 창의성, 의식성을 지향한다. 동시에 그 반대편에 있는 경직성, 폐쇄성, 퇴행성, 고정성, 수구성, 보수성, 물질성 등을 성찰한다. 삼라만상(森羅萬象)의 본질과 현상을 탐구(探究: inquiry)한다. 조사(調査: investgation)하고 연구(硏究: research)한다. 그만큼 배움은 어려운 문제 상황을 가로지른다.

14. 장횡거의 『정몽』 읽기 9
● 교육받은 사람의 실상

2020. 8. 30. 일. 22:40

조선의 율곡(栗谷 李珥, 1536~1584) 선생이나 독일의 칸트(Immanuel Kant, 1724~1804) 선생은 교육에 대해 특별하게 고민한 철학자다.

율곡 선생은 "인간이 학문을 하지 않으면 인간다운 사람이 될 수 없다! 교육은 삶과 동떨어진 특별한 일을 추구하는 것이 아니라 삶의 도리를 성숙시켜나가는 작업이다."라고 했고, 칸트 선생은 "인간은 교육을 받아야 하는 유일한 피조물이다! 교육은 인간을 인간답게 형성하는 작용이다."라고 했다. 두 철학자의 언표는 인간이 '교육적 동물(educational animal)'임을 선언한, 인간 혁신을 위한 열정적 성찰이다.

율곡 선생은 『격몽요결(擊蒙要訣)』을 비롯하여 『성학집요(聖學輯要)』에 이르기까지 조선시대 교육철학을 수립한 유학자이다. 칸트 선생은 독일의 대학에서 최초로 '교육학' 강좌를 개설했고, 그 강의의 내용을 정돈하여 『교육학강의』라는 저술을 남겼다.

이런 사례에서도 볼 수 있듯이, 교육은 오직 사람에게 해당하는 대사업(大事業)이다. 그 결과는 '교육받은 사람(educated man)'의 모습으로 드러난다. 전통 유학에서는 교육받은 사람의 전형을 '군자(君子)'라고 한다.

장횡거는 『정몽』에서 교육받은 존재로서의 군자를 다음과 같이 묘사한다.

"군자는 세상을 살아가면서 나와 나 이외의 존재에 대해 공정하게 대처한다. 개인적인 사사로움에 빠지지 않고 객관적으로 이치에 맞게 행동한다. 이유는 간단하다. 선(善)한 상황에서도 깨닫고 선하지 않은 상황에서도 깨우치기 때문이다.

세상의 이치에 합당할 경우, 함께 그것을 기뻐한다. 이치에 합당하지 않을 경우, 함께 그것을 고쳐나간다. 합리적이지 않은 부분을 고쳐나갈 때, 자세가 중요하다. 군자는 그 잘못이 다른 사람에게 있더라도 자기에게 있는 것처럼 한다. '내 탓이오!'라는 자세로, 자신을 성찰하며 스스로 비판할 것을 잊지 않는다.

이치에 합당한 사안에 대해 함께 기뻐할 때도 마찬가지다. 선한 일이 자기의 실적이라 하더라도 다른 사람에게 업적이 있는 듯이 칭찬하며 반드시 남과 더불어 한다.

군자는 선한 일을 부딪치건, 선하지 않은 일을 맞닥뜨리건, 어떤 일이건 상황에 맞게 열정을 쏟는다. 끊임없이 노력하며 세상을 마주할 뿐이다. 이것을 선한 상황에서도 깨닫고 선하지 않은 상황에서도 깨우친다고 한다."

교육받은 사람으로서 군자의 참모습은 '깨달음'이나 '깨우침'과 관계된다. 현실 세계에서 발생하는 좋은 일과 나쁜 일, 긍정과 부정, 하고 싶은 일과 하기 싫은 일, 이 모두에 대한 환영이다. 좋은 일과 하고 싶은 일, 긍정적인 사안만을 선호하지 않는다. 나쁜 일과 하기 싫은 일, 부정적인 사안에 대해 회피하지 않는다. 모두를 맞이하며, 담대하게 대처한다.

나에게 다가오는 모든 일이여! 나의 품으로 들어오라. 나를 이용하여 새로운 사태를 창출하라! 그것은 나와 너가 지속해가야 할 세상의 법칙이다. 너와 나의 운명이다!

이에 교육은 운명을 되새길 수 있는 세상을, 자신의 삶에 담아야 한다.

15. 장횡거의 『정몽』 읽기 10

• 가르침과 배움에 관한 몇몇 사유들

2020. 8. 31. 월. 18:27

횡거의 『정몽』 「중정」편에는 교육의 핵심 주체인 '가르치는 사람'과 '배우는 사람'에 관한 의미 있는 언급이 있다. 몇 가지만 간추려 적어 본다.

첫째, 배우는 사람은 배움의 과정에서 주의할 사항이 여러 가지다. 특히, 아래의 네 가지에 대해 조심하라. 잘못하면 여러 차원에서 실패할 가능성이 있다.

① 남에게서만 구하지 말라! 그러면 여러 측면에서 실패한다. 스스로 축적한 힘이 부족하기 때문이다.

② 높은 것만을 좋아하지 말라! 그러면 조그마한 측면에서 실패한다. 높은 부분을 쳐다보기만 하면 사소한 것 같으나 중요한 사안을 놓친다.

③ 제대로 살펴라! 그렇지 않으면 쉽게 생각한다. 사람들이 성취한 결과만 보면 쉽게 성공한 듯 느껴진다. 과정의 역경과 고난을 포함하여 관련 상황을 주시해야 한다.

④ 어려움을 고통스럽게 여기지 말라! 그러면 포기하기 쉽다. 어려움을 기쁘게 맞이할 용기를 스스로 간직해야 한다.

둘째, 남을 가르치는 사람은 다음 몇 가지 사항을 인지해야 한다.

① 배움에 이르는 과정의 어려움과 쉬움을 알라! 이는 배움에 임하는 사람이 자신의 덕성을 아는 작업이다.

② 사람의 장점과 단점을 알라! 이는 사람을 파악하는 일이다.

③ 어떤 사안에 대해, 누가 먼저 전할 줄 알고, 누가 나중에 싫증내는가? 잘 살펴보라.

셋째, 몽이양정(蒙以養正)! 어리석은 사람에게 그가 지닌 바른 성품을 잃지 않게 하는 일, 여기에서 가르치는 사람의 역할이 중요하다. 이때 사람의 '어리석음'은, 아무것도 지니고 있지 않아, 정말 무엇을 모르는 그 어떤 것은 아니다. 모든 인간은 자신의 고유성(固有性)을 내면에 간직한다. 그것이 외부로 드러나지 않았을 뿐이다. 단지 감춰져 덮여 있다. 그만큼 깨우치지 못했다는 증거다. 인간은 원초적으로 무식함의 덩어리 자체가 결코 아니다. 배우지 못했을 뿐이다.

넷째, 큰 종(鐘)은 그 자체에 소리를 간직해둔 적이 없다. 두드려야 소리를 낸다. 훌륭한 인간은 그 자체에 지식을 간직해둔 적이 없다. 물어보아야 지식을 우려낸다. 곡식이 잘 자랄 수 있도록 때에 맞게 비를 내려주는 것처럼, 인간은 호응해야 맞아떨어진다. 어떤 일이건 가능성을 보고 그 틈을 타서 베푼다. 사람들이 억지로 구하고 행위 하기를 기다렸다가 가르치는 것이 아니다.

다섯째, 알을 낳고, 품고, 부화하고, 먹이를 주고, 날개가 자라게 하여, 어린 새끼가 날 수 있도록 도와주라. 그것이 가르침에 임하는 사람의 진정(眞情)이다.

16. 역사를 흔든 전염병

2020. 8. 8. 토. 23:02

영국 옥스포드대학 사학과의 마크 해리슨(Mark Harrison, 의학사) 교수가 쓴 『전염병, 역사를 흔들다』라는 책을 잠깐 훑어보았다. 상당히 의미 있는 논의다. 저자 본인이 밝히고 있듯이, 이 책은 "세계의 주요 교역로(交易路)를 따라 중세 아시아의 대상(大商)에서 세계 경제의 수많은 노선(路線)에 이르기까지 전염병의 경로를 그리고 있다."

책의 결론 부분에서 언급한 다음과 같은 구절이 관심을 끈다.

"국제적 상거래(國際的 商去來)는 질병의 재배치에 중요한 요인으로 작용하여 병원균과 그 중간 숙주를 이전보다 더 광범위하게 퍼뜨림으로써 때로는 파국적인 결과에 이르렀다. …… 상업(商業) 활동의 각 단계별 변화는 인류의 건강에 심각한 결과를 초래했다. …… 원거리 무역(遠距離 貿易)은 세균 전파의 수단을 제공했을 뿐만 아니라 그 연결점들을 변모시켰다. …… 그러나 무역과 관련성이 높은 질병의 전파를 차단하고 그 병원균이 번성할 수 있는 환경 조건을 제거하기 위한 조치들도 차례로 고안되어 왔다."

공통분모를 지닌 몇몇 단어들이 있다! 교역로(交易路), 대상(大商), 국제적 상거래(國際的 商去來), 상업(商業), 원거리 무역(遠距離 貿易), 그렇다면 전염병은 상업의 국제화와 연관된다. 20세기 후반부터 급격하게 진행된 '세계화' 또는 '국제화'로 명명되는 이 모든 국제 교류가 원인인가? 그렇다고 경제적 차원의 국제 교류를 안 할 수는 없지 않은가!

어쨌건, 전염병이 역사를 흔들고 바꾸어 버리는, 전염병의 발생과 치유의 가능성까지 매우 구체적으로 분석하고 있다. 이런 분석을 두고 다시 생각해 보니, 코비드-19 팬데믹 현상이 이해가 된다. 전 세계적인 상업적 교류는 코비드라는 바이러스의 감염 경로다. 세계적인 교역은 특정한 지역의 바이러스나 세균을 전방위적으로 전파한다. 언제 어디서 어떻게 드러날지 예측 불허하게 만든다. 전염병이 역사를 뒤흔든다는 말이 매우 강력하게 다가온다. 코비드-19도 역사를 뒤바꿀 것이 분명하다. 그런 점에서 『전염병, 역사를 흔들다』는 이 시대에 의미심장한 연구다. 질병 사태를 이해할 때 진지하게 참고할 만한 자료다.

무엇보다도 해리슨 교수의 연구 열정과 학식이 부럽기까지 하다. 본문의 뒷부분에서, '주석'을 정돈한 것이 90페이지에 육박한다. '참고문헌'만 해도 60페이지에 달한다. 조금 더 꼼꼼히 읽어 보고, 교육에 응용할 수 있을 방안을 고민해 보련다. 질병 인식과 교육의 대처! 이는 인류의 삶을 건전하게 유도하는 중요한 가이드 역할을 할 수 있다.

17. 우임금의 치산치수

2020. 8. 11. 화. 8:52

『서경(書經)』「하서(夏書)」의 〈우공(禹貢)〉편은 '치산치수(治山治水)'에 관한 내용으로 가득하다. 중국 고대 사회와 현대 민주주의 사회의 패러다임이 전혀 다른 만큼, 당시와 현대 사회를 동일하게 이해할 수는 없다. 하지만, 동서고금을 막론하고, 국가의 강산을 정리·정돈하고 개발·보존하는 치산치수의 문제는 정치와 교육의 핵심이다. 인간의 삶을 좌우한다. 때문에 나는 늘 치산치수와 연관되는 '날씨 표시'를 휴대폰 바탕화면에 올려놓고, 매일 일기예보를 보며, 기후를 살핀다. 오랜 습관이다.

그런데 요즘은 홍수에, 코비드-19, 경기 침체, 교육 피폐 등 재난이 겹치면서, 다양한 문제가 삶의 위협으로 느껴진다. 그 핵심에 치산치수가 자리한다. 좀 답답한 마음에, 이전에 읽었던 『서경』을 펼쳐 보며, 마음을 다잡아 본다.

「하서」〈우공〉편에는 다음과 같은 우임금의 행적으로 시작한다.

"우임금은 자신이 다스리는 나라의 땅이 어떠한지, 지역별로 그 특성을 파악하였다. 산맥을 따라 나무를 베어내거나 심으며 그 형세를 조절했다. 높은 산과 큰 하천을 인간의 삶에 적절하게 조치하였다!"

기록상 '하(夏)'라는 중국 최초의 국가를 건설한 우임금은 자연 그대로의 강산을 보며 정치를 고민했다. 특히, 하천을 보니, 홍수가 날 때마다 물이 멋대로 흘러, 강이 어디이고 땅이 어디인지 구역을 제대로 분별할 수 없었다. 넘쳐흐른 물로 그 구역의 분별이 정확하지 않아,

사람이 제대로 살 수 없을 정도였다. 정치지도자로서 우임금의 걱정은 심각했다.

그 조치가 다름 아닌 '9주(九州)'를 개척하여 지역을 분별한 일이다. 산의 형세에 따라 그 유용성을 살펴보고, 필요 없는 나무는 베어내 가면서 길을 통하게 만들었다. 지역에 있는 산 가운데 높은 것과 하천 가운데 큰 것을 기준으로 기강을 삼았다. 그렇다고 우임금이 자신의 지혜를 발휘하여 제멋대로 9주와 강산을 정한 것은 결코 아니다.

하늘의 천문(天文)과 땅의 지리(地理), 그 천지자연의 세계에는 제각기 이치가 존재한다. 이법(理法)이 작동하는 구역이 정해져 있다. 하늘의 별과 별자리, 땅의 특징을 기준으로 일정한 특성을 지닌 들판이 형성된다. 땅에는 반드시 높은 산과 큰 하천이 있어 경계를 만들며 구획을 짓는다. 그 경계에 따라 기후(氣候)가 달라지고, 그 사이에 사는 사람들의 풍속(風俗)도 달라진다.

우임금은 이런 점을 신중하게 살피고 충분히 검토했다. 높은 산맥과 큰 하천의 경계를 따라 지역을 구별하여 9주를 만들었다. 높은 산과 깊고 넓은 하천! 그 지리의 핵심을 고려하여 각 주를 대표하는 기준점으로 삼았다.

치산치수의 문제가 이렇게 중요하다. 한반도의 천문 지리는 어떤 차원인가? 강산의 위치와 흐름은 어떤가? 형세를 충분히 고민하면 인간 삶의 이치가 보이리라.

옛날부터 나는 생각했다. 우리는 한반도의 서쪽 바다를 서해(西海)라 부르지 않는다. 황해(黃海)라고 부른다. 세계의 다른 지역에도 흑해, 지중해, 사해 등등 바다를 일컫는 다양한 표현이 있다. 그런데 황해는 전 세계에서 유일한 누런 빛 바다다! 동서남북 사방의 방향으로 이해

151

하면, 해가 지는 곳인 '서해'지만, 저걸 왜 '황해'라고 부르지? 늘 의심으로 일관했다. 홍수의 시기만 되면, 혹시, 산사태로 흘러나온 황토 빛 흙이 유입되어 서해를 황해로 부른 건 아닐까? 중·고등학교 지리 시간에 배웠듯이, 한반도는 동고서저(東高西低)의 지형에다 지질학적으로 노쇠한 땅 아닌가! 큰 강물의 대부분은 서해 바다로 흘러들어가고, 노쇠한 땅인 만큼 산은 무너지기 쉽다!

우임금의 치산치수를 사례로 들지 않더라도, 예전부터 조상들은 산과 하천 문제를 고민했던 건 아닐까? 나는 어릴 때부터 보아왔다. 어른들이 왜 강산을 중시하는지, 농토와 마을의 실개천을 사이에 두고 온갖 신경전을 벌이는지.

언제부터인가 산사태를 방지하는 산림녹화 사업, 하천을 파내어 깊게 만들고 물길을 안전하게 확보하는 일, 그런 작업이 정부 차원에서 진행되었다. '자연 강산'을 '인문 강산'으로 치환하는 대사업이었다.

자연에는 그야말로 있는 그대로의 자연이 있다. 인간이 적절하게 이용하려는 자연은 인위적 차원에서 인문 자연으로 옷을 갈아입는다. 이는 흔히 '자연 보존'과 '문명 개발'로 상징된다. 자연 강산을 인문 강산으로 전환하는 문화적 작업이 인간의 삶을 윤택하게 이끌어 왔다. 문명의 누적과정에서 그것만은 사실이다. 문명의 발달이 지나치게 되면서, 인간의 삶이 피폐화 징조를 보일 즈음, 환경 생태를 고려하는 자연 강산의 문제도 고민하게 되었다. 이 또한 삶을 윤택하게 만드는 방법의 하나다.

이제, 자연은 자연대로 살리고, 인문은 인문대로 세련미를 더하는, 이 절묘한 모순 가운데, 삶의 풍성함을 탐색해야 한다. 그것이 자연과 인간이 어울리는 사회적 지점이다. 조화의 의미다. 어쨌든, 경제난과 코비드-19, 홍수와 산사태 등 각종 재난으로 인해 인간의 생명이 빼앗기는 현실은 최소한으로 남으면 좋겠다. 이미 벌어진 상황은 최대로 빨리 복구될 수 있기를 기대한다.

현대적 의미의 치산치수는 무엇이어야 할지, 교육적으로 응용할 자산을, 신중하게 준비해야겠다.

18. 황혼의 사무라이

2020년 8월 15일(토), 광복절이다. 역사는 다음과 같은 사실을 기록하고 있다. 1945년 8월 15일 해방 후, 북위 38선을 중심으로 한반도의 남쪽은 3년간 미군정기를 거쳤다. 그리고 1948년 8월 15일 대한민국 정부가 수립되었다. 한반도의 북쪽은 1948년 9월 9일 조선민주주의인민공화국이 수립되었다.

그런데 역사에 근거하지 않은 정치적 논쟁이 서글픔을 더한다. 특히, 대한민국의 초대 대통령 이승만을 비롯하여, 군사 쿠데타로 정권을 잡은 박정희 대통령에 대한 수긍과 인정 여부가 관건이다. 한쪽은 건국 대통령 이승만과 근대 산업화 대통령 박정희만을 철저히 옹호하고, 다른 한쪽은 임시정부 주석 김구, 김대중, 노무현 등, 그 반대편에서 정치적 민주화에 기여한 것으로 평가되는 대통령만을 신봉한다. 간단하게 말하면 독재자와 민주화 대통령으로 나누어 정통성을 부여한다.

이 문제는 역사 자료에 근거한 이성적 해석의 문제이지, 사료를 부정하는 감성과 진영 프레임의 주장이 되어서는 곤란하다. 그건 지성인의 행위가 아니다. 반지성의 비논리에 취한, 무조건적 비난과 반항만이 스며든, 식민지 근성이나 노예 속성의 발동일 뿐이다.

북한의 김일성 주석에 대해서는 차후에 언급하자.

사실은 이승만과 김구, 박정희와 김일성, 이후 정치지도자 모두가 20세기 한반도의 역사를 장식한 주요 인물들이다. 그럼에도 불구하고,

진보-보수, 좌파-우파, 민주-독재 등등 정치 진영 사이에 싸움이 치열하다. 나중에 여유를 갖고 다시 기록하겠지만, 내가 볼 때, 요즘 유행하는 진영 싸움이나 정치 프레임의 시선으로 역사를 이해하면, 역사는 역사로서의 구실을 찾아가기가 어렵다. 힘들 수 있다.

이런 천박한 논쟁으로 세상을 더럽히는 자들은 제발, 사마천이나 헤로도투스, 투키디데스의 역사 기록의 의의를 좀 진지하게 살펴보시라! 제발 좀 읽고 알고, 지성을 발휘했으면 좋겠다. 이른바 지식인들, 지도자라는 자들이 역사에 대한 개념이 없는데, 민중들, 일반시민들은 오죽하겠는가?

갈수록 우리 사회가 분열되는 소리가 크게 들린다. 소인배(小人輩), 조무래기들이 횡행하고 있다. 처신이 괴로울 지경이다. 언제부턴가 이 사회의 지성은 점점 얕아지고, 상식이 무너지고, 거짓 행태가 난무하는 것을 직감했다. 이후, 나는 '자발적 격리'를 선택했다. 그것도 철저하게. 대인기피증을 옹호하고 자가 격리에 들어갔다.

특히, 자기고집에 빠져 자기주장만을 일삼거나 요령이나 편법만을 선호하는 인간, 배우지도 않고 제멋대로 마구 떠벌이는 어리석은 자, 겸손하지 않고 경청하지 않는 존재, 배려나 협동, 공동체의식, 존중과 존경이라는 덕목을 잊어버린 것들과 결별하기 위해, 나는 사람들이 잘 인식하지 못할 정도의 은둔을 택했다.

사회 속에서 적절한 은둔이다. 굿 디스턴스(good distance)! 사회적 은둔이라 해도 좋다. 그것은 홀로 있을 때의 '외로움(loneliness)'이 아니다. 홀로 있을 때의 '즐거움(solitude)'이다. 쓸쓸한 고독이 아니라 즐거운 고독이다. 나는 이 '즐거운 고독'의 시공간을 나 스스로에게 허용했다. 마음이 편안하다. 포근하다. '즐거운 고독'은 내 인생에서 정말 다행스럽게도, 삶에 의미를 듬뿍 부여한다. 기존의 진보나 혁신과는 또 다른 양상의, 새로운 우주를 개척하는 마당이니 말이다.

어떤 사람들은, 오늘 같은 8.15 광복절에 일본 영화를 보았다고 욕할지도 모르겠다. 욕해도 상관없다. 내 삶의 계획에 따라 나 스스로 골라서 보았기에, 역설적이게도 그만큼 의미가 있다. 한국어 〈황혼의 사무라이〉로 번역된 이 영화는 2003년 하와이국제영화제 최우수작품상을 받았다. 그래서인지 상당히 수준 있는 영화로 느껴졌다.

아버지가 묻는다.

"딸아, 요즘 무슨 공부하고 있냐?"

딸이 대답하며 물었다.

"바느질도 익히고, 학교에 나가 글공부도 해요. 그런데 아버지, 바느질 기술을 익히면 옷을 만들 수 있지만, 글은 배워서 뭐하나요?"

아버지가 진지하게 말해준다.

"글공부! 이게 정말 중요하다. 학문을 하면 힘이 생긴다. 무엇보다도, 살아가는 양식에 대해 생각할 수 있는, 그 힘의 바탕이 된단다."

학문은 생각할 수 있는 힘을 준다! 이외에도 곱씹을만한 대사가 꽤 많다. 섬세한 상황 및 사물 묘사와 더불어 등장인물들이 보여주는 인생관, 사랑, 원칙, 존중 등 삶의 미학이 현실감 있게 드러난다. 일본 막부(幕府) 말기에서 메이지 유신 시기에 걸쳐있는, 한 사무라이를 둘러싼 이야기지만, 인간의 삶으로서 공감할 부분이 상당한, 재미를 보태주었다.

광복절에, 대한제국 조선을 식민지로 지배했던 일본을 다시 이해하는 데, 도움을 준 영화였다.

19. 해괴한 코비드-19

2020. 8. 18. 화. 13:45

2020년 1월 이후, 코비드-19 사태가 팬데믹 상황을 맞이했다. 그런 만큼, 전 세계 모든 사람이 조심에 조심을 거듭하며 삶을 이어가고 있다. 하지만 아직까지 이 바이러스를 퇴치하거나 조절할 수 있는 치료제[백신]는 나오지 않았다. 연구개발 중이고 곧 나올 것이란다. 백신으로 안정을 찾기 전에는 마스크가 예방의 바로미터다. 이 신종 바이러스는 별종(別種)인가? 특종(特種)인가? 도무지 감(感)이 잡히지 않는다. 정말 속수무책(束手無策)이다. 코로나 바이러스는 자신의 세상을 만난 듯 활개치고 있다.

올해 상반기[1학기]를 지나면서, 코비드 팬데믹 사태가 안정되기를 은근히 기대했다. 실제로 정부 당국이 발표한 통계를 보아도, 발생 현황이나 확진자, 사망자 수도 현저히 줄어들었다. 이제 코비드 사태의 안정은 시간문제처럼 보였다. 마무리 단계로 마음이 놓이는 듯했다. 그래서 8월 말 무렵부터 9월초, 2학기에 접어들 때는 학생들을 직접 만나, 강의실에서 함께 토론하며 공부할 수 있으리라는 희망에 부풀었다.

그런데 다시 절망이다! 암흑이다. '코로나 블루(corona blue)'라는 신조어가 생긴 것처럼, 우울하고 불안하고 무기력한 증상이 일상을 휘감는다. 어쩌면 지금보다 훨씬 섬뜩한, 우울감과 불안, 무기력함이 깊고 넓은 실망과 상처로 우리를 덮칠지도 모르겠다. 그토록 바라던 사람 사이의 만남, 인간 사회의 일상을 지속하려는 소망이 현실이 되기를 고대했건만, 불안한 심정이 가중되는 침묵의 시간이, 다시 앞에 가로 놓인다.

2020년 8월 15일 전후로 2차 팬데믹 사태가 우려될 정도로, 코비드-19 확진자 발생이 급증했다. 1945년 8월 15일, 일제 강점으로부터의 해방을 기념하는 날처럼, 코비드-19에서도 해방되었으면 얼마나 좋았겠는가! 올해 상반기 팬데믹 상황의 그 어느 때보다 많은 확진자가 발생하여 아주 혼란스럽다.

정말 대재앙(大災殃)의 시작인가? 아니면, 장마가 끝나면서 여름의 막바지에, 기후 변화로 인한 일시적인 확진자 증가 현상인가? 후자였으면 좋겠다.

진지하게 고민할 사안이 있다. 코비드-19가 발생한 후, 나는 늘 의문 속에 갇혀 산다.

첫째, 코비드-19는 자연 발생적 질병인가? 인위적으로 유출된 재앙인가? 다시 말해, 인간의 어떤 실수에 의해 퍼트린 재난인가? 나는 의심한다. 어릴 때부터 지금까지 내가 경험한 바로는, 자연적으로 발생한 질병이나 재앙의 경우, 3개월 이상 창궐하거나 지속되는 경우가 흔하지 않다. 인간은 늘 자연에 적절하게 순응하고 적응하며 대응해 왔다. 설사, 재앙 상황이 길어지더라도, 자연 재앙 자체가 지속되기보다는 재앙으로 인해 발생한 사태를 수습하는 인간의 대처 시간이 길어졌을 뿐이다. 때로는 사람들이 자연 재앙을 물리치고 제압하는 경우도 있다. 그런데 이건 뭔가? 어떤 사람의 주장처럼, 인간이 실험하고 개발한 '생화학 무기[자원]'의 하나로 만든 바이러스가 유출된 건 아닌가? 그렇다면, 정말 심각한 일이다! 자연 재해가 아니라 인간이 스스로 만들어낸 인위적 재난에 인간이 벌 받고 있다? 최첨단과학기술문명의 시대에 자승자박(自繩自縛)이라니.

둘째, 코로나 바이러스는 죽음을 부르는가? 대한민국의 경우, 정부

(질병관리본부) 통계에 의하면, 코비드-19 확진자 수와 사망자 수 등이 다른 나라에 비해 상당히 낮은 지표를 형성하며 양호하게 대처하고 있다. 때로는 외국으로부터 '한국의 코비드-19 대처(일명 'K-방역')가 모범 사례'라는 뉴스가 들리기도 한다. 실제 정부에서 그렇게 방역을 잘하고 있는 건지, 치료를 잘하고 있는 건지는 잘 모르겠다. 어쨌건 이런 뉴스가 상대적으로 마음의 안정을 가져다주는 계기가 되기도 한다. 이 지점에서 내가 의문을 갖는 사안은 간단하다. 노년기에 접어든 분이나 기저질환이 있는 사람을 제외하고, 어린 아이로부터 60대 중년에 이르기까지 사망자가 별로 없다. 70대 이상의 노인 그룹이 사망자의 대부분을 차지한다. 이건 또 무슨 현상이지? 질병의 확산 속도는 너무나 빠르다. 하지만 코비드-19로 '죽는 사람은 많지 않다!' 이렇게 질병이 횡행하여, 사람들이 두려움에 떨고 겁을 먹고 있는데, 뿐만 아니라, 사회적으로 큰 위기를 맞이하고 있는데, 감염되어도 쉽게 죽지 않는, 이 괴상한 바이러스의 실체는 무엇일까? 4년 전, 내가 바이러스 감염으로 한 달 가량 입원한 경험이 있어 그 느낌을 조금은 안다.

셋째, 확진자를 어떻게 보아야 하는가? 코비드-19 사태는 길거리를, 또는 가고 싶은 장소를 마구 들락거리며 다니기도 힘들게 만들었다. 어디를 출입하려고 해도, 마스크, 사회적 거리두기, 손 씻기를 비롯한 개인위생, 사회 전체가 경계의 눈초리로 사람을 서로 감시하며, 조용하게 숨을 고르고 있다. 이게 안 되면 자가 격리다. 음압 병상치료다. 하, 참 답답하다! 그래도 최소한 대한민국의 코비드 환자 상황을 보니, 사람이 쉽게 죽지 않는다. 질병 통계를 보니, 2020년 8월 18일 현재, 한국은 사망자가 300여 명, 전 세계적으로 사망자는 77만여 명이란다. 그래도 이렇게 무섭게 대처하는 이유는, 죽지 않는 대신, 그 전파 속도가 너무나 빠르기 때문이다. 건강한 사람은 코비드-19 확진을 받았을지라도 2주 뒤엔 별 무리 없이 사회로 복귀한다. 함부로 죽지도 않는다. 때로는 자신도 알지 못하는 사이에 치료가 되기도 한단다. 때로는 확진의 음성 반응과 양성 반응을 왔다 갔다 하기도 한단다. 심지어는 무증상을 나타내기도 한다는데, 이게 도대체 무엇인가?

넷째, 코비드 바이러스를 그냥 두면 안 되는가? 지난 1월부터 7-8개월 동안 일상은 서서히 붕괴되었다. 코비드-19의 소멸을 기대하는 강도가 높아지는 만큼, 그 반대 현상이 간간히 드러날 때, 사람들의 몸과 마음은 지쳐갔다. 이제 2020년 이전의 과거와 동일하거나 유사한 일상으로 돌아가기는 힘들 것 같다. 사회 곳곳에서 이미 다른 양식의 생활을 준비하고 있다. 정말 회의해 본다. 사람을 죽이지도 못하고, 사람이 죽지도 않는 코비드-19에 이렇게 바짝 움츠려 있어야만 하는가? 그 놈과 함께 무증상자로(음성 반응에서 양성으로, 다시 음성으로 반복하면서) 뒹굴면 안 될까? 때로는 과거에 수시로 겪었던 것처럼, 약간의 감기 기운으로 생각하면 안 되는가?

'코비드-19 확진이냐? 아니냐?'에만 매몰되어, 그 녀석을 너무 무서워하고 있는 건 아닐까? 신종 바이러스 하나 때문에, 개인에서 사회, 전 세계에 이르기까지, 인류의 삶이 이렇게 망가져서야 되겠는가? 심리적 위축이 심해질수록 사회적 삶은 피폐해진다. 두려움이 누적될수록 자신감은 희미해진다.

가까운 시일 내에 과감하게 마스크를 던지고, 거리두기가 아니라 손을 맞잡고, 인간의 호흡을 내쉬며 살기를 기도한다. 하지만 이런 바람과 정반대의 세계도 배제할 수 없다. 혁명적 사회전환을 염두에 둔, 삶의 변화도 동시에 준비하자!

20. 코비드-19 시절의 난초 개화

2020. 8. 19. 수. 12:24

내 사무실(고려대 평생교육원 원장실)에 난초 네 포기가 있다. 호접란의 일종이다. 지난 1월에 원장으로 부임하면서, 행사에 사용하고 버려진 난초를 한 포기씩 옮겨 심은 것이다.

지금 활짝 피어 있는 난초는 원장실에서 비쩍 말라 있던 것을 수시로 물을 주어 가꾼 것이다. 지난 3월부터 5월에 걸쳐 하나씩 피어오르더니, 약 20개의 꽃을 피웠다. 두어 송이가 떨어지긴 했으나 3개월이 지난 지금도 싱싱하다. 하얀 색깔에 노란 빛깔을 머금은 꽃잎이, 보기에는 화려하나 향기가 거의 없어 조금 아쉽다.

나머지 세 포기는 2020년 5월 27일에 옮겨 심었다. 3개월이 채 안된 현재, 꽃대가 조금씩 올라오고 있다. 지금 피어있는 꽃처럼 활짝 필 수 있을지 모르겠다. 곱게 피어나기를 기대한다.

난초를 가꾸는 특별한 비결은 없다. 출근하면서 물을 주고, 코비드-19로 닫혀버린 심정(心情)을 무언(無言)의 대화로 나눌 뿐!

코비드-19는 창궐의 수위를 높여 가고 있다. 인간은 심신을 더욱 움츠린다. 그런데 난초는 저렇게 조용히 자신의 본성을 성장시켜갈 뿐이다.

이런 게 자연인가? 교육도 이와 비슷할까?

21. 제국이 유행시킨 전염병

2020. 8. 23. 일. 13:08

셸던 와츠(Sheldon Watts)가 쓴 『전염병과 역사: 제국은 어떻게 전염병을 유행시켰는가』를 대강 들추어 보았다. 정말 제국은 전염병을 유행시켰다! '코비드-19'도 그런 역사의 반복일까? 그런 조짐이 핵폭풍처럼 밀려오는 듯하다.

지금부터 25년 전인 1995년, 20세기가 저물던 시기에, 세계보건기구 사무총장은 대다수 세계인들에게 닥치고 있는 '건강상의 위기를 극단적 가난의 탓'으로 돌렸다. 그런데 인류의 지성이라는 존재들은 이 '극단적 가난'에, 또 네 가지 다른 죄악을 첨부 하며, 어리석음을 뽐낸다. 그것은 '과잉인구, 소비자 중심주의[개발], 민족주의, 무지(無知)'다!

이 가운데 교육이 '지식'을 주로 다루기에, '무지'에 대해 간략하게 독해한다. 무지는 두 가지 범주로 나뉜다. 하나는 '타고난 것'이고 다른 하는 '외래적인 것'이다. '타고난 것'은 자신의 내부로부터 지적 능력을 발휘하지 못한다. '외래적인 것'은 나의 외부에 있던 것을 내가 터득하지 못하거나 다른 존재에 의해 왜곡된 형태로 주입된다. 예를 들면, 중세와 19세기에 위세를 떨쳤던, 나병(癩病: 한센병)을 구성한 개념은 무지를 지속하게 만들었던 강력한 힘으로 작용했다. 이렇게 구성된 개념은, 진정으로 아픈 나병환자들에게는 정말 변명하기 힘든 고통이다. 그들이 신경이나 손가락, 발가락, 코의 영구적 상실을 예방하기 위해, 제때에 진료소에 가서, 자세한 진단을 의뢰하는 것조차 꺼리게 만든다. 이 구성된 개념은 무지인가? 힘인가?

인간의 생명과 관련하여 해결하기 힘든 논쟁이 있다.

① '의료 전문기술'이 인간의 수명을 늘리는 결정적 요인이다!

② '생활수준 향상'이 인간의 수명을 늘리는 실질적 요인이다!

어느 쪽일까? 두 의견 모두를 옹호하는 입장도 있다. 조지 오웰의 소설 『1984』에는 "무지가 힘이다!"라는 정당의 구호가 등장한다. 정말, 무지가 힘인가?

2020년 8월 중하순에 〈코비드-19〉 확진자수는 전염병 발생 이후 최고치를 나타내고 있다. 22-23일 어제 오늘만 해도 지방자치단체에서 보내오는 스마트폰 문자가 횡행한다. 짜증날 정도다. 이런 조치가 알맞고 적절한 전염병 예방이나 치료를 위한 최선의 정보 서비스인가? 아니면 공인의 책임을 벗어나려는 최악의 무지 서비스인가?

대부분 이미 받아 보았을 테지만, 아래와 같은 천편일률적 문구들!

"8월 22일 서울 ㅇㅇ구 확진자(ㅇㅇ거주) 이동 동선은 …… 참조하시기 바랍니다./ 확진자 관련 8.ㅇ일-8.ㅇㅇ일 ㅇㅇㅇ(식당/약국 ……) 방문자는 ㅇㅇ보건소로 연락 바랍니다./ 오늘부터 사회적 거리두기 2단계가 전국적으로 시행 …… 마스크 착용 …… 방역수칙을 꼭 실천하여 주시기 바랍니다./ ㅇㅇ시 ㅇㅇ동 거주 확진자 ㅇ명 발생, 현재 역학조사 중, 홈페이지 블로그에 공개 예정 …… 주의 바랍니다./ ㅇㅇ읍 ㅇ명, ㅇㅇ동 ㅇ명, ㅇㅇ ㅇ명 코로나19 확진, 이동 동선은 …… 바랍니다."

문자의 끝은 대부분이 '바랍니다.'로 끝난다. '바랍니다.?' 바라긴 뭘 바랍니까? 그것 참. 이건 담당 공무원들이 애쓴 결과, 똑똑한 지식 정보인가? 아니면, 지나친 친절이 낳은, 불용 쓰레기 같은 무지의 관행인가? 그래도 보내지 않는 것보다 참고는 되겠지? 그만큼 수동적 인간이 되는 듯한, 미치도록 서글픈, 마음의 무게가 더 두렵다.

문자를 보내는 당국을 비롯하여, 관심 있는 상당수의 사람들은 아래와 같은 고민을 하고 있을까?

"사망률은 아니지만, 늘어나는 확진자 수와 악화되는 삶의 질 사이에 어떤 연관성이 있을까? 확고한 전염병의 역학 자료는 축적되고 있는가? 차라리 심리학적 문진자료가 보다 실제적이지 않을까?"

교육에서는 무엇을 다루어야 할까? 왜, 이런 현실을 교육으로 끌어들여야 하는가? 나의 삶이고 너의 삶이기 때문이다. 인류의 생사 문제, 존속 여부, 존재의 의미를 차근차근 살펴보아야 하기 때문이다.

1주일 후면, 2020학년도-2학기 개강이다. 코비드-19시대를 다시 고민하며, 교육을 또 준비하자.

22. 코비드-19 팬데믹은 진실일까

2020. 8. 26. 수. 6:09

새벽이다. 5시쯤인 것 같다. 신선한 아침을 맞아야 할 시간에 갑자기 살짝 화가 치민다. '바비(BAVI)'라는 이름의 '태풍'예보 때문인가? 코비드-19라는 전대미문의 현실 때문인가? 2학기 시작 1주일 전이어서 그런가?

다음 주 9월 1일부터 2020학년도 2학기 개강이다. 학생들은 어제 1차로 수강신청을 마쳤다. 한참 등록 중인 것 같다. 대학마다 학사일정에 약간의 차이는 있겠지만, 대학생인 작은딸도 엊그제 등록을 마쳤다. 이번 학기도 학교 기숙사에 들어가지 않기로 했단다. 방학을 맞아 귀국 중인 큰딸도 독일로 출국할 날이 보름 남짓이다. 이 모두가 코비드-19와 관계된다. 지난 1월부터 벌써 8개월째다.

질병 관련 전문가가 아니어서 코비드-19에 대해 정확한 지식은 없다. 기껏해야 당국에서 제시한 코비드-19 증상이나 방역 수칙 몇 가지뿐이다. 호흡기 질환, 기침, 발열, 오한, 설사, 마스크, 거리두기, 비대면, 활동 자제, 자가 격리, 보건소, 확진 자, 음압 병실, 사망률, 전염 속도, 중국 우한, 해외 출입 제한, 경제 위기 등등, 따지고 보니, 내가 아는 코비드-19와 관련된 개념이나 용어도 몇 개 되지 않는다. 그렇게 난리를 쳤던 '마스크'나 '사회적 거리두기' 등 한두 가지 사안을 제외하면, 새로운 의미로 부상한 특별한 내용도 없다.

나는 사실 일상의 대부분을 혼자서 보낸다. 글 읽고 쓰고, 생각하고, 강의하고, 또 연구하고. 그런 생활의 순환 반복이기에, 단순하고 절대적인, '즐거운 고독'에 빠진다. 때문에 특정한 업무로 사람을 만나는 시간 이외에 홀로 있을 때는 거의 마스크를 쓰지 않는다. 사회적 거리두기를 할 일도 별로 없다.

세상은 혼란에 휩싸인 듯하나, 나는 사실 일상의 삶에 큰 변화가 없다. 그냥 교육과 연구와 봉사라는 전통적인 대학인의 사명을 이어 갈 뿐이다. 물론, 개인 컴퓨터, 스마트폰 등 달라진 문명의 이기(利器)로 내 본분을 이행하는 도구나 수단, 방법상의 변화는 있다.

어쨌건, 지난 몇 달 동안 견뎌낸, 코비드-19에 유감이 많다. 통계를 보니, 이게 흔히 말하는 죽을병도 아닌데, 왜 이렇게 인간의 삶이 망가져야 하지? 네가 뭔데, 인간의 생활을 이렇게 밟아 놓는 거야! 아니, 인간들이 코로나 바이러스를 불러들인 건가? 자초한 일인가? 이것마저도 헷갈리네. 코비드-19를 원망해야 하는가? 인간의 무분별한 문명을 탓해야 하는가?

일단은, 그 무엇도 핑계대지 말자. 그냥 다가온 상황이다. 돌아가는 세상일 뿐이다!

코비드-19 사망률이 호흡기 질환, 감기, 심지어는 교통사고로 인한 사망률보다도 훨씬 낮단다. 어느 전문가 의견에 따르면, 증상이 비슷한 독감 사망률과도 비슷하단다. 그런데 무엇이 걱정인가? 일상에서 부딪혀왔던 수많은 일 가운데 하나에 불과하지 않은가!

매사에 조심하고 감사하면 그만이다.

앞으로, 코비드-19, 너와 같은 녀석에 대한 '특별대우(?)'는 없다! 절대 없다! 특별하게 대해 주니까, 정말 신비감을 더하며 더더욱 특별하게 된다. 베일에 싸여 불가사의를 부추긴다. 과장 되는 만큼 공포의 수위가 높아지고, 진짜 괴물로 보인다.

감기가 모든 질병의 근원으로, 아주 오래 전에 인식된 것처럼, 코비드-19, 너도 그 가운데 하나일 뿐이다. 까불지 마라. 언젠가는 네 흔적조차 초라하게, 부끄러움이 너를 지배하리라.

이제 네가 창궐했던 지난 시간을 뒤로 하고, 나는 현실에서 너를 놓는다. 우주자연의 세상, 인간 사회의 진실로 돌아가련다. 늘 그랬듯이, 나는 일상의 고독을 더욱 즐기련다. 코비드-19! 너는 독감보다, 아니 일상의 감기나 피로보다 훨씬 의미 없는, 국제적 해프닝일 뿐이다.

나는 그렇게 느낀다. 그게 진실인 것이 확실하다!

지금 당장 두렵고 경계할 일은, 태풍 '바비'다! 저 거대하고 신성한 자연의 바람을, 잘 견뎌내고 잘 보내주자! 그것만이 희망이다.

23. 커피와 차의 어울림을 기록하다

2020. 8. 28. 금. 8:27

나는 매일 커피와 차를 마주한다. 오랜 습관이다. 어떤 사람은 이 둘을 사이에 두고 호불호(好不好)가 선명하게 나눠지기도 한다. 커피를 일체 거부하고 차만 마시는 사람도 있다. 또 차를 가끔 마시면서도, 커피를 아주 좋아하는 사람도 있다. 어쨌건 나는 잡식성(雜食性)이다. 평소 농담처럼 하는 말. '돌 빼고 다 먹어!' 먹을 수 있는 음식 가운데 특별히 가려본 것이 없다.

이른 아침, 사무실에서 커피 한 잔을 내렸다. 브라질산 '산토스'다. 하루에 서너 잔씩 커피를 즐기다보니, 집사람이 늘 몇 가지 종류를 구비해 놓는다. 출근길에 한 봉지를 사무실로 가져왔다. 진한 자주 빛인지, 붉은 갈색인지 헷갈리기는 하지만, 그 커피 색깔을 보면, 저절로 향기까지 우러나온다. 녹차도 한 주전자 우려냈다. 노랑과 황토 빛의 중간쯤 되는, 찻물 빛이 투명유리를 천연 염색한 것처럼, 미끄러질 정도로 곱다.

그러면서 잠깐 생각해 본다. 매일 나에게 기쁨을 전하는 저 깔끔한 존재들에게, 나는 어떤 태도를 취했지? 가만히 생각해 보니, 해준 게 없다! 그리하여, 까먹기 전에, 매일 마시는 차와 커피에 대해, 간략하게 기록해 둔다. 일상을 중시하는 의미를 담아내자. 물, 공기를 비롯한 다양한 음식에 대해, 너무나 잊고 사는 경우가 많았다. 그것이 나의 생명을 지속하는 동력이었건만. 예전에 사람들을 만날 때마다, '다 먹고 살기 위해서 하는 짓!'이란 표현을 엄청나게 자주 썼는데, 그 시간이 엊그제 같은데, 벌써 잊어버렸나? 오만이다. 자기중심적이다. 좀 둘러보면서 배려해라!

미안하다. 커피(Coffee)야, 티(Tea)야! 앞으로도, 살아 있는 날까지 오래도록 함께 즐기자! 이 아름답고 멋진 음료의 원재료를 주신 우주자연에 감사한다. 거기에서 이를 발견하고, 제조하고, 재창조하며 전수해 주신, 인류의 모든 조상께 고마움을 표한다!

나는 대개 커피와 차를 동시에 끓인다. 그리고는 한 잔씩 번갈아 음용한다. 왜 그러는지는 모르겠다. 오래 전부터 길들여진 일상이다. 그때마다 느낌이 묘하다. 커피와 차, 열매와 잎에서 추출되는 저 식물의 엑기스는 동물인 나에게, 삶의 활력을 배가(倍加)하게 만들고, 그 맛의 깊이를 따라 쏩쓸함과 담백함을 교착(交錯)한다. 그 은은함 가운데 달콤함이 솟아오른다.

무엇보다도 커피는 '각성제(覺醒劑)'의 깨우침을, 차는 '안정제(安靜劑)'의 차분함을, 내 마음의 심연(深淵)에 선사한다. 일상이 늘 그러하지는 않다. 하지만 '커피-차'와의 만남과 대화가 기쁨이고 즐거움일 때가 꽤 많다.

24. '진파'가 울리는 침묵과 여백의 미학

다음 주 9월 1일부터 개강이라, 이것저것 생각하다 아름다운 영화 한 편을 마주했다. 티베트(Tibet)를 배경으로, 어떤 삶을 그려낸 재미난 작품이었다. 조용한 극영화를 즐기지 않는 사람은 재미없다고 느낄 수도 있겠다.

영화의 마지막 장면은 티베트 속담으로 장식한다.

"꿈을 말해 주면, 아마 잊어버릴 수 있으리라! 그러나 꿈에 끌어 들이면, 같은 꿈을 꾸게 될 것이다!"

의미심장한 언표다. 그 꿈은 영화 전편을 통해 파노라마처럼 펼쳐지는 듯하다. 묵직하게 느껴진다. 장면마다 들이대는 프리즘은 매 순간 색깔을 달리한다. 그러면서도 하나의 색깔로 범벅된다.

주제가 비슷한 재미있는 노래도 등장한다. 가사는 '해'를 둘러싸고 전개된다.

"오! 맑은 햇살, 너 참 아름답다!

폭풍우 지난 후, 너 더욱 찬란하다!

시원한 바람, 솔솔 불어올 때

하늘의 맑은 해는 비친다.

나의 몸에는 사랑스러운 ……"

몇 년 전, 중국 신장 위구르 지역과 서장 티베트 지역을 다녀왔다. 그 광활한 대지와 삭막한 고산 지대를 여행하고 답사하면서 뭉클한 감정이 녹아들었다. 영화를 보니, 또 새롭다.

영화는 화물 트럭 운전을 하는 주인공[진파]이 자신의 차에 한 사나이를 태워 가면서 이야기를 전개한다. 그 사나이는 아버지를 살해한 원수인 마르차라는 사람을 죽이기 위해, 사나로 가는 길이었다. 마르차는 잡화점 가게를 운영하고 있었다. 티베트에서는 '원수(怨讐)를 갚지 않는 것을 수치(羞恥)로 여긴다!'라고 한다. 티베트 사람들이 강조하는 이런 삶의 양식, 그 수치를 당하지 않기 위한 몸부림이 마나 충실했기에, 원수를 찾아다니느라 얼마나 고생했기에, 사나이의 모습이 저런가? 정말 거지꼴이다.

영화의 여백 가운데, 스치는 장면들이 인상 깊다. 주인공 진파(金巴)는 늘 선글라스를 쓰고 다닌다. 카페 주인 여자가 대뜸 묻는다. 왜 선글라스를 끼고 다니나요? 진파가 답한다. '그냥!' 참 멋쩍다. '그냥!'이라니.

트럭을 몰고 사나로 가던 진파는 도중에 양을 치어 죽였다. 죽어 피가 흐른 양을 싣고 달린다. 양의 피가 묻은 조수석에 그 사나이를 태웠다. 그리고 대화를 이어간다. 가는 도중에 신선한 양고기를 파는 길거리 가게를 마주한다. 신선한 양고기! 도축한 고기를 파는 가게에서 고기를 살 것처럼 고기 값도 물어본다. 살아 있는 양 가격도.

화면 가득하게 근심이 넘쳐 난다. 그 초월만큼이나 침묵 가득하다. 티베트의 극도로 소박한 사찰, 그 가운데를 울리는 간절한 기도! '옴마니밤메홈!'

카페의 음식도 아주 단순하다. 만두 몇 개, 국수 한 그릇, 삶은 양고기 몇 점. 고기는 손칼로 조금씩 직접 잘라 먹는다. 고기와 칼날이 입가에 동시에 닿는다! 그리고 감차(甘茶: 단술)와 맥주도 있다. 맥주는 두 가지다. 라싸 맥주냐? 버드와이저냐? 어느 것이건, 자주 주문하는 음식이다.

카페에 가득한 사람들은 기도와 주문, 노란 손수건에 싼 돈이나 귀한 물건에 관한 얘기로 진지하다. 카페를 나서는 술 취한 동네 노인은 내일 술이 깨면 다시 와서 외상값을 갚는단다. 재밌다. 대학시절, 학교 앞 선술집에서 외상을 그어 놓고, 즐겨 마시던 시절이 오버랩 된다.

티베트의 이런 단순한 생활이 지루한 듯 펼쳐진다. 그런 가운데 묘한 정서가 흐른다. 스님이 던지는 한마디! "선업(善業)을 쌓으세요!"

동물 사체(死體)를 둘러싸고, 저 멀리 하늘에서 독수리 한 마리가 빙빙 돌며 조용하게 날아온다. 조금 있으니, 한 마리가 아니다. 떼거리로 와글거린다. 고기 살점을 사이에 두고, 동족 간에 혈투 가득하다.

주인공의 화물차가 광막한 자갈길을 달리다 타이어 펑크가 났다. 그 하늘 위로, 절대 파랗지 않은, 희뿌연 창공 사이에, 외로운 비행기 하나가 잠자리처럼 천천히 날아간다.

원수를 갚으러 사나로 가던 한 사나이의 고백이 영화의 극적 모티브였다. 그 깊이와 넓이를 가늠하자. 사나이는 마르차라는 원수를 만났다. 죽이기 직전, 사나이는 마르차를 보고 흐느꼈다. 자신이 찾던 사람이 아니란다. 그리고 떠났다. 이 깨달음의 극치는 무엇일까? 선업(善業)일까? 체념(諦念)일까? 수치(羞恥)를 무화시킨 포용(包容)일까?

영화는 돈오(頓悟)를 껴안은 것처럼 생명력을 얻는다. 거대한 힘을 뿌리로 다진다. 사나로 가는 영화 속 사나이를 보며, 불교의 '사나(舍那)'가 떠올랐다. 가끔씩 찾는 경기도 양평의 사나사(舍那寺)가 생각났다.

비로자나(毘盧蔗那)! 법신불(法身佛)! 화엄경(華嚴經)!

그 화려하고 웅장한 세계는 다름 아닌, 우리가 살고 있는 이 세상,

현실이다. 세상은 화엄의 다채로움처럼 다양하게 드러난다. 형형색색(形形色色)의 개체다. 개체로 핀 꽃은 무더기로 한 떼를 이룬다. 세상은 그 꽃들의 어울림으로 자신을 표현한다. 현실의 모든 존재가 부처일까?

Autumn Landscape (1886)
Jasper Francis Cropsey (American, 1823 – 1900)

9월

1. 『우정에 관하여』 1

- ## 인간사에서 최우선에 두라

2020. 9. 3. 목. 21:56

9월 1일 개강 후, 한 이틀 정신없이 이번 학기 강의 세팅에 몰두했다. '줌(Zoom)'이라는 온라인 회의 프로그램을 이용하여 실시간 강의를 하다 보니 초기 정돈이 중요했다. 대부분의 학생들이, 이미 지난 학기에 온라인 강의를 경험해서 그런지, 상당히 적응이 되어 있다. 이번 학기도 강의 자체를 진행하는 데, 큰 무리는 없을 것 같다. 강의실에서 직접 대면하지 못하는 것이 아쉬울 뿐이다.

예전에 읽었던, 로마 시대의 철학자 '키케로(Cicero; "시세로"라고도 함)'의 『우정에 관하여』가 서재의 한 귀퉁이에서 나를 노려보는 듯했다. 다시 꺼내 보았다. 밑줄이 그어진 부분에 이런 글이 또다시 시선을 사로잡는다.

"우정(友情)을 그 어떤 인간사보다 우선시하라! 우정만큼 자연스러운 것은 없다. 행복할 때나 불행할 때나 우정만큼 적절한 것은 없다."

"우정은 선(善)한 사람들 사이에서만 가능하다!"

"우정은 지상(地上)에서나 천상(天上)에서나 모든 사물에 관한, 선의(善意)와 호감(好感)을 곁들인 감정의 완전한 일치다!"

"우정은 미래를 향해 밝은 빛을 투사하여, 영혼이 불구가 되거나 넘어지지 않게 해준다!"

"우정의 핵심 규칙들로 다음과 같은 것을 생각할 수 있다. '친구에게 옳지 못한 사안을 무리하게 요구하지 말라!' '친구를 위해 올바른 일을 해 주되, 부탁해 오기를 기다리지 말라!' '항상 돕겠다는 열성을 보이고 꾸물대지 말라!' '거리낌 없이 솔직하게 충고하라!' '충고를 해 주는 친구가 있으면, 그가 하는 말을 귀담아 들어라!' '충고를 할 때는 충고를 받아들일 수 있도록 최선을 다하고, 친구로서 솔직히, 필요에 따라서는 엄하게 충고하라!' '엄격한 충고를 들을 때는 귀를 기울이고, 충고를 받은 만큼 행하라!'"

친구, 우정! 이런 아름다운 말들이 그리울 때가 가끔 있다. 현실에서 나를 둘러싸고 있는 친구들은, 어디에 어떻게 존재하고 있을까? 지금 가장 가까운 친구는, 아내와 딸 이외에, 나의 제자들이 아닐까?

2. 『우정에 관하여』 2
  • 어려울 때 친구가 진정한 친구다

2020. 9. 4. 금. 20:05

자주 쓰는 금언(金言) 가운데 이런 말이 있다. "어려울 때 친구가 진정한 친구다!"

이 구절의 라틴어 원문은 다음과 같다. "amicus certus in re incerta cernitur!" 직역하면 "확실한 친구는 상황이 불확실할 때 알아볼 수 있다!"이다. 이를 영어로 번역하면, "A friend in need is a friend indeed!" 또는 "When Fortune's fickle the faithful friend found!"이다.

하지만, 대부분의 사람들은 친구라는 존재에 대해, '변덕스러워 믿을 수 없다!'는 말을 듣게 된다. 다음의 두 가지 측면을 통해서다. 하나는 '자신이 잘 나갈 때 친구를 무시하는 경우'이다. 다른 하나는 '친구가 불행할 때 친구를 버리는 경우'다.

현인(賢人)이라고 부를 수 있는 선(善)한 사람은 우정에서 두 가지 원칙을 지킨다.

첫째, 조금도 가장(假裝)하거나 꾸며대지 않는다. 솔직한 사람이라면, 상냥한 얼굴 표정으로 자신의 본마음을 포장하기보다 차라리 드러내 놓고 미워하는 편이 더 어울린다.

둘째, 다른 사람이 친구를 비난하면 이를 받아들이지 않는다. 뿐만 아니라 자신도 친구가 나쁜 짓을 했으리라고 의심하거나 믿지 않는다.

위의 두 가지에다 또 하나를 덧붙인다면, 대화와 태도에서도 상냥할 필요가 있다. 이런 부분은 우정에서 무시할 수 없는 양념이다. 물론, 매사에 진지하고 엄숙한 태도를 취한다면, 인상적이기는 하다. 그러나 우정은 그런 엄숙함으로만 일관하지 않는다. 보다 활달하고, 보다 자유롭고, 보다 쾌적한 편이다. 언제나 유쾌하고 부담감 없는 것을 더 좋아한다!

2016년 3월, 나는 한 달 가량 병원에 입원해 있었다. 병상에서 살아 있다는 사실이 신기했다. 질병으로 살아 있음, 그 상황은 참 기적과도 같았다. 존재 자체가 기쁨이고 즐거움이었다. 거기에다 고맙게도 몇몇 제자들과 지인들이 찾아와 함께 걱정해 주었다. 그 기억은 내 인생에 사람의 귀중함을 일깨웠다.

한편, 당시까지 친구라고 여겼던 사람들 가운데 내 병상 주변에서 위로를 건네는 존재는 거의 보이지 않았다. 가장 신뢰하는 나의 가족과 혈육, 제자들 이외에는 별로 없었던 셈이다. 찾아오는 것은 고사하고 휴대폰 문자조차 드물었다. 기대가 어긋난 만큼 씁쓸했다. 허전했다. 나는 친구라고 생각했으나 그는 친구로 생각하지 않았나 보다. 엄밀히 말하면, 아픔에 빠져 있었던 병실에서는 이런 생각조차 나지 않았다. 회복에 여념이 없었으니.

그리고 또 얼마 지나지 않아, 나는 가장 신뢰할 수 있다고 생각했던 몇몇 친구들로부터, 철저하게 배제되었다. 배척당했다. 수십 년 우정을 쌓아왔다고 믿었는데, 그것이 착각이었다. 그들은 조용하고 은밀하게 메시지를 보냈다. 어떤 사안에 대해서는 그 일을 '농단(壟斷)'했다고 몰아붙였다. 세상에서 '매장(埋葬)'할 수도 있다는 험담도 진지하게 보태주었다. 때로는 그들을 위해 혼신의 힘을 다해 뛰어 주었건만. 어쨌건, 그들의 언동이나 언표는 충격 그 자체였다. 아내가 이 과정을 직접 목격했다. 집사람이 더 충격에 휩싸였다. 이후, 나는 친구라고 생각했던, 그 사이비 친구들과 자연스럽게 멀어졌다. 아니 나는 그들을 버렸다! 최고 수위의 의도를 발휘하여 잊었다. 그래도 한동안은 참 씁쓸한 인생이라는 생각이 밀려들었다. 허망함이 온몸을 휘감았다.

50대 중반의 나이에 접어들 무렵인 그 시절, 나는 세상이라는 시공간에서, '친구'라고 명명하는 존재에 대해 깊이 생각했다. 키케로가 언급한 친구, '현인으로서 선한 사람'은 세상에 없는가? 생각이 깊어질수록 결단도 금강석(金剛石)처럼 강해지는 듯했다. 내 인생에서 친구를 둔다는 것이 허영(虛榮)일까? 우정과 같은 아름다운 관계를 지속한다는 것이 사치(奢侈)일까? 그리고는 그런 부류의 인간관계에 대한 그리움은 깨끗이 지웠다. 유사한 의미를 지닌 단어조차도 멀리하게 되었다.

그것만이 내 생애를 '절대 고독'으로 인도하고, 고독을 최고의 친구로 만들 수 있는 기회였기 때문이다. 즐거운 고독! 세상을 고독의 장으로 빚어내어 음미하는 미식가! 이 사회적 은둔의 본격화는 50대 후반 이후, 내 삶의 기쁨이자 즐거움으로 진행 중이다. 인생에 신선한 활력을 불어 넣었다. 날이 갈수록 재미가 축적된다. 에너지도 충전된다. 그것은 나 자신과의 우정 쌓기다.

3. 『우정에 관하여』3

• 욕망을 배제하라

2020. 9. 9. 수. 11:30

키케로는 우정에 관하여 진지하게 다음과 같은 견해를 피력하였다. 2,000여 년 전에 말이다. 로마를 비롯한 서구 세계에서, 지난 2천여 년을 거쳐 오면서, 이 언표는 수많은 지성인들에게 회자되었다. 그러나 그 실천은 말의 힘에 비해 초라한 듯이 느껴진다. 다시 되씹어 본다.

"인간의 본성은 자신이 무엇을 원하고 찾고 바라는지, 다양한 징표를 통해 알려준다. 하지만 인간은 귀머거리가 되어, 수시로 전해지는 그 경고를 제대로 듣지 못한다. 왜 그럴까? 우정의 경험은 변화무쌍하고 복잡다단하다. 그만큼 오해를 불러일으키고 불쾌감을 줄 소지도 많다. 그것들에 대해서는 현명하게 대처해야 한다. 때로는 피하고, 때로는 충격을 줄이고, 때로는 참고 견딜 필요가 있다.

우정의 진실성과 성실성을 유지하기 위해, 다음과 같은 경우에는 정말 불쾌감을 줄여야 한다. 내가 친구에게 충고하고 질책할 때, 그리고 친구가 선의로 나에게 충고하고 질책할 때 말이다. 충고와 질책은 친구로서의 진정한 의무이고, 선선히 받아들여야 하는 신성한 책무이기 때문이다."

내가 무엇인가를 소망하며 찾아 나설 때, 그것에 관한 긍정적 또는 부정적 신호가 여기저기서 깜박인다. 그것이 진정으로 내면 깊숙한 것으로부터 우러나와 내가 원하는 것인가? 세속적 욕구와 결부되어

드러나는 사치라는 겉치레의 굴레를 덮기 위한 가식인가? 나는 왜 그것의 본질과 실체를, 또는 진실과 사실을, 확실하게 보지 못하는가? 이유는 간단하다. 욕망의 노예 상태에 자신을 가두기 때문이다.

우정의 관계에서는 가능한 한 욕망을 배제하라! 진심의 지속을 고려하라! 그 신뢰만이 우정이라는 명칭을 붙일 수 있는 충고와 질책의 극치다. 그것은 가끔씩 '고독(孤獨: solitude)'이나 '무심(無心: detachment)'과도 상통한다. 무심이나 긴 침묵(沈默)으로 내면의 차분함을 유지하는 가운데 실현되는 우정 어린 대화! 그것은 인간관계를 더욱 깊고 단단하게 만든다.

이 고독과 무언(無言)이 던지는, 침묵을 통해 오래 동안 숙성된 대화는, 삶의 원천에서 엿보이는 희망의 씨앗이다. 삶의 과정을 멋지게 펼칠 수 있는 긍정의 힘이다. 이런 우정이 온몸으로 받아들여질 때, 내 안으로 기쁨이 충만하고 내 밖으로 즐거움이 확장되리라.

4. 『우정에 관하여』4
• 충고하고 질책하라

2020. 9. 11. 금. 8:04

충고(忠告: advice)는 인간 성장의 동력이다. 나는 그렇게 이해한다. 키케로는 충고를 '진정한 우정의 특징'으로 설명하며 다음과 같이 기술한다.

"'사근사근함은 친구를 낳고, 바른 말은 미움을 낳는다!' 바른 말에서 우정의 독(毒: poison)인 미움을 낳는다면, 바른 말은 성가신 것이다. 하지만 사근사근함이 친구를 낳는다 하더라도 그것은 훨씬 성가신 일이다. 사근사근함은 나쁜 짓에 대해 관대함으로써, 친구가 파멸의 구렁텅이로 곤두박질치게 할 수도 있기 때문이다.

이 지점에서 가장 큰 오류를 저지르고 잘못을 만드는 인간이 있다. 그런 존재는 바른 말을 외면할 뿐만 아니라 사근사근함으로 인해 자기기만에 빠진다. 그만큼 사근사근함과 바른 말을 두고, 우정을 고민할 때, 인간은 언제 어디서나 신중하게 행동해야 한다.

'충고(忠告: advice)는 귀에 거슬리지 않게!' '질책(叱責: reprimand)은 모욕적이지 않게!'

사근사근하게 사람을 대할 경우에도 상냥하게 마주하라. 수많은 악덕(惡德)의 뿌리가 될 수 있는 맞장구는 멀리하라. 의미 없는 아부성(阿附性) 맞장구는 친구 관계에서는 물론이고 일반 시민들 사이의 언행에도 어울리지 않는 짓이다. 맞장구는 독재자나 불한당 같은 인간과 패거리를 짓기 위한 생기 잃은 허황된 몸짓에 불과하다. 어찌 '친구'와 결코 '친구가 될 수 없는 존재'의 삶을 함께 논의할 수 있겠는가! 온전하게 다르다!

바른 말에 대해 완전히 귀를 막고, 친구에게서도 바른 말을 들을 수 없는 자, 정말 절망적인 경우다. 어떤 의미에서는 차라리 '불구대천(不俱戴天)의 원수'가 '겉으로만 다정한 친구'보다 큰 도움이 될 수도 있다. 전자는 가끔 바른 말을 하지만 후자는 결코 그렇지 않기 때문이다.

충고를 받는 사람의 경우도 마찬가지다. 인간의 특성이 그런 것인지, 불합리하게도, 상당수의 사람들은 불쾌하게 여겨야 할 사안에 대해서는 진정으로 불쾌하게 여기지 않는다. 불쾌하게 여기지 말아야 할 것은 오히려 불쾌하게 여긴다. 자신이 저지른 잘못에 대해서는 괴로워하지 않는다. 타인에게 비난 받는 사안에 대해서만 불쾌하게 여긴다. 사실은 이와 반대되는 태도로 삶을 영위하는 경우에 삶은 훨씬 큰 의미를 담을 수 있다. 자신이 실수한 사안에 대해 괴로워하고, 타인으로부터 충고를 받거나 교정 받을 수 있을 때, 그만큼 기뻐하라!

충고를 하는 일도 충고를 받는 일도 진정한 우정의 특징이다. 충고를 할 때는 거리낌 없되 거칠지는 말아야 한다. 충고를 받을 때는 참을성 있되 덤벼들지 말아야 한다.

우정에서 '아첨'과 '아부'와 '맞장구'보다 큰 해악은 없다. 어떤 상황이건, 그런 해악은 진실과는 전혀 관계없다. 오직 상대의 비위를 맞추며 기쁘게 해주기 위해서 말하는, 경박하고 거짓으로 일관된 사람에게서 보이는, 특유의 악덕이다.

위선(僞善: hypocrisy)은 우정의 최대 적이다. 어떤 경우에도 사악(邪惡)하다. 위선은 진실을 변조(變造)한다. 신뢰를 소멸(消滅)시킨다. 신뢰 없는 우정은 아무런 의미가 없다.

우정의 취지는 여러 사람의 마음을 하나의 마음으로 결합시켜주는 데 있다. 한 사람조차도 변함없는 한 마음이 아니라 변덕스럽고 복잡다단한 마음을 갖고 있다면, 어찌 그것이 가능하겠는가?"

'사람의 마음'이라는 것, 이게 문제다. 마음은 흔들리는 갈대처럼, 상황에 따라 수시로 변할 수 있다. 그렇다면, 인간 사회에서 진정한 우정은 불가능한가?

조만간에 동서양의 우정에 관한 담화를 엮어, 〈우정 교육〉에 관한 글을 하나 정돈해 봐야겠다. 어쩌면 교육에서 우정의 의미와 실천을 다루는 일이 매우 중요할 수도 있겠다.

5. 『우정에 관하여』 5
• 미덕을 높이 평가하라

2020. 9. 11. 금. 8:51

우정에 관한 키케로의 정돈은, 대략, 아래와 같다.

"우정을 맺어주는 것도 미덕(美德)이고 우정을 지켜주는 것도 미덕이다. 조화와 안정과 신뢰는 모두 여기에서 비롯된다. 미덕이 고개를 들어 제 빛을 드러내며 남에게서 똑 같은 빛을 보고 그것을 알아보게 되면, 그쪽으로 움직이면서 남이 가진 것을 서로 받아들인다. 그 결과, '사랑(amor)' 또는 '우정(amicitia)'이 타오르기 시작한다. '사랑(amor)'과 '우정(amicitia)'은 '사랑하다(amare)'라는 말에서 유래했기에 그러하다. '사랑한다'고 했을 때, 그 의미를 정확히 이해하는 것이 중요하다. '사랑한다'는 말은 특별한 필요나 특정한 이익을 염두에 두고, 대상을 마주하는 작업이 아니다. 사랑의 대상을 자진(自進)하여 좋아한다. 특별히 이익을 추구하지 않더라도 진정한 우정의 관계에서는 이익이 많이 생기기 마련이다.

우정에는 남녀노소가 별도로 없다. 젊었을 때는 나이든 어른들을 사랑했고, 때로는 동년배들을, 나이 들어서는 젊은이들과 우정을 즐긴다. 어떤 경우에는 보다 젊은 사람들이나 아주 어린 아이들을 마주하며 사랑과 우정을 나누며, 인생의 즐거움으로 삼는다.

한 세대가 다음 세대에 의해 교체되는 것이 인생의 법칙이자 자연의 법칙이다. 그런 만큼, 가장 바람직한 것은 인생의 경주를 함께 시작했던 동년배들과 더불어 인생의 결승선에 도착하는 일이다.

186

그러나 인간사는 덧없다. 무상하다. 때문에 우리는 늘 사랑과 우정을 주고받을 수 있는 사람들을 찾아야만 한다. 사랑과 우정으로 엮인 호의가 없다면, 인생의 즐거움이 사라진다. 사랑과 우정을 나누었던 사람들이 갑자기 세상을 떠났어도, 나에게 그는 아직도 살아 있고, 언제까지나 살아 있을 수 있다. 내가 사랑한 것은 그의 미덕이다. 그러한 미덕은 쉽게 죽지 않는다. 그의 미덕은 내가 늘 가까이 했던 만큼 내 눈 앞에서만 아른 거리는 것이 아니다. 다른 사람에게, 또는 후세에 이르기까지 찬란하게 빛날 수도 있다.

용감하게 큰일을 해내기를 바라는 사람은 누구나 반드시 이러한 미덕에 관한 기억과 본보기를 마음에 고이 간직해야 한다. 자연이 내게 준 것, 나에게 다가온 삶의 온갖 행운 가운데, 인생에서 이러한 사랑과 우정에 견줄만한 것이 무엇이 있을까? 사생활에서의 조언, 사회 문제에 대한 논의, 함께 보낼 수 있는 여가 등등.

사람들의 이목(耳目)이 번잡한 곳을 피해, 시간을 모두 바쳐 열심히 연구하고, 쉬지 않고 공부하던 인생! 그 기억과 추억이 소멸되거나 사랑과 우정을 나누던 사람을 잃었을 때, 견딜 수 없는 슬픔이 몰려온다. 아니, 소멸되기는커녕, 내가 그것을 회상하고 기억할수록 오히려 더 자라나고 불어난다."

다음은 우정을 인식하는 키케로의 마지막 언표다.

"우정은 미덕 없이 존재할 수 없다. 그만큼, 미덕을 높이 평가하라! 그 미덕 다음에, 우정보다 탁월한 사안은 아무것도 없다!"

6. '배움'은 아무도 얘기해주지 않는 삶의 본질

2020. 9. 12. 토.

큰딸이 다시 독일로 출국하던 날, 인천공항 2여객터미널 내의 서점에서 책 몇 권을 샀다. 공항이 너무 썰렁해서, 큰딸을 탑승구 안으로 들여보내고, 옆에 있던 서점을 기웃거렸다.

타라 웨스트오버(Tara Westover, 1986~)라는 젊은 학자의 자전적 기록, 『배움의 발견(Educated)』이라는 책도 그 가운데 하나였다. 열여섯 살까지, 정규학교에 가본 적 없던 소녀가 케임브리지 박사가 되기까지, 스스로를 교육한 일에 관해 소설처럼 그려놓았다. 한 소녀의 성장기다. 내용 전개 가운데, 교육의 본질과 효과가 엄청난 에너지를 뿜고 있었다.

미국이라는 나라의 이야기라 한국과 환경은 다르지만, 나의 성장기와도 매우 닮은 측면이 있었다. 킥킥거리며 읽어 나갔다. 공감의 영역이 꽤 많았다. 나는 현재도 암묵적으로 내 성장기의 체험을 교육의 양식으로 원용하고 있다. 나 자신은 물론이고, 내 사랑하는 두 딸, 그리고 대학 제자들에게 말이다. 때로는 잔소리처럼 반복될 때도 많다.

『배움의 발견』 프롤로그에는, 타르의 10세 이전 삶에 관한, 다음과 같은 기록이 있다.

"그때까지 내 교육은 산(山)의 리듬 속에서 이루어졌다. 그 리듬 속에서 변화는 근본적인 것이 아니라 순환일 뿐이었다. 매일 아침이면 같은 해가 솟아올라 계곡을 가로질러 산꼭대기 뒤로 넘어가곤 했다. 겨울에 오는 눈은 언제나 봄이 되면 녹았다. 우리 생활도 이 순환에 따랐다. 매일의 순환, 계절의 순환, 끊임없이 변화가 일어나는 듯 했지만, 순환의 원이 완성되고 난 뒤, 돌아보면 아무 것도 변화한 것이 없었다. 나는 우리 가족도 이 불멸의 패턴의 일부고, 어떤 의미에서는 우리도 영원할 것이라고 믿었다. 그러나 그런 영원함은 산에나 해당되는 개념이었다.

아버지가 산에 대해 해주던 이야기가 있다. …… 아버지가 해주는 이야기는 모두 우리 산, 우리 계곡, 우리가 사는 아이다호의 황량한 작은 땅덩어리에 관한 것이었다. 아버지는 내가 산을 떠나 바다를 건너고 대륙을 지나 낯선 곳에 섰을 때, …… 어떻게 해야 할지에 대해서는 한 번도 이야기해 주지 않았다. 집에 돌아올 시간이라는 신호를 어떻게 찾아야 하는지, 아버지는 한 번도 이야기 해주지 않았다.”

이 기록은 나의 어린 시절과 상당히 일치한다. 산골 고향 마을에 살 때 그랬다. 전깃불이 없어 호롱불 밑에서, 두어 평 남짓한 조그마한 방에서, 누나와 형과 함께 뒹굴며 지냈다. 그 어린 시절, 아버지와 어머니는 내가 ‘세상에 나아가 어떻게 해야 하는지에 대해 한 번도 얘기해 주지 않았다!’ 나는 그냥 그 산골의 삶이 내 일생을 지배할 줄 알았다. 그래서 생존의 방법에 진지했다. 농사짓고, 땔감[나무] 구하고, 닭과 오리, 그리고 염소[가축] 기르고, 뭐 그런 삶의 기술을 터득했다. 고등학교에 진학할 때까지 그랬다.

허나, 돌아보면, 그 암묵적 교육은 내 배움의 근원을 형성했다. 아버지가 세상을 떠난 지 40년이 다 되어 가고, 지난 4월 15일 어머니가 하늘나라로 여행을 갔지만, 그 분들은 그렇게 내가 삶의 본질을 찾아갈 수 있도록, 최고의 배려를 보여 주셨다. 그런 무관심 같은 방치가 진정한 자유를 선사했다. 자식 사랑의 일관된 모습이었다. 그 무언의,

사랑 가득한, 세상을 향한 지시야말로, 최고의 교육이었다. 아버지와 어머니는 생전에 나에게 한 번도 '공부하라!'는 잔소리를 하지 않았다. 정말 무관심했을까? 결코 아니다. 다양한 삶의 상황에서 묵묵하게 공부를 지시하셨다. 공부에 관한 침묵은 오히려 넘치는 사랑의 표현이었다. 깨달음의 증가폭을 확장시켰다. 그럴수록 나는 내 인생의 방법을 '스스로' '자발적'으로 찾아갈 수밖에 없었다.

그런 영향 때문인지, 대학생이 될 때까지, 내가 두 딸을 대하는 태도도 마찬가지다. 나는 딸들에게 '공부하라!'는 소리를 거의 하지 않았다. 세상을 살아가는 방식에 대해서도 거의 얘기하지 않았다. 타라의 경험처럼, '어떻게 해야 할지에 대해 거의 이야기 해주지 않았다!'

어떻게 해야 할지, 스스로 찾아나가는 용기! 배움은 그 용기의 발현이다. 자신의 삶은 그 가운데 성장을 거듭하고 성숙하게 다져지리라!

7. 내 문장만이 값어치가 없는가

2020. 9. 14. 월. 21:43

나의 스승 권우(卷宇) 선생께서 역주한 『시화총림(詩話叢林)』이란 책이 있다. 조선 숙종 때의 학자인 홍만종(洪萬宗, 1643~1725)의 저술이다. 말 그대로 시에 얽힌 이야기, 그 기록을 수집하고 천착한 결과, 시화의 집대성이다. 그 기록 가운데 고려 말 삼은(三隱: 牧隱, 冶隱, 圃隱)의 한 분인 목은 이색(牧隱 李穡)의 시가 요즘 내 마음을 사로잡는다.

"최근, 세상 존재들의 값어치는 치솟는다.
허나,
유독 내 문장만이 값어치가 없도다!
글을 읽는다고
반드시 훌륭한 사람이 되는 건 아니다.
지도급 인사는
일반 서민에서 나오기 마련."

하하하! 그런가 보다. 고려 말의 세태를 읊조린 노래이긴 하나, 좀 심하다. 이런 게 말세의 이치인가 보다.

교육으로 평생을 일관했는데, 문장을 읽고 공부를 한다는 것이 정말 의미가 없는가? 헷갈린다. 혼란한 시기에, 천민인 백정이 갑자기 정승 판서가 되고, 남의 집 하인이 조정의 벼슬아치가 되었다. 엄격하게 말하면, 백정이나 하인이 그렇게 되지 말라는 법은 없다. 하지만 격은 맞아야 하지 않겠는가! 이런 시대 상황을 보고 목은 선생이 위와 같은 시를 지었단다.

하하하! 웃음이, 그것도 허탈한 해학(諧謔)이 불러오는, 헛웃음이 마구 넘쳐흐른다.

8. 호접란의 개화 질서

2020. 9. 16. 수. 9:38

내 사무실에 호접란 네 포기가 있다. 하나는 전임 원장 때부터 사무실에 있었고, 나머지 세 포기는 내가 분갈이 하며 길렀다. 모두 내 친구다.

그런데 지금까지, 출근하자말자 물을 주며 무언(無言)의 대화를 나누면서도, 이 녀석들 이름조차 부여하지 못했다. 오늘 『주역(周易)』에 나오는 "원형이정(元亨利貞)"을 따서 하나씩 명명해 본다. 첫째 난초는 '원란화(元蘭華)', 둘째는 '형란화(亨蘭華)', 셋째는 '이란화(利蘭華)', 아직 꽃대조차 올라오지 않은 막내 난초는 '정란화(貞蘭華)'로 붙였다.

첫째, 원란화다. 꽃이 아주 열은 노란색이나 흰색에 가깝다. '희노랗다'일까? '노희랗다'일까? 가운데 꽃술 부분은 열은 분홍색이다. 노란 듯 희면서 열은 분홍으로 치장하였으니, '노희분'한가? 하하. 어쨌건 내 고독(孤獨)을, 안연(顏淵)의 안빈낙도(安貧樂道)보다 상쾌한, 난화낙도(蘭華樂道)로 이끌어준 일등공신이다.

이 녀석은 예전부터 사무실에 있던 난초다. 지난 1월 원장으로 부임해보니, 물을 주지 않아 말라 죽기 직전이었다. 다시 물을 주기 시작하자 본성 그대로 살아났다. 그리고 3-4개월 뒤에 꽃을 피웠다. 그 꽃은 4-5개월 아름다운 자태로 지속하며, 나를 기쁘게 해 주었다. 며칠 전부터 하나씩 움츠러들며 시들기 시작한다. 늦게 핀 몇몇 송이는 아직 싱싱하게 느껴지지만, 차례차례 그들의 본성대로 아름답게 말라갈 것이다. 하지만 두 번째 녀석이 다음 꽃망울을 준비하고 있다.

둘째, 형란화다. 둘째 이하 셋째, 넷째 녀석들은 모두, 코비드-19가 한창이던 지난 2020년 5월 27일 수요일에, 내가 직접 옮겨 심은, 운 좋은 녀석들이다. 아니면 그냥 쓰레기통에서 허우적대다 죽었을 수도 있다. 이 녀석들은 그 후, 내 고독의 동반자가 되었다. 하하하!

한 달쯤 전에 꽃대를 올리더니, 벌써 개화 직전까지 왔다. 겉으로 보니 색깔이 분홍이나 붉은색 계통일 듯하다. 어디 얼굴을 내밀어 봐라. 얼마나 예쁘고 멋진지 한 번 보자. 하하! 그때 다시 품평하자꾸나.

셋째, 이란화다. 이 녀석도 둘째와 비슷한 모양새다. 둘째보다 2주가량 늦게 꽃대를 올리고 꽃망울도 내밀고 있다. 조금 더 대화하며 지켜보자.

넷째, 정란화다. 막내다. 동일한 날 함께 심었으나 아직 꽃대조차 내밀지 않는다. 내가 관심을 적게 가진 건가? 괜한 미안함과 조바심이 내 고독과 침묵의 순간에 파동을 던진다. 아니다. 오히려 희망이다. 아직 꽃대조차 내밀지 않았으니, 간절한 소망과 열망이 깊이 담길 수 있다. 뿌리가 싱싱한 걸 보니, 보다 큰 가능성을 품고 있는 듯하다.

9. 운경당 기홍 큰 스님의 가르침

2020. 9. 19. 토. 20:27

집에서 자동차로 10분 남짓 거리에 봉선사(奉先寺)가 있다. 자주 가는 산책길이다. 오늘은 혼자 사찰 입구에 있는 부도(浮屠)와 추모비(追慕碑), 중수기(重修記) 등, 봉선사의 인물과 내력에 관해 기록해 놓은 내용을 한 시간 이상 자세하게 둘러보았다.

첫 번째 비석이 운경당(雲鏡堂) 기홍(基弘) 큰 스님 추모비다. 기홍 큰스님은 봉선사 조실(祖室)을 지냈다. 그분의 가르침이 인상 깊다. 비석의 내용 가운데 아래의 열 글자가 가르침의 핵심이다.

"춘색무고하(春色無高下) 화지자장단(花枝自長短)!"

대략적으로 풀이하면 다음과 같다. "봄 빛깔은 높낮이가 없다! 허나, 꽃가지는 저절로 길기도 하고 짧기도 하다!"

의미심장한 화두(話頭)이자 철학시(哲學詩)다. 봄의 기운이나 풍광에 좋고 나쁜 것이 어디 있겠는가? 제각기 자기 빛깔을 낼 뿐이다. 꽃의 가지는 그 속성에 따라 자연스럽게 자라고 싶은 대로 자랄 것이다. 그것도 그것 자체 그대로일 뿐이다.

10. 사악, 그 가운데 중악

오늘 봉선사 중수기(重修記)를 읽다가, 경기도를 중심으로 하는 '사악'을 발견했다. 흔히 말하는, 설악산, 금강산 등, 바위로 가득한 전국 규모의 유명한 산을 말하는 것이 아니다. 운악산 기슭에 자리한 봉선사를 중심으로 사악을 말하고 있다. 봉선사는 개명하기 이전에는 '운악사'였다.

원주(강원도 원주)의 '치악(雉嶽)'

과천(서울 관악구/경기도 과천)의 '관악(冠嶽)'

개성(북한의 개성)의 '송악(松嶽)'

적성(경기도 연천군/파주/양주)의 '감악(紺嶽)'

위의 네 산이 사악이다.

이 사악의 가운데를 중악이라 하는데, 그것이 바로 봉선사가 자리한 남양주의 '운악(雲嶽)'이다.

참 묘한 인연이다. 사악(四嶽)에서 감악산은 내가 군복무를 할 때 유격 훈련을 받았던 곳이고, 중악인 운악산은 현재 내가 살고 있는 주변 환경이다. 봉선사 중수기를 보며, 오늘 처음 알았다. 다섯 악산 가운데, 두 곳에 걸쳐 인생을 살고 있으니, 참으로 인연인가 보다.

Autumn Landscape (Paysage d'automne) (c. 1884)
Pierre-Auguste Renoir (French, 1841~1919)

10월

1. 『중용』 이해의 신기원

2020년 10월 1일(음. 8. 15. 추석) 새벽 2시다. 추석 연휴를 기해 그간 정돈해 두었던 초고 서너 종류를 최종 정리하여 책으로 출간하려 한다. 어제 9월 30일에 『대학』을 끝냈고, 지금 『중용』을 손보고 있다.

지금부터 100여 년 전, 동서철학에 상당한 식견을 지니고 있던 중국 근대의 구훙밍(辜鴻銘, 1857~1928)은 중국인 최초로 『논어』와 『중용』, 그리고 『대학』을 영어로 번역했다. 서구인들을 향해 던지는 과감하면서도 열정적인 그의 메시지가 눈길을 끈다. 『중용』 제1장에 대해 나는 다음과 같이 원문과 대조하며 재해석하였다.

◇원문: 天命之謂性, 率性之謂道, 修道之謂教. 道也者, 不可須臾離也, 可離非道也. 是故君子戒慎乎其所不睹, 恐懼乎其所不聞.

◇직역[구훙밍]: 하늘이 명(命)한 것을 성(性)이라 이르고, 성을 따르는 것을 도(道)라 이르고, 도를 닦는 것을 교(教)라 이른다. 도(道)라는 것은 잠시도 떠날 수 없는 것이니, 떠날 수 있으면 도가 아니다. 이러므로 군자는 그 보지 않는 바에도 경계하고 삼가며, 그 듣지 않는 바에도 두려워하고 두려워한다.

◇번안[구훙밍]: 하나님의 법령이 곧 우리가 말하는 인간 본성의 법칙이고, 인간 본성의 법칙을 따르는 것이 곧 우리가 말하는 도덕법칙이며, 도덕법칙이 체계가 잡힌 것이 곧 우리가 말하는 종교이다. 도덕법칙은 인간의 삶에서 한 순간도 그 법칙의 작용에서 도망하거나 피

할 수 없다. 인간이 도망하거나 피할 수 있다면 그것은 도덕법칙이 아니다. 따라서 도덕적 인간은 끊임없이 눈에 보이는 것, 귀로 들리는 것들을 경외하고 두려워하는 마음을 유지한다.

이에 대한 나의 해설은 이러하다. 구훙밍에 의하면, 현대과학이 유물주의(唯物主義)로 인간을 가르친다고 하는데, 실제로 이와 반대로, 법칙의 엄혹한 진실로 인간을 가르쳐야 한다. 이러한 것은 물질이 아니라 눈에 보이지 않고 귀로 들리지 않는 것들이다. 도덕적 인간은 법칙의 엄혹한 진실을 알고 깊이 이해하고 있기 때문에, 비로소 정신적 삶을 영위할 수 있으며 도덕적인 인간이 될 수 있다.『중용』첫 구절의 핵심은 '천명(天命)-성(性)-도(道)-교(敎)'로 이어지는 유기체적 사유의 구조다. 구훙밍은 이를 매우 획기적인 번역술어를 동원하여 번안하였다. '천명'은 '하나님', '성'은 '인간 본성의 법칙', '도'는 '도덕법칙', '교'는 '종교'로 과감하게 풀어냈다. 그리고 '군자(君子)'는 '도덕적 인간'으로 의미를 부여했다. 이는 서구인들이 이해하기 쉽도록, 그들의 사유에 접근하려는 거대한 배려다.

2. 기 샤를 크로의 시구

2020. 10. 14. 수. 11:49

15분 뒤에 시작할 강의인 〈교직적성론〉의 수업 준비를 마치고, 잠시 쉬고 있다. 다자이 오사무의 『인간실격』이 책꽂이에 보인다. 그냥 꺼내 들고 펼쳤다. 이전에 읽다가 간략하게 표시해둔 곳이 눈에 띄었다.

'기 샤를 크로(Guy Charles Cros)'라는 프랑스 시인의 시구다.

"그리하여 그 다음 날도 같은 일을 되풀이하고.
어제와 똑같은 관례를 따르면 된다.
즉 거칠고 큰 기쁨을 피하기만 한다면.
자연스레 큰 슬픔 또한 찾아오지 않는다.
앞길을 막는 방해꾼 돌을
두꺼비는 돌아서 지나간다."

기 샤를 크로는 '현실의 고뇌를 섬세한 감수성으로 노래하는 시인'이라고 소개되어 있다. 『소리와 침묵』이라는 저서가 있다고 하는데, 언젠가 한번 봐야겠다.

3. 가도의 시 '은자를 찾아갔다 만나지 못하고'

2020. 10. 14. 수. 17:18

2020학년도-2학기 전반기 강의가 마무리 되었다. 다음 주부터 중간 시험이다. 갑자기 당나라 때의 시인 가도(賈島, 779~843)의 시가 생각났다. 〈은자를 찾아 갔다 만나지 못하고〉라는 제목의 시다. 아주 간략하면서도, 그 시공간이 내 어릴 적 고향 산골을 생각나게 만든다.

尋隱者不遇(심은자불우) 은자를 찾아갔다 만나지 못하고

松下問童子(송하문동자)	소나무 밑 아이에게 물으니
言師採藥去(언사채약거)	'스승은 약초 캐러 갔다'고 말하네
只在此山中(지재차산중)	이 산속 어딘가 있을 텐데
雲深不知處(운심부지처)	구름 깊어 있는 곳 알 수가 없네

깊숙한 산골짝, 한적한 은거 생활의 멋이 묻어난다. 부러움일까? 그리움일까? 나의 열망일까?

4. 무한 보시를 위한 전제

2020. 10. 16. 금. 11:12

영화 '오살(誤殺)'을 보았다. 오살은 '무죄 가족'의 이야기다. 부천영화제에서 상당한 관심을 끌었다.

스크린 가운데 태국의 한 사찰에서 일어난 장면이 보인다. 그 장면의 대강을 간략하게 단장취의(斷章取義)해 본다. 큰스님과 동자승이 함께 서 있다. 한 시민이 그 앞으로 와서 스님을 만난다.

시민이 말한다.

"시주를 하려고 합니다!"

큰 스님이 말한다.

"서로 주고받지 맙시다! 아무것도 하지 않는, 그것이 '무한 보시(無限 布施)'의 길입니다!"

동자승은 천진난만한 표정으로, 하늘을 본다. 자세히 보니 무표정이다.

5. 혈육의 변고에 대처하는 방식

2020. 10. 18. 일. 11:05

"處父兄骨肉之變(처부형골육지변), 宜從容(의종용), 不宜激烈(불의격렬): 부모나 형제자매, 그리고 혈육 관계에 있는 사람이 변고를 당했을 경우, 진정으로 침착해야 한다. 절대 흥분하거나 감정이 요동쳐서는 안 된다!"

중국의 고전 『채근담(菜根譚)』의 한 구절이다.

지난 4월 15일, 엄마가 하늘나라로 여행 갔으니, 꼭 6개월이라는 시간이 지났다. 옛날에는 장례(葬禮) 이후, 다양한 예법에 의한 행사가 있었다. 지금은 그런 예법이 거의 사라졌다. 상당수의 사람들은 특정한 날[생일/명절]이나 어떤 날의 주기를 맞이할 때마다 산소를 찾거나 나름의 기념을 하며 지나간다. 아직은 그런 일도 없다. 큰딸이 귀국했을 때 할머니 산소에 한번 다녀왔을 뿐이다. 형식에 얽매이기보다는 평소 부모형제와 나눈 침묵의 대화를 아름답게 간직하고 싶다. 마음에 품은 소중한 가르침대로 살아가고 싶다. 내 권리와 의무에 충실하고 싶다.

천수(天壽)를 누린 자연스런 죽음은 갑작스런 재앙을 맞은 변고(變故)는 아니다. 하지만 인간의 죽음은, 예상되었건 그렇지 않건 관계없이, 삶에서 가장 큰 변고에 해당한다. 그런 변고의 상황에서, 특히 부모 형제자매의 변고를 당했을 때, 『채근담』은 가만히 일러준다.

"조용하게, 매우 침착하게, 차분함을 지속하라!"

부모형제에게 변고가 생기면, 감정이 격렬해져 이성을 잃기 쉬운

게 인지상정(人之常情)이다. 이런 상황일수록, 마음을 가라앉히고, 감정이나 욕망을 억제하여, 자제력을 발휘해야 한다! 결코, 일상의 일을 그르치지 않도록 방심(放心)하지 말라! 그것이 자식으로서 도리다. 형제자매의 의리다.

벌써 '서리가 내리기 시작'하는 절기, 상강(霜降)이다. 11월 초가 되면, 입동(立冬)이다. 늘 그랬듯이, 10월이 가기 전에 내년을 준비하며 계획해 본다. 가을 단풍의 화려함 속에 낙엽으로 사라질 잎사귀가 자기예언을 한다. 겨울 동면을 지나, 봄 새싹을 또다시 그리는 시간이다. 그만큼 쓸쓸함과 기대감, 그리고 희구하는 열정이 가득하다.

6. 지성인은 혼자가 아니다

2020. 10. 21. 수. 13:40

프랑스의 신학자이자 철학자인 앙토냉 질베르 세르티양주(Antonin Gilbert Sertillanges, 1863~1948)의 말이 생각났다.

"빛이 간절히 필요할 때는 공부(工夫)를 통해 빛을 얻으라! 나아가 그것을 발산(發散)하기 위한 조건에 관해 수시로 생각하라!"

중간고사를 보는 사이 시간을 이용하여, 지성인의 공부, 간략하게 학문이나 사회에 대한 생각에 잠겨본다. 그러면서 전에 읽었던 책을 다시 펴 보았다.

『논어(論語)』「리인(理仁)」편에 교양인은 물론이고 일반 대중에게도 잘 알려진 "덕불고, 필유린(德不孤, 必有隣)!"이란 말이 있다. "덕망을 갖춘 사람은 고립되어 살아가는 것이 아니고, 반드시 그와 더불어 하는 이웃이 있다!"는 의미다. 이는 『주역(周易)』「문언(文言)」전의 "군자, 경이직내, 의이방외, 경의립이덕불고.(君子, 敬以直內, 義以方外, 敬義立而德不孤.)"를 전제로 한다. "군자는 깨달음으로 내면을 바르게 하고 올바름으로 외면을 반듯이 한다. 깨달음과 올바름이 확고해져 덕망을 갖춘 사람은 고립된 채 살아가지 않는다."

여기서 '덕을 갖춘 사람'인 군자(君子)는 교양을 갖춘 '지성인(知性人)'에 해당한다. 지성인은 지식을 축적하고 지혜를 발휘하며 삶을 누적했다. 그 시공간을 사람들과 함께 나눌 수 있는, 아니, 나누어야만 하는 숙명을 지닌 인물이다. 그만큼 사회적 책무성이 무겁다. 그것이 다름 아닌 "임중도원(任重道遠)"이다. 임무는 막중하고 갈 길은 멀다!

세르티양주도 비슷한 이야기를 전해주었다. 『공부하는 사람(LA VIE INTELLECUELLE)』이라는 책에서다. 이전에 읽을 때도 그랬지만, 공부하는 사람에게 상당한 의미가 전해지는 책이다. 이 책의 영어 번역본은 The Intellectual Life-Its Spirit, Conditions, Methods이고, 한글로 번역도 되어 있다.

지금부터 꼭 100년 전인 1920년, 세르티양주는 아래와 같이 언급했다. '지성인은 혼자가 아니다!'의 전문(全文)이다. 필요한 부분에 한자를 비롯하여 말을 덧붙였다.

"공부를 하도록 소명(召命)을 받아 성(聖)스러워진 지성인(知性人)은 결코 고립(孤立)되어서는 안 된다. 지위가 무엇이든, 혼자 있든, 은둔해 있든, 지성인은 개인주의(個人主義)의 유혹에 굴복해서는 안 된다. 이유는 간단하다. 고독(孤獨)은 삶에 활력을 불어넣는다. 하지만 고립(孤立)은 인간을 무기력하고 메마르게 만들기 때문이다.

우리에게 『레미제라블』로 유명한 프랑스의 시인이자 소설가 빅토르 위고(Victor-Marie Hugo, 1802~1885)는 '영혼을 가진 사람은 더 이상 사람이 아니다!'라고 말했다. 고립은 비인간적이다. 인간적인 방식으로 공부하는 작업은 인간에 대한 연민(憐憫), 자신의 위대함, 그리고 일상생활에서 우리를 하나로 묶어주는 연대감(連帶感, the feeling of solidarity)을 느끼게 만든다.

공부하는 지성인은 언제나, 보편자(普遍者) 안에서, 역사 안에서, 살아가야 한다. 그의 실생활은 박애(博愛)를 계율(戒律)로 삼는 공동생활, 어마어마하게 큰 가족생활이다. 공부가, 예술을 위한 예술이나 추상에 대한 이해에 그치는 것이 아니라, '삶의 활동'이라면, 이 정신의 단일성(單一性)이라는 계율에 복종해야 한다.

진정한 지성인은 가난한 자들이 정처 없이 돌아다니며 고통 받는 이 지구(地球)의 이미지를 언제나 눈앞에 떠올릴 것이다. 그가 가진 빛이 그에게 성직(聖職)을 수여한다. 그가 얻으려 애쓰는 빛은, 그가 그 빛을 나눌 것이라는 암묵적 약속을 가정한다. 가장 추상적이고 고매한 것이야말로 가장 실제적이다. 모든 진리는 생명(生命), 계시(啓示), 인간의 최후(最後)에 이르는 길이다.

그러므로 공부는 언제나 어떤 실용성(實用性)을 염두에 둔다. 인류가 당신에게 중얼거리는 소리를 주의 깊게 들어라! 무엇을 필요로 하는지 알 수 있는 특정한 집단의 특정한 개인을 골라, 그들을 어둠에서 빠져나오도록 만들고 고귀하게 가꾸어줄 만한 것을 찾아라! 신성한 진리는 오직 구원(救援)의 진리뿐! 다른 모든 것과 더불어, 그 진리 또한 공부에서 찾을 수 있다."

여기에서 지성(知性)은 유학의 '인(仁)'과도 닮았다. 박애, 삶의 활동, 실용성 등 상당수의 개념이 보편철학을 지향한다. 21세기에도 지성인은 이런 모습일까? 선비[士]가 고민하던, '임중이도원(任重而道遠)'에 충실할까?

세상이 어떻게 돌아가건 관계없이, 자신만의 세계-개인주의를 구가하며, 공부 자체만을 기쁨으로 활용하는 경우, 지성(知性)의 오류(誤謬)일까?

7. 칼과 충실과 인간사랑

2020. 10. 23. 금. 8:30

상강(霜降)이다. 서리가 내리기 시작하는 절기다. 2주일 후 다음 절기는 겨울로 접어드는 입동(立冬)이다. 어쨌건 차가워지는 계절이다. 『설원(說苑)』의 한 구절이 떠올랐다.

공자의 수제자급인 자로(子路)가 '칼[劍]'을 차고 다니는 것을 보고 공자가 물었다.

"자로야! 이 칼을 어디에 쓰려고 하느냐?"

자로가 대답했다.

"옛날부터 사람들은 이렇게 생각해 왔습니다. '착한 일의 경우, 이 칼을 가지고 착한 일을 할 수 있다! 착한 일이 아닐 경우, 이 칼로 자신을 지킬 수 있다!'"

이 말을 듣고 공자는 다음과 같이 차근차근 설명하며 충고해 주었다.

"인간의 품격을 제대로 갖춘 지도급 인사는, 충실[忠]을 삶의 바탕을 삼고, 사랑[仁]으로 자신을 지킨다. 그러면 집 밖을 나가지 않았는데도 천 리 밖까지 그의 인품이 소문나는 법이다. 착하지 않은 일이 있을 경우, 충실한 행위로 상대편을 감화시키고, 포악한 상황이 발생할 경우, 사랑의 실천으로 자신을 지키면 된다. 꼭 칼을 차고 다녀야만 하겠느냐?"

자로가 말하였다.

"선생님의 말씀을 명심하겠습니다."

격언에 "The pen is mightier than the sword!"라는 말이 있다. 흔히

"문(文)은 무(武)보다 강하다." 또는 "펜(pen: 붓)은 칼보다 강하다."로 번역된다. 단순하게 말하면, 인간 사회에서 사람의 행위나 일처리를 할 때, 단순한 물리력인 무력(武力)보다는 인간적 대화로, 폭력(暴力)보다는 합리적 언설로, 칼보다는 글로 소통하려는 삶의 자세와 연관된다. 그렇다고 무조건 '문(文)'이 '무(武)'보다 앞선다거나 의미가 있다고만 단정해서는 곤란하다. '문'도 중요하고 '무'도 의미가 있다. 그러나 '문(文)'의 양식을 통해 충분히 해결할 수 있는 사안임에도 불구하고, '무'의 방식을 앞세울 경우, 인간 사회는 비참(悲慘)해지기 쉽다. 우울하다. 재미가 적어진다. 그래서 문이라는 휴머니즘을 고민하는 것이다. 자로가 차고 다니는 칼은 '무의 양식'이고, 공자가 강조한 충실과 사랑은 '문의 양식'에 비유할 수 있다.

상강(霜降)의 계절에 내리기 시작하는 서릿발처럼, '검(劍: 칼)'은 차갑다! 날카로운 만큼 인간의 삶을 자르거나 도려내는 데 쓰인다. 때로는 잘라내야 할 삶도 꽤 존재한다. 청산해야 할 적폐(積弊)들!

자로는 착한 일이 아닐 경우, 칼로 자신을 지킬 수 있다고 했다. 일리 있는 말이다. 올바르지 않거나 오류를 드러낼 수 있는 일이 나에게 존재한다면, 과감히 자르고 도려내야 한다. 그것이 정의다. 그러나 그 반대로 쓰인다면, 칼부림은 철저히 경계해야 한다. 공자의 충실과 사랑의 언표가 빛을 발휘하는 근거는, 칼부림에 대한 인간의 절제 미학을 적극적으로 옹호하는 데 있다.

충(忠)과 인(仁)은 검(劍)을 포용할 수 있다! 그러나 검(劍) 자체를 녹이거나 없애기는 쉽지 않다! 현실이 그런 경우가 허다하다!

8. 사랑은 최고의 교육미학이자 교육예술

2020. 10. 24. 토. 21:48

『논어(論語)』의 '인(仁)'사상을 정리하다가, 문득, 아주 오래 전에 읽었던 에리히 프롬(Erich Fromm)의『사랑의 기술(The Art of Loving)』이 생각났다.『논어』의 '인'은 여러 개념으로 드러나지만, 간략하게 말하면, '사람을 사랑하는 일[愛人]'로 표현된다. 프롬이 말하는 '사랑'과 상통하는 점이 꽤 많다.

1980년대 대학생 때 읽었던 책이니, 30년은 훌쩍 넘었나 보다. 책이 누렇게 바랬다. 마지막쯤에 보니, 밑줄 쳐 놓은 부분이 눈에 띈다. 의미를 풀어서 번역하면, 대강 이런 뜻이다.

"사랑은 인간 실존(實存)의 문제에 대한 유일하고 합리적인 해답이다. 사랑에 진지한 관심을 갖고 있는 사람은 이런 문제를 고려한다. '사랑이 지극히 개인주의적이고 주변적 현상이 아닌 사회적 현상이 되려면, 사회 구조에 중대하고 급진적인 변화가 필요하다!' 사회는 관리자의 관료 조직에 의해 관리된다. 직업 정치가의 정치적 술수에 의해 운영된다.

사람들은 집단 암시에 의해 동기를 부여받는다. 그들은 더 많이 생산하고 더 많이 소비하는 것을 삶의 목표로 한다. 모든 활동은 경제적 목표에 종속되고 수단은 목적이 되었다. 인간은 잘 먹고 잘 입는다. 하지만, 자신의 인간적 자질과 기능에 대해서는 조금도 궁극적인 관심을 가지지 않는다. 자동으로 움직이는 인형과도 같다. 아니, '자동인형'이다!

인간이 사랑을 베풀 수 있게 되려면, 자신을 최고의 자리에 앉아 있는 존재로 자리매김해야 한다! 그런 사람은 경제적 기계에 봉사하지 않아야 한다. 거꾸로 경제적 기계가 그에게 봉사해야 한다. 단순하게 물질적 이익을 나누는 것이 아니라, 경험을 나누고 일을 나눌 수 있어야 한다.

사회는, 인간의 사회적인, 사랑하는 성질이, 그의 사회적 실존에서 분리되지 않고, 그것과 일체를 이루는, 그러한 방식으로 조직되어야 한다."

시간 여유가 되면, 최고의 교육예술이자 교육미학으로서, 교육철학의 최고 가치로서, 프롬의 '사랑(Loving)'과 유학의 '인(仁)'을 대비하며 동시에 다루고 싶다.

9. 은둔에서 구현하는 자기 혁신과 창조

2020. 10. 25. 일. 13:17

거대 기업 삼성(SAMSUNG)의 이건희 2대 회장이 별세했다. 향년 78세. 수명이 점점 늘어나는 추세에 비추어 보면, 상당히 아까운 나이에 타계했다. 대학을 다닐 때는 재벌 그룹(기업)에 대해, '독점자본(가) 타파!'를 외치며, 적대 감정을 가지기도 했다. 여기서 독점자본이나 부정적 의미의 기업으로서, 삼성을 비롯한 재벌에 대해 별도로 언급하지는 않는다.

나는 사실 이건희 회장에 대해 알고 있는 게 별로 없다. 다만, 두 가지는 매우 인상 깊게 느꼈다. 모두 삼성을 경영해 나가면서 실천한 사안이다.

하나는 생활 태도다. 그는 '은둔(隱遁)'하는 유형의 총수(總帥)였다. 회사에 출근을 하지 않는 타입이었다. 그렇다고 현실에 무감각한 경영인은 결코 아니었다. 경영 일선에서, 직접 모든 일을 챙기는 스타일이라기보다는 실무 사장단들에게 일을 맡겼다. 그룹 차원의 주요 인사가 있을 때, 회사에 나와 진지하게 일처리를 했다고 한다. 마치 '무위이치(無爲而治)'와 비슷하다.

다른 하나는 독일의 프랑크푸르트에서 〈신 경영 선언〉을 하면서 언급한 결단이다. '마누라와 자식을 빼고, 모두 바꾸자!' 완전할 정도의 혁신(革新)을 강조했다. 자신이 관리·운영하는 그룹, 그 기업 공동체를 앞에 두고, 어쩌면 공동체가 마주한 심각한 위기 상태를 감지하면서, 처절하게 외친 절규로 보인다. 구성원과 더불어 삶을 모색해야 하는 최고경영자의 고독이 묻어난다. 결단의 숭고함도 엿보인다. 절체절명(絕體絶命)의 위기 상황을 간파하는 혜안, 그 절대 결단을 담은 경영 카드를 제시한 것이다.

이건희 회장이『대학(大學)』을 읽었는지의 여부는 모르겠다.『대학』에는 '혁신(革新)'의 문제를 최고의 아이콘으로 제시한다. 지도자 덕목의 핵심 사안으로 다룬다. 그것은 '자명(自明: 스스로 밝히다)'에 기초한다. 자신에 대한 성찰, 비판, 반성 등, 마음으로부터 빚어지는 모든 사항에 대해, 철저하게 점검하고, 시대정신에 비추어 낡은 부분, 오류, 잘못된 습관 등을 개혁(改革)하라고 주문한다. 그것이 지도자의 첫 번째 덕목이다. 그리고 '일신우일신(日新又日新: 날마다 새롭게 바꾸고 또 날마다 새롭게 하다)'으로 나아간다. 이때 '신(新: 새로움)'은 '낡은 사항을 혁신하다'라는 의미다. 과거의 오염된 허물과 때를 제거하는 작업이다.

동서고금을 막론하고, 최고지도자의 삶은 '자명(自明)'에서 '일신(日新)'으로 나아가는 고독한 여행인지도 모르겠다. 특히, 결정(決定)이나 결단(決斷)이 필요할 때는 더욱 그러하다. 그것은 평소(平素)에 단련하는 사회 속의 은둔(隱遁)이 담보한다. 세상을 회피하는 것이 아니라, 세상을 마주하며 은둔하라! 그것은 역설적이게도, 또는 상상이상의 반전을 보여주는, 가장 적극적인 사회 참여다.

10. 공부는 힘든 작업

2020. 10. 27. 화. 21:11

윌리엄 암스트롱(William Haward Armstrong)의 『공부는 힘든 작업이다 (Study is Hard Work)』라는 책이 있다. 『단단한 공부』라는 제목으로 번역 되어 있다. 공부법의 고전으로 정평이 나 있는 책이다. 그 책의 추천 사를 하버드대 교육학과 학과장을 지낸 해럴드 마틴(Harold C. Martin)이 썼다. 의미 있는 말들이 곳곳에 보인다. 몇 구절 옮겨 본다.

"대학생들은 모국어(母國語)로 자신을 표현하는 데 서툴고, 효율적으로 공부하는 능력이 부족하다."

"자기의 능력을 최대한 발휘하여 문제를 효율적으로 해결할 수 있다면, 그 사람은 교육을 잘 받았다고 평가받을 수 있다."

"능력을 최대한 발휘하려면, 정신적 습관을 계발하고 사고력과 이해력을 단련하겠다는 의지를 북돋아야 한다. 계발과 의지는 교육철학의 최고 가치다."

"아리스토텔레스는 공부를 표현할 때, '고통'이라는 단어를 썼다."

"고된 훈련이 없다면, 교육은 그만큼의 가치가 없다."

"새로운 것을 배운다는 뜻은 관성적인 편안함에서 벗어난다는 의미다. 새로운 지식정보가 낯설고 어려울수록 현재의 편안한 마음은 불편해진다. 새로운 지식정보를 습득하려고 서두르면 마음의 평온이 깨지기도 하고, 새것을 익히고 숙달하는 과정에서 고통에 시달릴 수도 있다. 실제로, 공부는 정말 어렵다!"

"공부는 무엇보다 도덕이 문제다. 의지의 조정 문제다. 올바른 목적을 세우고 이를 성취하기 위해 힘을 집중하는 문제다."

"학생은 공부하는 사람이다. 그런데 공부에 대해 기본적으로 의무감을 느끼지 않는다면, 학교 교육은 아무런 의미가 없다. 반면, 학생이 의무감을 느낀다면, 그 학생이 공부에 관심을 두는지 염려하지 않아도 된다. 학생의 흥미는 공부에 자극받은 만큼 생기는 결과이기 때문이다."

"사람은 어떤 방식으로건 자신의 짐을 가볍게 만들거나 바꿀 수 있는 지렛대를 찾느라 힘을 쏟는다. 그리고 결국은 '지렛대와 받침대만 있으면 지구를 들어 올릴 수도 있다!'라고 말한 아르키메데스처럼, 좌절한다. 가능하면 모든 일은 자기 자신이 주도적으로 하라!"

"정직하게 자신과 마주하라! 자신의 공부 역량을 가늠하라! 그리고 체계적으로 공부하라!"

공부하는 사람들은, 근거 없이 세상을 뒤흔드는 특정한 공부법을 마주하고는, 너무나 가볍게, 성공의 지름길로 달려갈 수 있는 마법의 문이 열릴 것이라 기대해서는 곤란하다.

공부는 어렵다! 정말이다. 제대로 하려면 더욱 그렇다. 공부가 좀 되었다 싶으면, 어려움이 자꾸 뒤에서 당긴다. 이후에도 어려움은 여전히 버티고 섰다. 공부의 과정에서 지속되는 단련에는 고통이 따른다. 그것은 교육철학을 숙고하게 만드는 학문의 진통이다.

11. 공부의 노예

2020. 10. 28. 수. 16:43

정도의 차이는 있지만, 우리는 대체로 초등학교 때 10,000시간, 중고등학교 때 8,000시간, 대학 때 6,000시간가량을 공부에 투여한다. 인간의 평균 수명을 80세 전후로 본다면, 인생의 1/3을 공부에 몰두했다. 공부한 시간은 대략 24,000시간이다. 이게 끝이 아니다. 시작이다. 진정한 공부는 대학을 졸업한 다음, 효율적인 인생 공부를 위한, 단련을 기대하면서이다.

윌리엄 암스트롱의 『단단한 공부(Study is Hard Work)』의 저자 서문에 나온 표현을 재해석해 보았다.

배움에서의 성공은 배우려는 사람의 동기나 지적 열망에 달려 있다. 공부가 불쾌하고 부담스러운 것이라는 생각을 버려라! 저 들판에서 서성거리는 짐승과 인간의 공부는 철저하게 구별하라!

공부는 자신의 재능을 최고로 고양하는 건설적이고 헌신적인 힘의 축적이다. 공부를 통해 남는 것은 간단하다. 문제를 '분석'하고 '해결'할 수 있는 능력! 공부하는 방법을 제대로 배워두라. 그러면 사이비 진리와 진리를 구별할 수 있다. 진리가 악용되는 세계에서 탈출할 수 있다. 천부적인 재능을 실현할 수 있다. 이 모두가 인생의 기쁨이자 즐거움이다.

공부는 배움으로 향하는 실천이다. 인생에서 계획된 목적이다. 인생에서 축적해 가는 습관의 총체다. 공부, 그 신중한 노력을 통해, 다음과 같은 인생을 구현할 수 있다. 아둔한 사람은 똑똑해진다. 똑똑한 사람은 지혜로워진다. 지혜로운 사람은 성실해진다.

그러나 공부, 그 배움은 힘들다. 지식을 확보하는 일은 어렵다. 수많은 영역에서, 지식의 철저함, 정확함, 그리고 꾸준함이 요청된다. 공부하는 사람은 이런 점을 반드시 기억하시라.

12. 새벽 아침에 담긴 화두

2020. 10. 29. 목. 6:33

6시인데, 아침이라고 하기에는, 아직 깜깜하다. 새벽이라고 해야 맞을 듯하다. 커피 한 잔을 내려, 서재에 앉았다. 갑자기 새벽과 관련한 속담(俗談) 몇 개가 떠올랐다.

하나, "첫 새벽에 문을 열면 오복(五福)이 들어온다!"

새벽은 일상의 첫 시작을 상징한다. 그 새벽 시간에 하루의 문을 열어라. 아침 일찍 일어나 하루의 문을 열면, 온갖 복(福)이 들어온다. 게으름 피우지 말고, 일찍 일어나 부지런히 일할 때, 그만큼 하루의 가능성은 커지게 마련이다. 신선한 공기를 마시고, 내 시간의 개념에 맞추어 때를 늘리고, 일상을 기획하고, 활동을 예비한다. 그래서 복(福)은 나 밖의 타자로부터 받기보다, 나 자신이 주체적으로 지어 나가며 확장하는 인생의 대사업이다. 하루의 복(福)은 새벽부터 지어나가자. 그 복(福)의 축적이 인생을 대변한다. 나는 행복한가? 그렇다. 너는 행복한가? 그대도 행복한가? 세상은 안녕하신가? 자연스럽게, '그렇다'라는 합의가 녹아들어야, 즐거운 사회다.

둘, "밤이 깊어 갈수록 새벽이 가까이 다가온다!"

이 속담은 현재 팬데믹 사태가 한창 지속되고 있는, 코비드-19 상황에게 하고 싶은 말이다. 아무리 어렵고 고통스러운 상황일지라도 오랫동안 참고 이겨 내면, 마침내 새롭고 희망찬 상황이 다가오지 않겠는가! 코비드-19는 조용한 시기에 안정을 찾게 마련이다. 일상으로 녹아들 것이다. 너무 걱정마라. 아니, 크게 근심할 필요 없다. 그게 사실이고 실제고 현실이고 진리다.

셋, "귀한 나그네는 새벽에 온다!"

인생에서 귀한 손님이 몇 번이나 찾아올까? 헤아릴 수 없이 많은 인연이 스치겠지만, 정말 소중한 친구는 어떻게 맞이할 수 있을까? 가장 먼저는 매일 함께 하는 가족(家族)이다. 그 다음으로는 아침 일찍 찾아오는 손님이다. 새벽부터 늘, 귀빈(貴賓)을 맞이할 마음 자세를 갖추자.

넷, "새벽 달 보려고 초저녁부터 기다린다!"

새벽에 뜬 달을 보겠다고 초저녁부터 밖에 나가 기다리고 있는 형국을 가리켜 하는 말이다. 서두르지 말라! 어떤 일이건 순서와 단계가 있다. 그 과정을 성찰하라. 어떤 사안이건, 너무 일찍부터 서두르면, 오류를 낳을 수 있고, 실패할 수도 있다. 차근차근, 때를 기다리고, 충실하게 진행한 후, 운명의 시공간에 맞추자.

다섯, "새벽에 갔더니 초저녁에 온 사람도 있다!"

자기만이 최고라는 자아도취(自我陶醉)나 자가당착(自家撞着)을 절대적으로 조심하라. 기는 사람 위에 걷는 사람 있고, 걷는 사람 위에 뛰는 사람 있고, 뛰는 사람 위에 나는 사람 있다! 언제 어디서나, 어떤 일이건, 부지런히 다루느라 애쓰는 것은 그만큼 의미가 있다. 하지만 그것이 모든 것을 대변하지는 않는다. 삶의 전부는 아니다. 언제 어디서나 나보다 앞서 가는 사람이 있음을 기억하라. 내가 최고라는 오만(傲慢)이나 자만(自慢)을 철저하게 경계하라. 설사 그렇다할지라도, 세상에는 보이지 않는 고수(高手)가 이미 자리한다. 삶의 여정에서, 나보다 앞서 있는 고수(高手)를 상정(上程)하라. 그 마음 자세를 늘 간직하는 삶의 태도, 겸손(謙遜)의 미덕을 일상으로 받아들일 때, 성장의 폭과 깊이가 더해진다. 긴장의 끈을 놓치지 말자.

13. 병원 유감 2

2020. 10. 30. 금. 11:41

다시, 병원이다! 의사나 간호사, 병원의 직원을 제외하고, 일반인이 병원에 와 있다는 사실은 그 자체로 두려움이다.

대부분의 환자는 웃음기가 없다. 무표정하거나 근심 가득한 얼굴이다. 어떤 사람은 잔뜩 찡그린 모습을 하고, 또 어떤 사람은 겁에 질린 형상으로, 멍하게 앉아 있다.

지난 4월부터, 아내는 원인 모를 통증에 시달리고 있다. 의사들도 '복합 부위 통증 증후군(CRPS: Complex Regional Pain Syndrome)'이라고만 확인해 줄 뿐, 질병을 특정하지 못한다. 아픈데 원인을 찾지 못한다. 치료도 없고, 진통제 투여 외에는 적절한 처방도 없다.

아직까지 어떤 약도 통증치료 효과가 없다! 몸무게는 날로 줄어들어, 앙상하다. 통증을 유발하는 녀석이 몸 여기저기를 돌아다니는지, 말라 들어간 몸 곳곳에서, 부분적으로 부어오르기도 한다. 어쨌건, 몸 건강 상태가 총체적 난국이다.

병원을 자주 방문하는 일이 없기를 희구할 뿐, 특별한 대책이 없다! 더 추워지기 전에 통증이 가라앉기를, 소망해 본다.

병원에 올 때마다, 2016년 3월, 한 달 가량 병원 신세를 졌던 시간과 공간이 오버랩 된다.

Mt. Katahdin (Maine), Autumn (1939~40)
Marsden Hartley (American, 1877~1943)

11월

1. 늦 가을비는 단풍을 맞이하는가

2020. 11. 1. 일. 8:29

2020년 11월 1일 일요일이다. 늦가을 비가 집 앞의 산에 내려앉는다. 단풍은 그 비에 흠뻑 젖는다. 빗방울에 떨어지는 단풍을 보니, 문득, 당나라 초기의 시인 노조린(盧照隣, 637?~689?)의 노래가 떠올랐다.

長安古意(장안고의)　　　　　　　장안의 옛 뜻(제13절)

節物風光不相待(절물풍광불상대)　계절마다 사물과 자연 풍광은 서로를
　　　　　　　　　　　　　　　　기다리지 않아

桑田碧海須臾改(상전벽해수유개)　뽕밭이 푸른 바다로 바뀌는 것도 잠깐이라네.
昔時金階白玉堂(석시금계백옥당)　옛날 황금 계단에 하얀 옥집도 모두 없어지고
只今惟見靑松在(지금유견청송재)　지금은 푸른 소나무만이 그 자리에 서 있네.

간략하게 풀이하면, 대강 다음과 같은 뜻이다. 네 계절의 사물이나 자연의 풍광은 절기마다 바뀐다. 하나의 상태로 영원히 존재할 수 없다. 그래서 '상전벽해(桑田碧海)'라 했다. 뽕나무 밭이 푸른 바다가 되는데, 그 변화가 금방이다. 오랫동안 진행되지 않는 느낌이다. 옛날에 지은 궁궐 같은 가옥들, 황금 계단에 백옥으로 장식한 으리으리한 집도 이제는 모두 허물어져 없어졌다. 지금은 그 자리에 푸른 나무만 우뚝 서 있다.

당나라 때 장안(현재 중국 서안)의 모습과 환락을 풍자하는 듯하다.

상당히 서툴지만, 아주 오랜 만에 〈시〉의 형식을 빌려 한 수 써 본다. 대학 시절, 문학사상 동아리 활동을 할 때 습작 수준으로 쓴 이후, 거의 처음이다. 그동안 학술 연구에 치우치다 보니 정서가 메말랐나? 정말 녹슨 정감 두뇌, 그 정서와 감정의 세계를 되살려 끄집어내려니 힘겹다. 억지로 한 수 만들어 본다.

늦 가을비 단풍 [만추단풍(晚秋丹楓)]

늦가을 비 단풍(丹楓) 맞아
입동(立冬) 절기 머금고
촉촉하게 대지(大地)에 앉아
고요 속 운무(雲霧) 날린다.

2. 병원 유감 3

2020. 11. 3. 화. 7:51

또다시 병원이다. 아침 7시부터 여는 〈채혈실〉에 도착하니, 만원이다. 한마디로 고통에 휩싸인 인생이 북적댄다. 대부분이 중년이상 노년층이다. 건강은 나이에 비례하는가? 소아과에도 아픈 아이가 있는만큼 북적대겠지.

'띵동' 소리도, 대기인 수만큼이나 요란하다. 담당 직원들은, 예약한 날짜, 주어진 사무 구조의 원리에 따라 착착 움직인다. 흔히 말하는 매뉴얼에 의해 작동되는 기계적 시스템이다. 거대한 메커니즘!

아내는 또다시 검사를 진행한다. 최소한 오전 내내, 늦어지면 오후에 이르기까지, 5시간 이상 걸릴 듯하다.

몇 달에 걸쳐 여러 가지 검사를 진행했다. 아무런 특이사항이 없었다. 그냥 온몸이 아픈, 〈다발성 복합 통증〉이란다. 류마티스 관절염 관련 스테로이드 소염제, 진통제, 한약, 침 등등, 다양한 약물과 물리적 요법으로 치료를 시도했으나, 영 차도가 없다. 음식을 먹기도 어렵고 몇 발짝 걷기조차 힘든 상황이다. 말 한마디 하기도 쉽지 않으니, 본인은 얼마나 답답하겠는가!

지난 4월에는 척추가 아팠다가, 그 다음에는 신장, 목, 다리, 고관절 등등 통증 부위가 일정하지 않다. 그래서 〈다발성 복합 통증〉인가? 먹지 못하고 통증이 심하니, 몸만 왜소해진다.

이제는 목 부위가 부어올라 CT촬영을 비롯하여 조직 검사, 초음파 등등 복잡한 검사를 처음부터 또다시 진행한다. 지난번 한 걸로 병명

파악이 안 되는지, 아내는 의사를 두고 평가한다. "환자가 연구대상, 실험도구인지, 마루타가 된 느낌"이란다. 의사도 자신이 전문으로 담당하는 영역이나 직접 다루는 질병이 아니거나, 구체적으로 병명을 확신하지 못할 경우에는, 치료나 처방을 잘 모르나 보다! 〈코비드-19〉 사태에서 보듯이, 질병이 그런가보다.

병원에 올 때마다 느낀다. 아픈 사람이 너무 많다! 안타깝지만, 이 또한 인간의 삶일 뿐이다! 나 자신이 큰 질병을 경험해 봤기에, 일상에서, 약간씩 아플 수는 있겠으나, 대체로 건강하게 살고 있다는 자체로도 감사할 따름이다.

직립보행(直立步行) 하고 있는, 이 인생 자체에 감사하자! 건강은 건강할 때 지키자!

오래된 격언이 떠오른다. 인생에서 '금전-명예-건강'을 고려할 때, '건강을 망치면 모든 것을 잃는다!'

3. 바다 단상

2020. 11. 6. 금. 12:20

강릉 경포대 앞 바다다. 율곡학회에 참석하기 위해 강릉에 왔다가 잠시 들렀다.

바다는 넓다. 사람들은 바다를 보면서 온몸이 탁 트인다. 시원함을 느낀다. 마음의 문을 연다. 느슨한 분위기에 젖어든다. 삶을 긍정적으로 유인한다. 그것은 바다가 인간에게 주는 힘이다. 신의 선물이다.

반대로, 인생은 때때로 '괴로움의 바다'라고 표현되기도 한다. 한자로 표현하면 '고해(苦海)'다. 온몸이 움츠러든다. 차갑다. 닫힌다. 단단하게 옥죈다. 삶을 부정적으로 팽개친다. 그것은 바다가 인간에게 주는 힘듦이다. 신의 저주다.

탁 트인 고해! 힘의 힘듦!

파란 물이 부서지며 하얗게 바뀌는 저 파도는 이 비밀을 간직하고 있는 걸까? '파도(波濤)'라는 글자처럼, 저 물결이 울렁대는 이유인가!

4. 응급실 급행

2020. 11. 12. 목. 9:17

새벽 5시 무렵, 아내가 갑자기 쓰러졌다. 힘이 다 빠졌는지 앉아 있기도 버겁다. 의식은 살아 있으니 그나마 다행이다. 그냥 응급실로 달려왔다.

지난 5-6개월 원인 모를 통증에 시달렸다. 병원을 드나들며 상담과 진료를 거듭하고, 다양한 치료와 처방으로 치료를 했으나 효과가 없다.

최근 한 달 사이에 급격하게 몸무게가 줄었다. 뼈가 만져지고 드러날 정도니, 겁이 난다. 다리 근육이 거의 빠져 걷기 힘든 상황이다. 음식물을 삼킬 수 없으니, 심각한 영양 문제도 있을 게다. 온몸의 통증, 거동의 불편, 그로 인한 스트레스도 마음의 피폐를 가중시켰으리라.

이 기회에 섭생(攝生)을 제대로 하여, 정상 회복이 되기를 간절히 소망한다.

5. 병실일지 1 · 아픔을 견디는 방법

2020. 11. 17. 화. 6:12

아픔은 인내를 시험한다. 아내가 병실에서 아픔을 견디고 있다. 전신통증을 품고 입원한 지 5일째다. '이미' 또는 '벌써' 며칠째 아프다와 같은, 시간이나 기간을 강조하는 건 별 의미가 없다. 그것이 아픔 자체의 폭과 깊이를 상징할 수는 없기 때문이다.

아픔은 아픔일 뿐이다. '덜 아프냐, 더 아프냐'의 정도가 다를 뿐, '견딜만하냐, 견딜 수 없을 정도로 힘드냐'의 차이가 있을 뿐, 통증은 통증이다. 심한 통증은 몸을 녹이기는커녕, 몸부림이나 몸서리를 치게 만든다.

명약(名藥)은 없다. 모든 진통제도 근본적 치료 효과를 가져 오지는 못한다. 통증을 가라앉힌 시간이 지나면 다시 제자리다. 최고의 치료제는 '무상(無想)'의 '망각(忘却)'이다. 아픔은, '그 자체가 존재하지 않는다!'라는 '자기최면'이나 아픔에 대한 '무념(無念)'이 명약이다. 아픔을 넘어서기 위해서는, 아픔 그 자체를 잊어버리는 '용기(勇氣)'만이 유일한 처방이다.

오늘 오전, 아내는 다시 또 내시경 검사에 돌입한다. 검사가 진행되는 만큼 가중되는 아픔을, 망각하면 좋겠다.

6. 병실일지 2 • 병실 이웃

2016년 3월, 나는 간(肝)의 절반이 녹아내릴 정도의 심각한 농양(膿瘍) 증세로 한 달 가량 입원 치료를 했다. 흔히 말하듯이, 거의 죽음 목전까지 갔다가 겨우 살았다. 그때 병실이 5705호실이었다.

5년(4년 8개월)후 2020년 11월, 아내는 그 옆방인 5704호에 입원하여 3일을 머물렀다. 병상 침대가 좀 높고 너무 푹신해서 오히려 전신 통증을 완화시키는 데 방해가 되었다. 그래서 다시 그 옆방인 5703호로 옮겼다. 2일째다. 생각해보니, '병실 이웃'으로 다시 맺어진다.

그러면서 아내는 희망한다. 내가 입원했던 기간 이내에 퇴원하기를.

7. 병실일지 3 • 원인 모를 발병 근원

2020. 11. 19. 목. 9:25

일주일 입원 기간에 검사가 너무나 많다. 혈액에서 펫(PET) 검사에 이르기까지, 확정하기 힘든 병명에 전문가인 의사조차도 고심한다. 쉽게 말하면, 통증의 원인을 뚜렷하게 진단하지 못하는 셈이다. 분명히 발병의 근원이 존재할 텐데, 함부로 단정하지 못한다.

원인 모를 질병을 일상의 수시 사태로 드러나게 한 건, 인체의 신비일 수도 있고, 조물주가 인간에게 부여한 숙명일 수도 있다.

이제 결과를 기다려보고, 추측과 추정을 통해, 치료를 감행할 수밖에 없다. 아내는 다음 주부터 본격적인 치료에 돌입한다.

8. 병실일지 4 · 온라인 실시간 강의

2020. 11. 19. 목. 10:29

문명의 전환이 새삼 놀랍다. 아내가 입원해 있는 동안, 병실을 벗어나기 힘든 상황인지라, 병실에 노트북을 갖다놓고 실시간 강의를 했다.

스마트폰이 등장한 이후, 10여 년 전부터 나는 일방적 강의를 하지 않는다. 해당 시간에 다룰 주제에 대해 간략하게 안내한 후, 학생들이 심도 있게 탐색하며 논의할 수 있도록 학습의 장을 마련해 줄 뿐이다. 대부분의 학생들은 해당 주제에 대해 진지하게 조사하고 탐구하여 '자문자답(自問自答)'을 수행하고, 동료들과 집중적으로 논쟁(論爭)한다. 때로는 교수자인 나도 참여하거나 개입하며 함께 강의를 만들고 가꾸어 나간다.

일방적으로 강의하는 방식이었다면, 병실에서 온라인 강의는 상상도 못했을 것이다. 하지만 인터넷 네트워크가 조금 불안한 것이 문제였다. 약간의 끊김 현상을 비롯하여 강의를 방해하는 요소가 있었다. 학생들에게 상황 설명을 하고 양해는 구했으나 많이 미안하다. 구두로 전달하기 힘든 상황에서는 채팅을 이용한 '문자강의'를 이용했다. 나중에 학생들에게 확인해보니, 채팅방 '문자강의'가 갖는 독특한 의미도 발견했다.

아마 여러 강의에서 이미 사용할 것으로 생각되지만, 실시간 온라인 강의에서 음성과 문자를 병행하는 방법도 새로운 교수법으로 상정할 수 있을 듯하다. 다음 주에도 퇴원이 불가능하면, 병실 온라인 강의가 이어질 것 같다. 상황이 강의를 만드는가?

어제 오늘 비가 많이 온다. 겨울을 재촉하는 듯.

9. 병실일지 5 • 명의의 요건

2020. 11. 21. 토. 8:26

중국 고대 춘추전국시대에 명의(名醫)로 칭송받는 편작(扁鵲, B.C.401~B.C.310)이라는 사람이 있다. 사마천의 『사기』「열전」에는 그가 명의라 불리는 이유와 관련하여 의미심장한 얘기가 기록되어 있다.

편작에게는 편작 이상의 명의에 해당하는 형이 둘 있었다.

첫째 형은, 명의는커녕, 의원 소리를 듣기 힘들 정도로 그 의료 행위가 눈에 띄지 않았다. 왜냐하면 사람들이 병이 나기도 전에, 병의 근원을 제거하고 예방해버려 치료할 병이 없었기 때문이다.

둘째 형은, 유명하지는 않았지만, 아마추어 수준의 의원 소리를 들을 정도는 되었다. 왜냐하면 사람들이 병이 났을 때, 증상이 뚜렷한 초기 단계에서 치료를 끝냈기 때문에, 그만큼 사람들에게 긍정적 평가를 받았다.

그러나 편작은 이 두 형과 다른 차원에 속했다. 자신은 두 형이 자기보다 훨씬 훌륭한 명의라고 대변하지만, 사람들은 편작을 최고의 명의로 추앙한다. 그야말로 프로페셔널이다. 왜냐하면 병의 증상이 거의 말기에 이른 사람들을 치료해 주었기 때문이다. 온갖 방법을 동원하여 병을 고치려고 노력했으나 고칠 수 없었던 사람들에게, 편작은 일종의 구세주였다.

이 세 가지 다른 유형의 의료 행위가 우리에게 던지는 메시지는 사뭇 다르다. 나름대로 의미가 있다. 예방이냐? 치료냐? 병의 깊이에 따라 어떤 자세와 태도로 고민하느냐? 등등 다양한 의술과 의료철학이 함축되어 있다.

아내의 치료 과정과 최근 코비드-19 팬데믹 상황을 보며, 만감이 교차한다. 편작의 형제들이 베풀었던 의료 행위가, 개인은 물론 세상 사람들에게 건강을 제공하는 다양한 계기들이었다면, 여기 이때, 어떤 의료 행위가 우리를 위로해 줄 수 있을까? 교육도 의학의 예방 및 치료 과정과 유사하지 않은가? 어찌할까?

10. 병실일지 6 • 세한연후

아내 입원 11일째, 11월 22일 일요일. 24절기 가운데 20번째 절기인 '소설(小雪)'이다. 가볍게 작은 첫눈이 온다고 하여 '소설(小雪)'이라 이름 했다. 소설을 전후하여, 보름(15일) 전에는 겨울에 접어드는 '입동(立冬)'이, 보름 후에는 무겁게 큰 눈이 온다는 '대설(大雪)'이 자리한다. '소설' 이후에는 본격적으로 추위가 몰려온다. 겨울 맞을 준비를 단단히 해야 한다.

어린 시절 산골에서 보리농사를 할 때, 어르신들께서 수시로 말씀 하셨다. "소설에는 날씨가 추워야 해. 그래야 보리가 잘 돼!" 소설 대설이 지나고 한두 달 뒤쯤, 보리밭에 나가, 보리가 뿌리를 잘 내리도록 밟아주며, 풍년을 기원했던 기억이 새롭다.

날씨가 추워지기 시작할 무렵이면 어김없이 생각나는 『논어』 구절 하나가 있다.

"歲寒然後(세한연후) 知松柏之後凋(지송백지후조)!"

추사 김정희의 '세한도(歲寒圖)'로 더욱 널리 알려진 언표이기도 하다. 직역하면, "세월[시절]이 차가워진 다음에야 소나무와 측백나무가 나중에 시듦을 안다!"라는 단순한 의미다.

하지만 의역할 경우, 다양한 뜻을 뿜어낸다. 자연의 질서나 현상 자체로 이해하면, "날씨가 추워져야 소나무와 잣나무 같은 상록수가 낙엽수에 비해 훨씬 나중에 색을 바래고 잎사귀를 떨어뜨린다는 사실을 안다."

인간 사회의 세태에 비유하여 인식하면, 더욱 심오하게 접근할 수도 있다. "세상에 따스한 인정이 희박해져 냉혹해질 때, 도덕적 품성을 수준 높게 지닌 사람들은, 그렇지 못한 저차원의 인간에 비해, 인간미를 쉽게 저버리지 않는다!"

때로는 풍찬노숙(風餐露宿)하며 산전수전(山戰水戰)을 겪은 인생, 그 시련과 핍박을 견뎌내는 만큼, 쉽게 시들지 않는, 거짓 없이, 꼿꼿하고 당당하고 떳떳한, 건강한 삶의 지향을 담기도 한다.

소설인데, 서울 하늘에 하얀 첫눈이 내리지는 않는다. 잔뜩 흐린 하늘에 비가 내린다. 엊그제 내린 비에 더하여, 추위가 밀려올 것 같은 예감이 든다. 겨울이니 추위는 당연한 질서이자 법칙이다.

하지만, 코비드-19도 추워지는 날씨와 비례하는가? 며칠 째 1일 확진 자가 300명을 넘어, 3차 대유행을 예고하는 듯, 다시 위협을 가한다.

'마음을 바싹 다잡고 생활하는 일!' 즉 '조심(操心)'하는 게 최선이다! 성리학적 표현으로는 '경(敬)'으로 일관하는 삶의 태도를 유지하는 일이다. '경(敬)'과 같은 공부양식이 때로는 지혜와 슬기를 발휘하는 방식의 하나일 수 있으리라.

11. 병실일지 7 · 약물치료

2020년 11월 23일 월요일이다. 오늘부터, 아내가 첫 번째 집중치료에 들어간다. 여러 번 시행해야 하는 치료 가운데 제1차 약물치료란다.

특정한 부위에 발생한 단일한 성격의 병증이 아니고, 전신에 다발성으로 발병한 상황이라, 치료 방법이 좀 복잡한 모양이다. 전체를 고려하면서도, 필요에 따라 특정 부위를 타깃(target)으로 집중 공략한단다. 치료 효과도 사람에 따라 각양각색이란다. 그 사람의 유전자, 면역체계 등 상황에 따라 정도가 다르단다. 어떤 사람은 단기간에 완치되기도 하고 어떤 사람은 장기간 치료를 요하기도 한단다.

중요한 것은 치료를 할 수 있다는 사실 자체다. '긍정적인 자세로 차근차근 치료해 나간다!'라는, 또 다른 삶이 진행될 뿐이다. 이 또한 행복 아닌가?

치료가 끝나고, 회복 이후에는 발병 이전보다 훨씬 의미 있는 삶이 펼쳐질 수 있다!

12. 병실일지 8 • 고요한 역동성

2020. 11. 24. 화. 2:12

특별한 경우를 제외하고, 한밤중의 세상, 즉 인간 사회의 활동은 고요한 경우가 많다. 적막(寂寞)하다. 젊음의 열기가 넘쳐나는 대학가나 어떤 축제의 현장, 발분망식(發憤忘食)하는 연구실의 탐구 등, 열정 가득한 시공간을 연출하는 몇몇 세상 이외는 정숙(靜肅) 자체다.

얼핏 보기에, 병실도 그러한 것처럼 느껴진다. 하지만, 가만히 생각해보니, 병실은 결코 고요하지만은 않다. 오히려 역동적이다. 의료기구 작동 소리, TV 소리, 인터넷 정보 검색하는 소리 등, 보이건 보이지 않건, 다양한 소리로 꿈틀댄다.

긴장의 끈으로 연결된, 간호인들과 투병인들 사이의, 줄다리기가 팽팽하다. 무엇보다도 투병인의 생명의지가 번뜩인다. 그만큼, 병실은 고요하거나 적막하거나 정숙하지 않다. 생명력이 약동하는 대로 고요의 함수는 파괴 된다. 투병인의 심장박동 소리만큼이나 긴박하다.

13. 병실일지 9 • 희귀 질환

2020. 11. 26. 목. 8:58

참 난감한 문제다. 아내의 질병이 상당히 희귀한 것인가 보다. 질병의 원인도 분명히 있다. 질병의 명칭도 구체적으로 있을 것이다. 다만, 정확하게 원인과 병명을 특정할 수 없다. 그러니 알 수 없다는 것이다. 치료 방식도 그만큼 복잡한 모양이다.

검사 결과 새로운 증상이 발견되고, 병증(病症)의 엄중함에 따라, 주치의도 여러 번 바뀌었다. 희귀한 만큼, 임상 연구도 필요했는지, 최종적으로 주치의를 맡은 의사가 의견을 제시해왔다. 유전자 보존을 비롯하여 연구 관련 권유를 받고, 바로 동의해 줬다. 이후에 아내와 유사한 질병을 앓는 사람이 있다면, 선행사례로, 조금이나마 참고가 되어, 치료에 도움이 되기를 소망할 뿐이다.

인간이 경험해보지 못한 희귀함 앞에서, 인간이 발휘할 수 있는 능력의 한계를 절감한다. 이런 상황에서는 첨단 의학 기술도 무기력하다. 도대체 이런 질병이 왜 생기는가? 추측은 난무한다. 요인도 다양하다. 유전, 환경, 음식 등, 삶을 구성하는 많은 요소들이 지목된다. 삶의 보편성이 경우에 따라 일반적 상황으로 강화되어야 하는 게 정상이라면, 특수한 희귀 질환으로 드러나는 것이 이미 논리적이지 않다. 논리의 역설이자 반 논리다.

그래도 열흘 이상 검사하고 치료해 오면서, 부은 기운도 조금씩 빠지고 약간의 차도가 있었다.

오늘부터 재활 치료를 시도한다. 어느 정도 걸을 수 있게 되면, 가능한 한 빨리 집으로 가자!

14. 병실일지 10 • 낙엽수와 상록수

2020. 11. 29. 일. 16:12

아내가 제대로 움직이기 힘들다. 24시간을 긴장 속에서 간호한다. 거의 잠을 잘 수 없다. 아내가 잠깐 눈을 붙인 사이, 문득 병실 창밖을 보았다. 벚꽃나무인지 뭔지 정확한 나무 이름은 모르겠다. 낙엽활엽수 한 그루가 보이고, 그 주변에 잣나무와 향나무로 보이는 상록침엽수 몇 그루가 보인다.

사실, 낙엽활엽수(落葉闊葉樹)와 상록침엽수(常綠針葉樹)는 한자로 조작된 용어인지라, 한자를 잘 모르는 사람에게 결코 쉬운 말이 아니다. 낙엽활엽수는 겨울이 되면 잎이 떨어진다. 그래서 낙엽이라 한다. 평평하고 넓은 잎이 달리는 나무다. 그래서 활엽수라 한다. 상록침엽수는 늘 잎이 푸르다. 그래서 상록이라 한다. 바늘처럼 뾰족한 잎이 달리는 나무다. 그래서 침엽수라 한다.

낙엽이 좋을까, 상록이 좋을까? 활엽수가 좋을까, 침엽수가 좋을까? 이런 물음 자체가 주관적 감정이 이입된, 인간의 인식이다. 자연은 그냥 그렇게 생장(生長)할 뿐이다. 말 그대로 '스스로 그러할 뿐(self-so)!'

상록수라고 모두 침엽수인건 아니다. 사철나무 같은 상록활엽수도 있다. 낙엽수라고 모두 활엽수인 것은 아니다. 낙엽송이라 불리는 낙엽침엽수도 있다.

어떤 나무건, 그들은 계절의 순환과 더불어, 그냥 그들이 타고난 대로, 그들의 생(生)을 영위하고 있다. 그런 나무를 두고, 상당수의 인간은 소나무나 대나무 같은, 낙엽이 적고 늘 푸름을 유지하는 상록수에 인생의 모습을 비춘다. 사시사철 변하지 않는 모습을 '절개(節槪)'나 '지조(志操)'의 상징으로 칭송하기도 한다.

대신, 낙엽이 떨어지고 앙상한 가지를 보이는 여러 나무에게는 냉혹하다. '잡목(雜木)'이라는 이름을 덮어씌운다. 칭송은커녕 무시하는 경향을 보이기도 한다. 이런 태도로 일관할 때, 인간의 지성은 무모(無謀)해진다. 인간이 얼마나 어리석은지 그 극(極)지점을 보여준다.

나는 분명히 보았다. 직접 경험했다. 그러므로 단언한다. 그 잡목은 생명의 나무였다! 산골에 살던 어린 시절, 나는 일주일에 두어 번씩 야산에서 땔감으로 사용할 나무를 베어 왔다. 나무를 지게에 가득 지고 집으로 올 때, 나무는 자신이 베어져 있음에도 불구하고 늘 싱싱한 향기를 뿜으며, 기쁨을 선사하는 벗이 되어 주었다. 그리고 스스로 메말라 가며, 부엌에서 밥을 짓도록 배려해 주었고, 추운 겨울 군불을 지필 때, 기꺼이 자기 몸을 내 주었다. 그때, 우리 가족 모두는 따스한 시공간을 즐길 수 있었다.

이게 내가 겪은 잡목의 삶이었다. 아니, 잡목이 아니다. 황금목(黃金木)보다 소중했던, 내 생명으로 녹아든 마음의 상록수다.

Winter Landscape with Ice Skaters (c. 1608)
Hendrick Avercamp (Dutch, 1585 ~ 1634)

12월

1. 병실일지 11 · 새벽의 분주함

2020. 12. 1. 화. 7:21

아내 입원 21일째. 꼭 3주가 되는 날. 2020년 12월 1일 수요일이다. 입원할 때는 11월 안에 퇴원하기를 바랐다. 그러나 희귀 질환의 특정상 치료 입원기간이 연장되었다. 병실 생활은 최대한 단기간이기를 갈망한다. 집에서 통원 치료하는 것이 마음 편하다. 며칠 지나지 않아 그럴 수 있기를 소망한다.

바깥은 아직 깜깜하다. 5시 무렵부터 입원 병동은 분주하다. 간밤에 사용한 쓰레기를 치우는 사람을 비롯하여 간호사들의 업무가 새벽을 가득 채운다. 새벽부터, 하루의 일을 준비하고, 삶을 빚어가는 인생! 그것은 인간의 당연한 의무이자 권리다. 그럼에도 불구하고, 새벽 기운 자체가 신성하게 느껴지는 건 왜 일까? 내 인생에서도 그런 날들이 꽤 많았다. 하지만 오늘 새벽 청소하는 사람을 보며, 느껴지는 감수성이 새롭다.

아내의 몸 컨디션이 조금씩 회복 기미가 보인다. 며칠 동안 없었던 대변도 보았다. 어제보다 나아진 것 같아 약간은 안심이다. 그러나 긴장은, 새벽의 칠흑만큼이나 팽팽하다.

어제부터 작은딸에게 낮 시간 동안, 병실 간호를 부탁했다. 지난 2주 동안 사무실[평생교육원장실]에도 제대로 출근하지 못하고, 온라인 강의도 병실에서 진행되어, 학생들을 비롯하여 여러 사람에게 미안하다. 그만큼 또 신세를 졌다. 다시 인생의 빚이다.

무엇보다 아내가 미안해한다. 불편의 최소화! 지금은 회복에 집중하자. 치료가 최우선이다!

2. 병실일지 12 • 회복 시간의 파르마콘

2020. 12. 1. 화. 10:17

아침 일찍 재활 치료실에서 치료를 받는다. 풍선처럼 부푼 다리의 부은 기운을 공기 마사지로 가라앉힌다. 손과 팔의 부은 기운은 압박 붕대를 감아 잦아들게 한다. 치료를 받았으나 다시 부은 기운이 제자리다. 치료가 안 된 건가? 여러 차례 진행하면 치료가 되는 건가? 아직은 모르겠다.

그런데 이전처럼, 정상적인 팔다리로 회복되는 데는 상당히 시간이 걸릴 듯하다. 류마티스 스테로이드 약물의 부작용을 비롯하여 몸에 투여된 수많은 약물 성분은, 예방과 치료를 위한 양약(良藥)인 동시에, 때로는 심각한 부작용을 낳을 수 있는 독약(毒藥)이기도 하다.

동일한 사안이지만, 모순을 연출한다. 약과 독이 되는, 파르마콘(pharmakon: 질병과 치료약의 의미를 동시에 지니고 있는 모순·대립되는 것)을 구체적으로 드러낸다. 인간의 일반적 인식 수준은, '약은 약이고 독은 독이어야 한다!'라고 믿는다. 그래야 질병 치료의 효과가 증대 되고, 기운 회복의 속도가 증가한다고 생각한다.

파르마콘처럼, 약과 독의 이중인화(二重印畫)는 질병 치료에서도 긍정과 부정을 동시에 담보한다. 사물의 양면성이나 중층성의 텍스트, 이런 속성이 정말 존재의 이치인가? 행위의 법칙인가?

243

3. 병실일지 13 • 통증의 인내 지점

2020. 12. 3. 목. 10:56

대부분의 질병은 통증을 동반한다. 병이 깊을수록 통증의 수위도 높다. 아픈 사람은 통증을 온몸으로 견딘다. 통증은 낮보다 밤에 더욱 심하다고 한다. 아내의 상황도 유사하다. 아무리 온몸으로 감내해 내더라도, 인내에는 지점이 있다. 한계에 도달하면 신음으로 흘러나온다. 때로는 부들부들 떨고, 때로는 묘한 형상으로 찡그리고, 때로는 고함을 넘어서는 괴성을 지르고, 때로는 한 몸이 지닌 최대의 물리력을 발동하여, 벽을 긁거나 두드리기도 한다.

통증의 결과는 참혹한 모습을 연출한다. 이 한계 지점으로 시간이 녹아들고, 생의 의지가 스며들면서, 또한 통증은 조용히 줄어든다. 다시, 일상에 가까운 삶이 찾아들리라.

2020년 12월 3일 목요일, 오늘은 대입수학능력 시험 날이다. 모든 수험생들이 자신이 공부한 대로 실력을 발휘했으면 좋겠다.

4. 병실일지 14 • 고심의 미학

2020. 12. 5. 토. 8:42

5년쯤 전에 태블릿 피시와 휴대폰을 내 개인 서고(書庫)처럼 구상했다. 동서양 고전을 중심으로 300여 권의 종이책을 스캔하여 파일(pdf)로 저장해 두었다. 일일이 책을 들고 다니기 힘든 때, 여행이나 산행, 산책 등등, 여유가 되면 펼쳐보기 위해서였다. 휴대폰만 갖고 다녀도, 내가 즐겨 읽던 책을 되새기며 수시로 사유하는 시간을 즐길 수 있다.

아내가 잠시 잠든 틈에 『채근담』의 한 구절을 씹어 본다.

"苦心中, 常得悅心之趣. 得意時, 便生失意之悲.(고심중, 상득열심지취. 득의시, 변생실의지비.) ― 괴로운 마음 가운데, 항상 마음을 기쁘게 하는 뜻을 얻는다. 뜻을 얻었을 때, 문득 뜻을 잃는 슬픔을 낳는다!"

고심(苦心)은 열심(悅心)을 낳는다. 뜻을 얻고 나면 다시 뜻을 잃을 수 있는 슬픔이 우리 앞에 놓인다.

"苦盡甘來, 興盡悲來(고진감래, 흥진비래)!"라는 말도 있다. 괴로움의 절정, 그 광풍이 지나가면서 달콤한 삶의 보람이 찾아든다. 기쁨의 수위가 높아지는, 그 번영의 끝에 슬픔이 자리한다!

심각한 역설인 것 같지만, 세상의 이치가 그러하다. 『주역』이 지시하듯이 '길흉회린(吉凶悔吝)'이다.

5. 병상일지 15 • 세포 교체는 몸의 재탄생

2020. 12. 5. 토. 17:04

'질병이 낫는다!'라는 의미는, 일반적으로 몸[마음]의 회복으로 이해한다. 가만히 생각해보니, 그것은 단순하게 질병 발생 이전 상태의 복귀가 아니다. 오히려 이전의 세포를 버리면서 질병을 극복하고, 새로운 세포를 형성하는, 몸의 재탄생이다.

2016년 3월, 내가 치료 받고 몸을 보존하는 원리도 그렇다. 한 달가량 입원하면서, 내 몸은 질병 발생 이전에 함께 하던 세균을 비롯한 다양한 몸 조절책을, 새 것으로 교체하여 몸의 전환을 이루었다.

아내도 마찬가지다. 치료하는 가운데 몸 곳곳이 곪아터지기도 하고, 쓰라린 고통이 더해지기도 한다. 그것은 세포를 교체하는 생명의 시공간이다. 새로운 몸을 형성하기 위한 기초 작업이다.

6. 병실일지 16 • 간호의 요체

2020년 12월 6일 일요일. 아내 입원 25일째다. 흔히, 간호사를 '백의 (白衣)의 천사(天使)'라고 하다. 그런 간호사를 대할 때마다 간호에 관한 기초 의식이 무엇인지 불쑥 떠오른다.

병실의 긴 의자에서 매일 밤을 꼬박 새고 있다. 나는 어릴 때부터 워낙 야생(野生)에 익숙한지라, 이런 생활이 낯설지 않다. 고되지도 않다. 그야말로 견딜만한 은둔이다. 강의와 특별한 사무가 있을 때는 작은딸과 교대하며 간호한다. 그래도 서로 격려하며 돌봐 줄 가족이 있어, 고맙고 행복하다.

병원에서 병실을 출입하는 사람은 여럿이다. 의사나 간호사와 같은 전문 의료인이 수시로 진찰하며 환자의 질병을 돌본다. 그 외에도 청소, 식사배달을 하는 사람이 있다. 모두가 의미 있는 사람들이다. 이들을 제외하고는 보호자 1인만이 상주 가능하다. 코비드-19 상황이라 면회객 출입이 제한된다.

25일 쯤 보살피다 보니, 환자를 간호하는 사람의 역할이 어떠해야 하는지 가늠할 만하다. 어떤 의사는 자신의 의료 지식만을 권위로 여기며 치료 방법을 지시한다. 어떤 간호사는 매뉴얼에 따라 약물을 교체하고, 주사를 놓고 채혈하기에 바쁘다. 청소부는 병실에서 무슨 일이 일어나건 관계없이 청소만 한다. 식사배달부도 유사하다. 물론, 그렇지 않은 사람도 많다. 때로는 지나치게 친절하여 부담스러운 경우도 있다.

여기에 환자를 고려하는 행동은 아주 적다. 아예 없는 듯하다. 그들의 행동이 오히려 환자나 그 보호자에게 스트레스를 주어 병을 악화시킬 수 있을 정도다. 제발, 간호를 담당했다면, 무조건, 가장 먼저 환자를 배려하라! 그렇지 않다면 애당초 간호에 절대 나서지 말라. 특히, 자신의 편리에 따라 제멋대로 생각하며 행동하는 사람은 '간호'의 '간'자조차 꺼내지 말라.

투병 중인 환자의 상황을 좀 읽어라! 환자의 질병 상태를 가능한 충분히 고려하라! 그리하여 환자에게 헌신하고 희생해야 한다는 의미를 깨달은 사람만이 간호하라. 그래야 모두가 편안하다.

7. 병실일지 17 • 가면의 빛깔

2020. 12. 7. 월. 10:43

얼핏 보면 사람은 비슷한 것 같다. 그러나 자세히 보면 제각기 다르다. 질병이 유사한 것 같으나 제각기 다르다. 인간 배려가 중요한 것 같으나 자기 편리가 우선이다. 환자 치료가 근본인 것 같으나 임상실험이 선행이다. 병실 안팎에서 풍기는 인상이 그러하다.

하기야, 사람이라는 존재(person)의 품격이 원초적으로 페르소나(persona) 아닌가! 가면과 은폐, 그리고 이중성을 직조하여 드러내는 빛깔!

8. 병실일지 18 • 잠이 보약인가

2020. 12. 12. 토. 2:30

아내가 입원한 지 한 달째다. 30일의 시간이 흘렀다. 몸도 조금씩 나아지고 있는 듯하다. 그러나 일상에서 온전하게 거동하기에는, 아직은 상당히 부족하다. 당분간 조금 더 입원해 있으면서 회복 상황을 지켜봐야겠다. 가능한 한 다음 주나 늦어도 올해 안에 퇴원했으면 좋겠다. 오늘 내일 주말을 보내고, 다음 주 초에 2차 치료에 들어가면, 의외로 빨리 회복되어 통원 치료도 가능할 것으로 예상된다.

지난 30일 동안, 거의 꼬박 밤을 새며 간호한다고 했으나, 많이 부족한 듯하다. 나의 학문과 교육 인생을 기꺼이 배려하며 내조해온 아내 아니었던가! 아무리 잘 보호하려고 해도 아직 서툰 것이 많다. 최선을 다할 뿐이다. 두 딸도 대학생인 만큼 각자의 자리에서 건강하게 생활하고 있으니, 이 또한 최고의 위로다. 그것이 가족의 힘이고 행복이다.

젊은 시절, 일상에서 일이 누적될 때 2-3주 정도 밤샘하는 건, 다반사였다. 그때마다 주변에서 하는 소리가, '잠이 보약이다!'라는 말이었다. 지금 그 두 배에 해당하는 시간을, 병실이라는 공간에서, 버려냈다. 약간 졸리기는 하나, 괜찮다. 가족일이니, 즐겁게 견딜만하다. 정말 잠이 보약일까?

퇴원하면, 제2기 가족생활을 새롭게 디자인하리라! 그것은 두 딸의 어른다운 성장과 병행하는, 새 경험이 축적되는 인생이리라. 지난 20여 년 함께한 세월은 자식을 양육하며 삶을 즐긴 제1기 가족생활이었다. 두 딸의 어린 시절이 간직된, 가족 인생의 씨앗이 뿌려지고 싹이 돋아난 시기로 추억하며 기억하련다. 그리고 다시 20여 년 후 무렵에 제3기 가족생활을 또 즐겁게 기획하리라. 인생 후반기에 맛볼 수 있는, 가장 간략하면서도 풍성한 삶의 성찬을 누리리라.

새벽 세 시가 다가온다. 아직은 견디기 힘들 만큼 졸리지는 않다!

9. 병실일지 19 • 통증의 극한, 그리고 첫눈

2020. 12. 13. 일. 4:43

"물극필반(物極必反)"이라고 했다. 세상의 모든 존재가 역동적으로 움직여 최고의 상황에 이르면, 반드시 다시 서서히 본래의 모습을 회복하며 일상으로 돌아간다! 대전환의 터닝 포인트이자 변곡 지점이다.

통증도 마찬가지리라. 극한에 이르면 점차 누그러지게 마련이다. 이제 회복을 위한 본격적인 치료에 돌입하자! 세상의 이치가 그러하다.

모든 병증이 그런지 모르겠으나, 지난 한 달가량 지켜본 결과, 아내의 통증이 극한에 이르는 시간은 밤 11시~새벽 4시 무렵의 5시간 정도로 파악된다. 그 이후의 시간은 상대적으로 안정된 통증이 지속된다. 어떤 때는 평온한 통증이 시간을 매우기도 한다. 새벽 4시 쯤, 온몸을 찌르는 것 같은 극한 통증의 시간이 지나는 모양이다. 통증이 수그러들면서, 군주는 짧은 몇 십 분이나마, 오랜만에 차분히 잠을 잔다.

어제부터 코비드-19 확진자가 1,000명에 육박했단다. 세상도 그만큼 불안한 분위기에 휩싸이나 보다. 병실은 오히려 고요하다.

오늘, 서울 중부 지역에 10센티 가량 눈이 올 것이라는 일기예보가 있었다. 깜깜한 병실 창문 틈 사이로 밖을 보니, 아직은 눈발이 보이지 않는다. 칠흑 같은 어둠을, 저 멀리 가로등이 비스듬히 비추고, 그 사이사이로 앙상한 나무 가지가 보인다.

새하얀 눈이 쌓이는 만큼, 아내의 희귀병은 진행을 멈추시라. 간밤에 통증의 극한을 보여주었으니, 일상의 회복을 기다릴 뿐이다.

10. 병실일지 20 · 걸리버여행기

2020. 12. 13. 일. 20:57

입원 한 달 동안 거의 잠을 자지 못했다. 그런데 웬일인지, 아내는 오늘 하루 종일 잠자고 있다. 나도 따라 눈을 조금 붙이긴 했다. 그러나 혹시 특별한 일이 발생할지도 몰라, 집에서 가져온 책을 펼쳤다.

조너선 스위프트의 『걸리버여행기』다. 『걸리버여행기』는 흔히 '소인국(小人國) 대인국(大人國)'으로 대변되는 재미있는 '동화책'으로 인식하기 쉽다. 그러나 『걸리버여행기』는 단순한 동화가 아니다. 동화적 상상력이나 환상이 전개되고 기행문 형식을 빌린 소설이지만, 아동을 위해 저술한 동화는 결코 아니다! 『걸리버여행기』는 전체 4부로 구성되어 있다. 그런데 우리에게 일반적으로 소개된 내용은 제1부 '소인국', 제2부 '대인국' 정도다. 제3부는 '하늘을 나는 섬나라'이고, 제4부는 '말들의 나라'다. 이 전체를 꿰뚫어 보면, 『걸리버여행기』는 의미심장한 작품으로 우리 앞에 다가온다. 아주 새로운 세계다.

인간사회를 향한 강렬한 풍자와 독설! 부정과 부패로 얼룩진 현실을 신랄하게 지적하며, 삶을 성찰하게 만든다. 그것은 1726년에 영국 작가가 쓴 작품이지만, 소설을 넘어 현실에 호소하는 역동적인 삶을 펼쳐 보인다.

병실에서 틈틈이 읽어보려고 가져왔다. 이유는 간단하다. 병명을 확정하지 못해 주치의가 몇 번이나 바뀌는, 아내를 괴롭히는 저 희귀한 질병은 무엇일까?

5년 전, 강의 도중에 쓰러져, 내가 앓았던 질병도 구체적 원인을 특정하지 못했다. 원인은 분명히 있을 것이다. 발견하지 못했을 뿐. 대신, 그냥 '몸이 허약해졌다! 면역 체계에 이상이 생겼다!'라는 정도의 일반적인 코멘트가 전부였다. 아니, 매일 4봉지, 총 80봉지 정도 내 몸에 투여된 항생제, 매일 가운데 손가락만한 크기의 유리병에 5병정도 뽑아간, 총 100병정도 채취 당한 내 혈액! 이건 뭐냐? 항생제 투여는 내 몸을 무균(無菌)의 순수함으로 만들었고, 혈액 채취는 검사를 통해 질병의 근원을 추적하려 애썼으리라.

아내가 입원 후, 하루 이틀 지나면서, 질병의 원인을 특정하지 못하는 답답함. 그것이 문득 『걸리버여행기』가 보여줬던 세상을 떠올리게 만들었다.

도대체, 이 뭐꼬?

온갖 상상이 머리를 스치지만, 질병이라는 사태가 분명히 '유(有)'로 존재하는데 '무(無)'로 여겨지는, 또는 그 반대로도 설명될 수 있는 이 오묘함! 뭘까? 아내가 퇴원할 때쯤, 이 희귀 질환의 현실을 이해할 수 있을까? 아직은 미지수다. 『걸리버여행기』에 힌트가 있을까?

"언젠가 여행을 떠나는 것이 내 운명"이라고 항상 믿고 있었던 걸리버! 그는 여행기의 마지막 부분에서 경고한다.

"악덕(惡德)에 가득한 사회를, 그래도 좋은 방향으로 개선하려는 희망을 가지고 …… 부도덕함을 조금이라도 가지고 있는 사람은, 다시는 내 앞에 나타날 생각조차 하지 않기를 ……"

아내를 괴롭히는 저 이름 모를 '희귀 질환'이 악덕이고 부도덕함이라면, 이제 우리에게 다시 올 생각은 마시라!

11. 병실일지 21 • 영하의 세월

2020. 12. 15. 화. 9:08

아침 기온을 보니, 영하 10도다. 날씨는 맑다. 맑은 겨울은 깨끗한 만큼 냉혹하다. 그 찬 기운이 겨울 맛을 내는 묘약(妙藥)이다.

1980년대 중반, 경기도 연천의 최전방에서 군복무를 할 때다. 1월인지 2월인지 정확하지는 않으나, 한겨울의 어느 날로 기억된다. 새벽에 보초를 서다, 막사 앞에 붙어 있던 온도계를 보았다. 영하 27도! 순간 움찔했다. 영하 30도까지 잴 수 있는 온도계의 눈금이 얼마 남지 않았다. 빨간 수은주조차 바닥을 보이며 불안할 지경이다. 상당히 놀랐다. 소변을 보니 몇 초 지나지 않아 얼어 버렸다. 그런 날씨에 그런 기온을, 당시 20대 초반까지 나는 경험하지 못했다. 아니, 상상조차 해 보지 않았다. 그날 새벽의 혹한(酷寒)은 아직까지도 내 생애에서 전무후무한 경험이다.

간밤에는 아내의 통증이 아주 심했다. 밤새도록 괴성에 가까운 신음소리를 내며 겨우 버텼다. 치료가 되지 않거나 약물이 의미가 없어 그냥 통증이 가시지 않은 상태가 아니길 바란다. 치료 가운데 약물 효과가 서서히 나타나는 징조였으면 좋겠다. 아내의 신음소리와 오늘 아침기온이 오버랩 되며, 군 생활 시절의 아주 추운 날이 상기되었다.

겨울은 영하의 세월로 점철되어야 제 맛이다. 아내는 이제 치료를 시작했다. 차가운 영하의 기온은 봄을 기다려 영상의 기온을 회복한다. 일상의 온기를 느끼고 내뿜기 위해서는, 겨울 찬 공기를 맞으며 움츠린 시간만큼 봄날을 기다려야 한다. 치료의 시작은 겨울을 알리고, 이 겨울을 견뎌낸 사람만이 건강을 불러온다.

병실 창문 너머로, 짙푸른 하늘에 차가운 햇살이 깨끗하게 어울려 있다.

12. 병실일지 22 • 병증 미스터리

2020년 12월 17일 목요일이다. 아내가 입원한 지 36일째다. 아침에 주치의가 왔다. 3주 전에 시행한 1차 치료에서 쓴 약물이 아내의 병증과 제대로 맞지 않았단다. 병명을 특정할 수 없는 희귀 질환이다 보니, 구체적 처방을 내리기가 쉽지 않나 보다.

2차 약물치료에서는 다른 약을 써보자고 한다. 선택의 여지도 없다. 엊그제는 대상포진이 다시 발병했다. 특정한 한 두 부위가 아니라 전신 통증이 지속되는 모양이다. 혈액, CT촬영 등 정확한 진단을 위한 검사도 수시로 진행되고 있다. 하지만, 특정 병명을 지정할 만큼 구체적이고 자세한 진단을 하지 못하니, 좀 답답하다.

참으로 미스터리다. 기존에 파악된 질병은 상대적으로 치료가 쉬우나 아직 파악되지 않은 질병은 그 원인부터 밝혀내기가 쉽지 않나 보다. 아내의 경우, 외견상, 입안이 헐어 음식을 먹기 힘들다. 다리가 부어 걷기가 어렵다. 전신에 통증이 있어 고통스럽다. 정신은 멀쩡하다. 이는 입원하기 전에도 흔히 겪었고, 나를 비롯한 상당수의 사람들이 일상에서 경험하는 일이다. 혓바닥에 바늘이 돋은 느낌만 나도 음식물 먹기가 곤란하지 않은가! 보이지 않는 내부의 각종 기관은 어떤지 잘 모르겠다. 전문의들이 정확하게 진단하여 적절하게 치료해 주기를 기다릴 뿐이다.

코비드-19 확진자가, 1일 천명이 넘어가는 시기인 만큼, 아내와 이런 생각을 하며, 대화를 나누기도 한다. 혹시, 질병 증상이 코비드-19

시대에 일반적인 코로나와 다른 특별한 코로나 증세는 아닐까?

어쨌건, 불가사의하다. 이번 기회에, 긴급하게 구체적으로 처치가 필요한 부분이 특정되면, 그런 곳부터 차근차근 치료하여 일상을 회복하자.

13. 5703호와 간이 연찬

2020. 12. 20. 일. 8:27

아내가 입원한 후, 지난 한 달 동안 20여 회 긁적거리던, 〈병실일지〉는 이제 쓰지 않으련다. '병실(病室)'이라는 말이 좀 싫다. 일상의 방에 비하면 너무 낯설다. 적응이 잘 안 된다. 그냥 병동호실인 5703을 사용한다. 집으로 빨리 가고 싶은 마음도 담겨 있다. 대신 시간이 허락할 때마다 간이연찬기(簡易研鑽記) 형식으로 기록해 두리라. 욕심이 지나친가?

무엇보다도 내일 21일은 동지(冬至)이자 결혼 23주년 기념일이다. 23년 전처럼 다시 시작하는 기분으로 이 희귀한 질환도 서서히 극복하기를 기원한다. 동시에 병실에 갇혀 있다는 느낌을 지운다. 코비드-19시대에 사람들을 피해, 5703호에 잠시 투숙하고 있을 뿐이다. 지상에서 가장 멋진 호텔 같은 방에 말이다.

엊그제 내무군주가 신장(腎臟) 시술을 했다. 그 이후, 몸이 안정된 건지, 기력이 더 떨어져 힘이 없는 건지 잘 모르겠다. 통증이 상당히 완화된 것은 분명하다. 진통 주사도 약도 거의 먹지 않는다. 두세 시간씩 잠도 자기 시작했다. 지난 한 달 이상을 통증에 시달리며 잠을 제대로 자지 못했다. 꿀잠이 되었으면 좋겠다. 내일부터 다시 시작하는 2차 치료에 대한 긍정적 반응이자 신호이기를 간절히 소망한다.

군주가 조금씩 잠을 자고 안정되면서, 덕분에 간호에도 여유가 생겼다. 약간의 시간을 이용해서, 몇몇 책을 들춰보며 간이 연찬을 시도한다. 선생께서 생전에 말씀하셨듯이, '언제 어디서건, 자강불식(自强不息)! 끊임없이 공부하라. 끝까지 노력하라!'는 정신을 구현하기 위해서다.

생명(生命)의 의지(意志), 활력(活力)을 향한 긴장(緊張)의 끈을 놓치지
마라!

14. 『주역』「계사전」1 • 변증법과 유물론

2020. 12. 20. 일. 11:15

김경방(金景芳)의 『주역계사전 신편상해(周易繫辭傳 新編詳解)』라는 책을 펴 보았다. 내가 평소 생각하던 것과 유사한 내용이 꽤 많다. 이 텍스트 이해의 유사성은 『주역』「계사전」을 바라보는 보편적 특성일까? 한두 가지 스케치해둔다.

『주역(周易)』은 변증법적 이론 체계이다. 김경방은 이를 8가지 근거를 들어 해명한다. 천지(天地)를 기준으로 건곤(乾坤), 음양(陰陽), 내외(內外) 등등의 대립(對立)과 교통(交通)의 관계를 통해서다.

「계사전」(상) 1장의 '천도(天道)·지도(地道)-인도(人道)'는 현대철학의 '자연법칙-사회법칙'으로 설명한다. "천존지비(天尊地卑)"에서 '존비(尊卑)'는 고하(高下)와 주종(主從)이 대립하는 양상으로 구명한다. 역(易) 가운데 6효(爻)의 강유(剛柔)는 자연계 가운데 동정(動靜)을 뜻한다. 사물에는 동이(同異)가 있다. 때문에 이해(利害)가 있고 득실(得失)이 있다. 그러므로 『역경(易經)』 가운데 길흉(吉凶)이 나오는 것이다.

"천상(天象)"에서 '상(象)'은 삼신(三辰)인 일(日)·월(月)·성(星)이다. "지형(地形)"에서 '형(形)'은 오행(五行)으로 수(水)·화(火)·목(木)·금(金)·토(土)다. 변화가 드러난다[變化見]는 말은 자연[天地]이 만물을 낳는 일과 만물 자신의 변화이다. 건(乾:☰) 곤(坤:☷)이 서로 사귀어 육자(六子)를 낳는다. 육자는 8괘 가운데 부모에 해당하는 건곤(乾坤) 두 괘 이외에 태(兌:☱)·이(離:☲)·진(震:☳)·손(巽:☴)·감(坎:☵)·간(艮:☶)의 여섯 괘다. "건도성남(乾道成男) 곤도성녀(坤道成女)"에서 '남녀(男女)'는 암컷[雌雄]과 수컷[牝牡]이다.

인류의 남성·여성을 가리키는 언표가 아니다.

"건지대시(乾知大始) 곤작성물(坤作成物)"의 경우 지행(知行)의 통일이다. "건지대시(乾知大始)"에서 '지(知)'는 인간이 가르치는 입장에서는 주체가 되고, 인간이 풀이하는 입장에서는 지각(知覺)이나 지견(知見)이된다. 이때 지(知)는 '지식'이나 '인식'으로 여겨진다. "곤작성물(坤作成物)"은 '행(行)'의 문제로 '실천'에 해당한다. "이지간능(易知簡能)"에서 '이(易)'는 용이(容易), '간(簡)'은 간단(簡單), '지(知)'는 지식(知識; 認識), '능(能)'은 주(做; 實踐)이다.

노자(老子)『도덕경(道德經)』의 우주발생론을 비롯한 도(道), 유무(有無)등의 사유는 직접적으로 신(神)을 지칭하는 것은 아닐지라도 실제 내용상으로 그것은 '신(神)'을 의미한다. 그런 만큼 도덕경의 사상은 '유심론(唯心論)'이다. 『주역』에서 자연은 상제(上帝)나 신(神), 또는 도(道)가아니다. 이런 점에서 『주역』은 유물론(唯物論)이다.

'건곤간이(乾坤簡易)'의 사상은 자연법칙이나 원리의 차원에서 그치지 않고, 사회법칙과 삶의 원리에 응용되었다. 자연은 용이하고 간단하게 설명된다. 그만큼 사회 또한 용이하고 간단하게 이해된다.

15. 『주역』「계사전」 2 • 길흉과 변화

2020. 12. 20. 일. 14:58

역에서 굳셈과 부드러움, 좋은 일과 나쁜 일, 재앙과 행복 등 자연과 인생의 굴곡을 변주하는 작업은 핵심 문제다. 이들은 늘 서로를 요청한다. 때로는 밀어내고 때로는 당기며, 밀당을 생활화 한다. 그것이 우주자연과 인간사회의 재미 아니겠는가?

「계사전」(上) 2장에서는 이에 대한 언급을 간략하게 보여준다. "강유상추(剛柔相推)"에서 '상추(相推)'는 서로 옮겨가며 움직이는 '상호추동(相互推動)'이다. "길흉(吉凶)"은 잃고 얻는 문제인 '실득(失得)'의 상징이다. 이때 '실득(失得)'은 '실패(失敗)'와 '성공(成功)'을 의미한다. 단순하게 재앙과 행복을 뜻하는 '화(禍)'와 '복(福)'이 아니다.

사물 사이에 '상호추동'하고 '실득'하는 과정에서 '변화(變化)'는 진보(進步)와 퇴보(退步) 두 가지 뜻을 포괄한다. 이때 진퇴(進退)는 늘 서로를 끌어안고 잡아당기고 밀면서 동시에 발생한다. 순수하게 나아가기만 하고 그 다음에 물러나기만 하는, 또는 그 반대로만 진행되는 상황은 존재하지 않는다.

『역경(易經)』의 괘(卦)와 효(爻)에는 '회(悔)'와 '린(吝)'이 있다. 이는 '화(禍)'와 '복(福)'처럼 확정된 상황이 아니다. 늘 '중간 상태'에 자리해 있다. 회(悔)의 경우, 후회하면서 뉘우치면 원래 흉(凶)일지라도 길(吉)로 달려간다. 린(吝)의 경우, 그것을 견지하고 고치지 않으면 원래 길(吉)일지라도 흉(凶)으로 바뀌어 나간다. '길(吉)-흉(凶)-회(悔)-린(吝)'의 변증법적 운동이 인간의 '화복(禍福)'을 지탱(支撑)하는 근거다.

16. 『주역』「계사전」 3 • 회린과 무구

2020. 12. 21. 월. 20:27

역(易)에서 '무구(无咎: 허물이 없음)'는 매우 중요하다. 무구는 재앙이나 근심거리가 없는 삶의 상황을 말한다. 어찌 보면 '길(吉)'이나 '흉(凶)'보다 훨씬 안정을 주는 점괘(占卦)일 수도 있다. 길흉(吉凶)은 그 특성상 인간의 감정을 극과 극으로 치닫게 만들 수 있다. 기복(起伏)이 심하게 바뀐다. 그러나 무구는 좋지도 나쁘지도 않고, 엄청나게 행복하지도 않고 아주 나쁜 재앙도 없는 상태이다. 이 '묘한 가능태'가 지닌 힘이 길흉의 뚜렷한 노선과 다르다.

'길(吉)·흉(凶)'은 실득(失得)을 말하는데, 성공과 실패다. 이는 사물의 두 끄트머리에 해당한다. '회(悔)·린(吝)'은 이와 다르다. 조그마한 결점과 연관되면서, 길(吉)에 이른 것도 아니고 흉(凶)에 이른 것도 아니다. 그 중간 상태다. 어정쩡하다. 하지만 한순간에 길흉으로 자라날 씨앗을 품는다.

무구(无咎)는 유구(有咎: 허물이 있음)에 근거한다. 재앙과 근심거리를 품고 있는 유구(有咎)는 후회하고 뉘우치며 과감하게 고친다면, 원초적 상황을 거쳐 '무구(无咎)'로 전환해 나갈 수 있다.

'회(悔)·린(吝)'은 '길(吉)·흉(凶)'의 사이에 끼어 있다. 그 수준과 정도는 상황과 사태에 따라 다르다. 미미할 수도 있고 심각할 수도 있다. 회(悔)는 흉(凶)으로 말미암아 길(吉)로 바뀐다. 린(吝)은 길(吉)로 말미암아 흉(凶)으로 바뀐다. 완전히 바뀌기 전까지는 모두 '중간 상태'다. 그러므로 '길(吉)'과 '흉(凶)'의 두 끄트머리에 완전히 이를 때까지 발전하지는 않는다. 이 과정에서 후회(後悔)는 무구(无咎)로 나아가고, 후회하지 않으면 무구를 마주하지 못한다.

「계사전」(상) 3장의 뒷부분에서는 '험이(險易)'를 강조한다. 이때 '험(險)'은 '어려움'을 의미한다. 즉 '난(難)'이다. 험(險)은 '높다, 깊다, 멀다, 기울다, 비뚤다, 상하다, 깨뜨리다' 등 위태로움을 야기할 수 있는 다양한 정황과 연관된다. 그러므로 '험이(險易)'는 '난이(難易)'다. 두 말이 중첩된 '험난(險難)'은 재앙과 근심 자체다.

17. 2020년 '동지(冬至)' 단상

2020. 12. 21. 월. 8:47

동지(冬至)라는 절기는 그 기후의 특성상 시작(始作)을 알린다! 우주의 전체 생명이 순환하는 가운데, 다시 단위 생명을 개시하는 날이다.

동짓날 아침, 여러 생각이 뒤섞인다. 무엇보다 엄마와 아버지 생각이 많이 난다. 어릴 적 엄마가 쒀주던 팥죽이 그립기도 하다. 아마 10세 무렵이었을 게다. 말귀를 좀 알아듣고 집안일을 거들 수 있을 정도가 되었을 때, 아버지는 수시로 말씀하셨다. "동지가 되기 두어 달 전 10월쯤에 다음 해를 계획해야 돼! 그래야 어떤 일이건 준비가 제대로 된단다." 이 '유비무환(有備無患)'의 훈계를, 나지막한 소리로, 때로는 묵언으로, 전해 주셨다. 무엇보다도, 붓글씨로 '견(見)'자를 써 보여주던 모습이 눈에 선하다. '견(見)'은 다양한 의미를 함축하고 있다. '보다' '생각하다' '돌이키다' '변별하다', '터득하다' 등 자신과 세상을 이해하기 위한 기초 사항이 담겨 있다. 아버지는 왜, 말없이 '견(見)'자를 써서 어린 자식에게 보여주었을까? 그 깨달음의 폭과 깊이를 나이 50이 넘어서야 조금 알 것 같다.

30대 후반이던, 23년 전, 1997년 12월 21일, 오늘은 아내와 결혼식을 올린 날이다. 돌아보면, 인생에서 가장 기쁘고 소중한 날이었다. 아직도 기억에 뚜렷하다. 12시쯤, 새로 얻은 수유리 화계사 앞 신혼집에서 나는 혼자 조용히 걸어 나왔다. 서울 경동시장 부근의 '경동프라자' 건물, 그 예식장에 도착하여, 뒤편 복도에서 한 동안 깊이 생각에 잠기며 눈물을 훔쳤다.

당시 엄마는 나에게 요청했다. 할아버지와 아버지의 뒤를 이어 학자나 교육자가 되기를 바랐다. 그런 엄마의 소망을 마음에 새기며, 나는 나름대로 학자의 길을 걷고 있었다. 학문의 기쁨과 즐거움은 날로 더해 갔지만, 경제적으로는 너무나 어려운 시기였다. 학비가 부족한 만큼 그것을 마련하는 기간에 비례하여, 학업의 시기가 동년배에 비해 늘 늦었다. 군 제대 이후, 복학할 형편이 못 되어 경주시교육청의 9급 공무원으로 근무했다. 돈을 벌어 복학하고, 그러다보니, 30세에 대학을 졸업했다.

엄마와 함께 살며, 생활비, 학비 등 금전 문제를 스스로 해결해 나가면서 삶을 지속한 시간이 꽤 길어졌다. 그 과정에서 생존에의 의지도 강해진 것 같다. 막내인 내가 엄마를 모시고 살았으니, 누나와 형님들의 지원도 있었다. 하지만, 내 형제들도 결혼하여 조카들을 키우며 살기 바빴다. 흔히 말하는 각자도생(各自圖生)의 시기였다. 그래도 지금까지 서로 의지하고 격려하며 형제애를 나눌 수 있어 무엇보다 행복하다. 큰 형님은 나보다 15세나 나이가 많다. 아버지같은 분이다. 둘째 형님과 누나, 바로 위의 형님도 12년과 9년, 6년의 나이 차가 있었다. 그런만큼 막내인 나는 형제들에게 늘 귀여운, 내리사랑을 받으며 자랐다. 지금까지도 포근하게 느껴지는 사랑이다.

물질적으로 혹독한 시련을 경험한 만큼, 그 시절은 나의 온몸을 단련시킨 시기였다. 그 시간과 공간이 진정으로 고맙다. 당시 궁핍한 나날의 체험은 오히려 금전으로부터의 자유와 해방을 가져다주었다.

나는 돈 한 푼 없이, 아니 마이너스 상황에서 결혼을 했다. 형님의 보증으로 은행에서 빌린 2000만 원의 빚이 가정을 꾸려가는 밑천이었다. 좀 황당한 것 같지만, 그게 당시 나에게 던져진 운명이었다. 신혼

여행은 대전 유성온천으로 갔다. 대부분 동남아, 호주, 뉴질랜드, 유럽 등 해외로 가던 시절이었으나 그런 호사는 생각지도 못했다! 그래도 유성온천까지 여행을 한 것이 어딘가! 지금 돌아보면 오히려 의미 있는 시간이었다.

대신, 그때 나는 결심했다. 박사학위를 취득하고 시간 여유가 생기면, 빚을 내서라도 가족과 함께 수시로 세계 여행을 하리라! 실제로 그 가족여행은 2000년대 초반부터 시작되었다. 중국, 일본, 유럽 등 매년 3-4회에 걸쳐 거의 20년째 지켜오고 있다. 엄마는 생전에 백두산을 비롯하여 일본, 중국의 명승지 몇 군데를 돌아보며 즐거워했다. 두 딸은 어릴 때부터 유럽의 여러 나라와 돈황, 티베트 등 험난한 오지에 이르기까지, 여러 곳을 여행하며 견문을 넓혔던 것 같다.

나는 생각한다. 여행을 통한 공부가 인생의 재산이다! 지식 공부도 중요하지만, 체험을 통해 실제 느끼는 공부가 훨씬 중요하다. 그래서 그런지 두 딸은 또래에 비해, 세상을 보는 시각이 넓고, 다양한 문화를 경험한 만큼 자신의 꿈을 가꾸어 가는 듯 느껴진다. 나와 아내 또한 마찬가지다. 정말 세상은 넓고, 아직도 모르는 세계가 너무나 많다. 견문한 모든 것을 이해할 수는 없을지라도, 기존에 잘못 알고 있었던 부분은 수정하여 바르게 이해해야 한다. 모르는 부분을 조금씩이나마 깨달아가면서 세상을 이해해 나가면, 인간과 사회, 문화와 문명에 대한 배려와 존중이 보다 심화될 것이다. 이것이 나를 성장시키는 주요 동력이자 공부다. 여행이란 그런 거다.

현재 코비드-19로 자유롭게 여행할 수는 없다. 이런 특별한 경우를 제외하고, 가족여행은 앞으로도 더욱 알차게 진행될 것이다.

아내와 나는 유성온천 어느 호텔에 짐을 풀고, 부근의 갑사도 둘러

보고, 대전의 어느 시장을 찾아 팥죽도 먹었다. 신혼여행의 추억이 새롭다. 나중에 자전적 소설이나 내 인생 기록을 정돈할 때, 다시 자세하게 서술하겠지만, 다양한 기억이 아득하게 먼 것 같으면서도 정겹게 새겨지리라.

오늘 날짜로 계산해 보니, 아내가 입원한 지 40일째다. 공교롭게도 동지(冬至)다. 2차 약물치료를 시작했다. 한 달 전인 지난 11월 23일에 시행한 1차 약물치료가 제대로 적용되지 않았기에 실제로는 1차 치료나 마찬가지다. 이제 약물을 바꾸어 다시 본격적인 치료를 시작한단다. 우연인지 필연인지, 결혼기념일에 약물치료를 시작했다. 동지는 밤이 가장 긴 날이다. 이후 낮의 길이가 조금씩 늘어난다. 그래서 옛날부터 한 해를 시작하는 기점 역할을 했다. 애기설이라고도 한다. 오늘 본격적인 약물치료를 시작했으니, 아내 희귀병도 이 동지를 기점으로 서서히 나을 것으로 믿으며, 다시 간절히 기도한다.

고등학교 졸업 후 바로 독일로 건너가 음악(지휘) 공부를 하고 있는 큰딸은, 오늘부터 크리스마스 연말연시 방학에 들어간단다. 작년 이때는 가족 모두가 독일에서 연말연시를 즐겁게 보냈는데, 올해는 사정상 그렇지 못해 아쉽다. 수시로 가족 카톡방이나 블로그로 소식을 전하고 있음에도 불구하고, 큰딸이 뜬금없이 '편지'를 보낸단다! 그리고는 인증샷을 찍어 카톡으로 보냈다. 엄마가 아파서 위로하는 건지, 부모 결혼기념일 축하인지, 코비드-19로 유학 생활이 힘들어서인지, 내용이 뭘까? 아주 궁금하다. 얼마 지나지 않아 집으로 도착하겠지?

정말 오랜만에, 독일에서 큰 딸이 가족에게 보내는, 손수 쓴 편지를 받아본다니, 참 설렌다. 일단, 무조건 기분 좋다. 독일 여행은 여러 상황이 안정되기를 기다리며, 내년에 다시 예약하자.

18. 『걸리버여행기』독서 1 • 여행은 내 운명

2020. 12. 21. 월. 21:22

5703호를 누비며, 틈이 날 때마다, 아주 잠깐씩, 조너선 스위프트의 『걸리버여행기』를 다시 읽으며, 되새김질한다. 왜곡된, 지저분한 세상을 향한 독설(毒舌)과 풍자(諷刺)가, 이전에 읽을 때와는 다른 맛을 낸다. 나이든 탓일까? 느낌이 정말 새롭다.

첫째, 발행자가 독자에게 보내는 글 가운데 다음과 같은 언급이 있다.

"최소한 얼마 동안이라도, 우리의 훌륭한 젊은이들에게 정치(政治)의 부조리나 정당(政黨)의 추잡한 잡문보다 훨씬 나은 즐거움을 주게 되길 바란다!"

둘째, 걸리버 선장이 사촌에게 보내는 편지다. 이는 독자에게 보내는 글보다 여행기를 쓴 이유가 더욱 구체적이다.

"내가 이 여행기를 쓰는 이유는, 짐승같은 인간들의 옹호 또는 비판을 받기 위해서가 아니다. 그들을 개선시키기 위해서다. 짐승 같은 인간들에게 일관된 지지나 찬양을 받기보다 마구간에 있는 늙어 쓸모없는 듯한 저 말 울음소리가 나에겐 더욱 소중하다. 저 늙은 말의 삶을 통해, 악(惡)에 휘말리지 않고 미덕(美德)을 고민하며 보다 나은 인간이 될 수 있기 때문이다."

인간은 교육과 훈계를 통해, 자신과 같은 부류의 모든 인간에게 깊숙이 뿌리박힌 거짓말하기, 잔꾀부리기, 속이기 등 악마(惡魔)같은 나쁜 버릇을 형성해간다. 자! 이제 서슴없이 이 낡은 습관을 제거하기 위한 여행을 떠나시라!

『걸리버여행기』의 제1부는「소인국 릴리퍼트 기행」이다. 흔히 말하는 아주 작은 사람들의 나라, 난쟁이보다 작은 인간들이 사는 나라 이야기다. 걸리버는 여행을 자신의 운명으로 규정짓고, 충실히 준비된 여행가임을 자처한다. 그리고 어떤 곳으로 떠밀려가더라도 긍정적으로 표현한다. 그렇게 여행을 인식하는 삶의 자세가『걸리버여행기』라는 위대한 고전을 탄생시켰으리라. 제1장에는 그 장면이 재밌게 서술되어 있다.

"나는 언젠가 여행을 떠나는 것이 내 운명이라고 항상 믿고 있었다. …… 내가 탄 배에는 많은 책들이 있어 가끔 여유가 있을 때는 동서고금의 위대한 저자들이 남긴 훌륭한 책들을 읽으며 시간을 보냈다. 육지에 도착했을 때는 그 지방의 낯선 언어를 배우기도 하고, 그 나라 사람들의 풍습과 기질을 관찰하는 데 시간을 보냈다. …… 배가 난파된 이후, 나는 모든 것을 운명에 맡긴 채 바람과 물결에 휩쓸리며 헤엄쳤다."

19. 『걸리버여행기』 독서 2 • 커다란 정원 소인국

2020. 12. 24. 목. 2:08

『걸리버여행기』제1부「소인국」2장에는 다음과 같은 경험이 기록되어 있다. 몇몇 서술이 인상 깊다.

"소인국(小人國), 즉 '작은 사람들의 나라' 전체가 커다란 정원과 같았다."

"소인국 사람들은 나를 굶겨서 죽이려고 했다. 나의 얼굴과 팔에 독화살을 쏘아 죽이려고도 했다. 그러나 그들은 나를 죽일 경우, 나처럼 커다란 시체에서 풍겨나는 악취가 전염병을 일으킬 수도 있고, 또 그 질병이 소인국 전체로 퍼져 나갈지도 모른다는 생각에 나를 죽이려던 생각을 철회했다."

"소인국의 왕은 자신의 소유지로부터 생산되는 산물을 이용하였다. 특별한 경우를 제외하고는 좀처럼 국민으로부터 세금을 거두지 않았다."

"소인국에서 내가 처음 배운 말은 '자유의 몸이 되고 싶다!'라는 표현이었다. 나는 아침마다 무릎을 꿇고 앉아 그 말을 반복했다. 내가 알아들을 수 있었던 왕의 답변은 다음과 같았다. '그러한 일은 시간이 해결할 수 있는 문제이며, 정부의 장관회의에서 논의되지 않고서는 이루어질 수 없다.' 그리고 중요한 것은 먼저 내가 '왕과 소인국에 대한 평화를 맹세한다'라는 약속을 지키는 일이다. 왕은 앞으로 내가 '모든 사람들에게 친절한 대우를 받을 것이다'라는 말과 함께, '인내와 신중한 행동으로 그와 그의 국민에게 호감을 얻도록 노력해야 한다'라고 충고했다."

"내가 소인국 사람들의 말을 완전하게 이해할 수 있는 것은 아니었다. 하지만 그들의 의견은 다양했다. 어이없는 경우도 많았다."

이런 여행 기록은, 어쩌면 소인국 사람들의 특징과 문화를 빙자한, 인간 사회의 한 모습은 아닐까? 독설을 가득 담은 풍자소설이긴 하지만, 철저하게 그럴 수 있다는 생각이 엄습한다. 다시 고민해 봐도 그럴 가능성이 다분하다.

20. 시간의 길이

2020. 12. 23. 수. 4:54

지난 50여 년의 일생 동안, '시간이 길다!'라고 느껴본 적이 많지 않았던 것 같다. 달리 말하면, '지루하다!'라는 일상이 거의 없었다. 그냥 살기에도 바빴다. 그럼에도 불구하고 때로는 '시간이 많지 않다! 여유가 없다! 바쁘다! 세월이 빠르다!' 등등의 표현으로, 자신에게 주어진, 또는 자신이 점령한 시간을 묘사해 왔다.

시간은 모든 존재 앞에 공평하게 자기를 내어준다. 그런데 짧다니? 자연 시간의 공평함을 도외시한 나의 오만이요 착각이다. 오랜만에 '시간이 참 길다!'라고 느꼈다. 새벽 4-5시 무렵, 병실에 흐르는 고요가 그 길이를 더욱 늘려주는 것 같다. 이유가 뭘까? 그것조차도 시간에 담겨 있으리라. 아니, 녹아 있으리라.

이런 생각도, 무지한 인간의, 시간을 몰지각한, 오만일까? 아니, 교만이자 덧씌워진 불안이다. 시간이 흐름이라면, 그것은 주어진 대로 공정하게 내 몸을 타고 있을 뿐이다! 시간은 짧지도 않고 길지도 않다. 시간은 늘 인식을 넘어, 또는 인식하는 대로, 나를 감싸고 있을 뿐이다.

시간의 길이를 잴 수 있는 단위는 존재하지 않는다! 시간의 무게도, 부피도, 면적도 찾을 수 없다. 시간은 흔적 없는 자국이다. 그런 시간의 존재 양상은 '세월(歲月)'이라는 언표로 인생을 몰아세운다.

21. 명의의 기본 자세

2020. 12. 23. 수. 9:29

어떤 TV 프로그램 명칭도 있듯이, 동서고금을 막론하고, '명의(名醫)'가 존재한다. 상식적으로 이해하면, 명의는 병을 제대로 인식하고 합당한 조치를 취할 것이다. 사전에 질병을 예방하기 위해 고민하고, 질병이 발생했을 경우, 정확하게 진단하고 처방하며 치료에 능숙한 사람이리라.

이런 명의는 의료행위의 과정에서 의료인(의사, 간호사, 기사, 사무원 등등)으로서 본분을 다하는 사람이어야 한다. 단순하게 의료에 관한 기술이나 기능, 사무 능력만을 발휘해서는 곤란하다. 기능과 기술을 사무적으로 구사하는 사람은 의료인이긴 하지만, 의료철학을 잘 갖춘 의료인이기보다 의료를 다루는 기술자일 뿐이다.

간혹, 탁월한 의료 기술이나 기능만으로 질병을 고치는 의료인이 있다. 이들의 경우, 얼핏 보면 분명하고 똑부러지게 치료를 하므로 유명해지기도 한다. 하지만 그들을 명의로 착각해서는 곤란하다. 의료 기술의 확보는 의료인에게는 기본이다. 그것에 더해지는 인간적 의료 철학! 이에 대해 진지해야 한다. 의료 기술에만 익숙한 사람은 의료 처치자일 뿐, 결코 명의가 아니다.

명의는 환자의 마음을 읽고 몸 상태를 파악하여, 그에 적절한 처치를 구가하는 사람이다. 환자를 안정시키고 질병을 극복할 수 있도록 격려하며, 질병을 품고 살아가는 삶의 의미를 일러줄 수 있어야 한다. 그래야 '닥터(doctor)'라는 호칭을 붙여줄 수 있는 것 아닌가? 의료인으로서 배려, 예방과 치료의 의료 행위는 웃음 가득한 얼굴로, 환자를 가슴에 품는다.

그러나 상당수의 의료인은 명의를 지향하는 열정보다 의료 기능인으로서의 기술자를 자처하는 듯하다. 웃음기 잃을 냉랭한 얼굴, 환자 위에 군림하는 전문 의료 지식, 서글프다. 분명, 의료의 진정한 의미를 배웠을 텐데 ……

어떤 경우이건, 환자가 안정을 찾지 못하고, 불편을 느끼며, 짜증스러워 한다면, 그 의료 행위는 매우 저차원적이다. 심하게 말하면 잘못된 치료이자 간호다. 절대 명의가 처치하는 의료 배려가 아니다.

어쨌건, 명의가 많은 사회를 기대한다. 하지만, 아직은 여러 요인에 의해, 자의건 타의건, 모든 병원에서 일상적으로 명의가 의료 행위를 하기에는, 장벽이 많은 것 같다. 아쉽고 안타깝다.

22. 코비드-19는 신일까?

2020. 12. 25. 금. 6:45

코비드-19 팬데믹 상황에 들어선 지 1년이 다 되어간다. 코로나 바이러스의 창궐이 막 시작되던 무렵, 2019년 12월초, 나는 20여 명의 답사단과 함께 중국 시안(西安) 지역에 교육문화기행을 다녀왔다. 그때는 전혀 몰랐다. 귀국 후, 한 달쯤 지나자 중국 우한(武漢)발 바이러스로 시끄러웠다. 그것이 코로나 사태로 확장되었다.

아침 뉴스를 보니, 교황청의 추기경 두 분도 확진 판정을 받았다고 한다. 코비드는 전 세계 서민에서 정치지도자(대통령/수상), 심지어 종교지도자에 이르기까지 모든 사람에게 깃든다. 보이지 않는 형이상자(形而上者)가 인간에게 내려앉는 꼴이다. "형이상자위지도(形而上者謂之道)"라고 했는데, 이것이 이 시대의 길인가?

"불측지위신(不測之謂神)"이란 말이 있다. 헤아리기 힘든 그 무엇! '신(神)'은 '불측(不測)'으로 상징되는 그런 존재다. 동시에 신(神)은 온 누리에 햇살이 비추듯, 쫙 펴지는, 퍼져나가며 힘을 발휘하는 신(伸; 申)과 동일한 의미를 담고 있다.

코로나도 이미 해를 넘기며 자신을 펼쳐나가고 있다. 일견, 아주 분명한, 헤아리기 힘든, 가늠할 수 없는 신이다. 헤아리기 어려운 만큼, 위대한 부분은 있다. 1년이 다 되어 가는데, 우주첨단과학기술을 구가하는 인간임에도 불구하고, 제대로 대처하지 못하고 있으니, 도대체 어떤 녀석인가?!

하지만, 절대 존숭(尊崇)할 수는 없다. 동경하며 요청하는 전지전능한 분이 아니기에, '저주(詛呪)의 신'이라 명명할 수밖에 없다. 인류를 통째로 고통에 빠트리는 이 무례한 중생아! 아니, 인류가 불러들인, 당연하고 필연적 친구! 악마의 다정함인가?

'존숭'과 '저주' 사이에 공통점은 있다. 아주 큰 '깨달음'을 준다는 것! 그 깨달음조차도 지치는 수준이다. 그 지침의 끝에서 인류 문명의 패러다임 전환이 번뜩인다. 그 무엇일까? 교육철학적 대비는 어느 수준일까? 『걸리버여행기』나 다시 보자!

23. 입원 치료에 임하는 소망

2020. 12. 26. 토. 2:56

인간의 질병 상황이 참 안타깝다. 크리스마스 날에 한국의 코비드-19 확진자가 1,200명을 넘어 발병 후 최고치에 도달했다. 이와 병행하는지, 발을 맞추기라도 하듯이, 아내의 치료 상황이 영 시원치 않다. 어제까지는 약간의 음식물을 먹을 정도로 좋아지더니, 크리스마스 날 오후부터는 기력이 극도로 쇠약해졌다. 말도 어눌하고 눈빛도 흐려졌다.

주치의가 치료 후 일주일 전후로 심각한 후유증이 나타날 수 있다고는 했다. 하지만, 왠지 불안하고 마음이 무겁다. 이러다가 또 좋아지고 회복과 쇠약을 반복한단다. 환자 입장에서는 얼마나 고통스러울까!

크리스마스 날이 지나자마자 26일 새벽 1-2시에, 응급처치를 했다. 산소마스크를 쓰고, 엠알아이 촬영, 혈액검사 등 여러 치료 과정이 또다시 진행되었다.

새벽 2시가 넘어, 좀 안정되었다. 아마 아내 자신은 말할 수 없이 괴로울 것이다.

새벽 3시로 향하는 지금은, 조금 더 안정되어 푹 자고 있다. 참 알 수 없는 인간의 몸이다. 신비 그 자체다.

아침이 밝으면, 코비드-19도 그렇고, 아내의 병세도 많이 회복되어 있기를 간절히 소망한다.

24. 돌이킴의 이치

2020. 12. 26. 토. 10:15

삶의 과정은 끊임없는 '선택(選擇: choice)'이다. 선택의 과정에는 결단이 요청된다. 어정쩡한 중간은 없다. 얼핏 보기에, 선택의 여지는 많은 것처럼 보인다. 수많은 것 가운데 나에게 가장 알맞은 중용(中庸)을 취하면 그만이다. 하지만 중용적 선택의 여지는 그리 많지 않은 듯하다.

선택은 구체적이고 실제적이어야 한다. 행위로 드러날 수 있는 현실적인 방책이어야만 한다. 이때 상황 파악과 그에 따른 판단이 중요하다. 적절하고 적합해야 한다. 정상적인 사람이라면, 우리 모두는, 중용과 적절함, 그리고 적합성을 진지하게 고려한다.

상황을 장악하고 있더라도, 선택하는 결단의 순간에는 다시 망설임이 앞에 놓인다. 사려가 깊은 사람은 곧바로 행동으로 옮기지 않고, 다시 한 번 생각하기도 한다. 잠시나마 머뭇거린다. 그 머뭇거림 가운데, 최선의 방책과 차선책을 고민한다.

가장 어리석은 선택은 최악을 맞이할 경우다. 문제는 최악을 미리 알고 선택하는 사람은 거의 없다는 것이다. 대부분의 경우, 최선이라고 선택했으나, 실제 행위를 거치면서, 또 다른 상황 요소가 개입하고, 의도하지 않았던 요인이나 판단오류가, 최악으로 인도할 뿐이다.

크리스마스 전후로, 코비드-19 확진자가 발생 이후 최고 수치를 기록했단다. 연말연시 특별방역으로 5인 이상 모임도 금지다. 집에 가만히 있으라는 얘기다. 요즘 유행어로 '집콕'이다. 대부분의 유흥시설이나 가게도 영업 제한, 교통도 축소, 무엇보다도 크리스마스 예배도, 교황청을 비롯하여 전 세계 교회가 비대면 온라인으로 진행되었다. 사상 초유의 일이다. 그야말로 최고의 비상사태다. 총체적 난국이다.

아내의 입원으로 정신이 없다가, 아내가 잠자는 시간을 이용하여, 오랜만에 세상 소식을 살펴보았다. 뉴스 란을 보니, 정말 여러 가지 선택이 최악이다.

정치적으로는 왜 이래? 대통령부터 국회, 법원, 검찰이 혼란스럽다. 경제적으로는 전반적 붕괴!

배달 사업이나 라면같은 인스턴트식품 관련 업종은 호황이란다.

지금 아내의 상황도, 코비드-19로 인한 팬데믹처럼, 인생에서 최고의 비상사태다. 온몸이 총체적 난국이다.

'물극필반(物極必反)', '반자도지동(返者道之動)'이라고 했다. 난국이 정점에 이르면 서서히 안정되면서 평온을 회복한다. 자연의 질서와 세상 이치를 관찰하고 성찰하며, 삶의 선택 과정에서 최선을 고민할 뿐이다.

25. 정상수치와 병세

2020. 12. 26. 토. 12:50

참으로 어렵다. 희귀 질병의 회복 과정이 난해하다. 지난 새벽엔 아주 힘들어 난감했다. 엠알아이(MRI)를 비롯 온갖 검사로 분주했고, 응급처치를 진행했다. 아내는 축 늘어진 몸으로 잠을 잤다.

조금 전에 주치의가 다녀갔다. 검사 결과 특이사항은 없단다. 의료 검진 수치상 혈압, 혈당, 혈액 등등 정상이란다. 그런데 왜 아플까? 전신 통증의 고통은 뭔가? 원인을 본질적으로 파악하기 힘든, 몸의 비정상 상황을 추측하여, 예방하고 치료하는 게 의학이고 의술인가?

그래도 정상수치 회복이라니, 다행이다. 잠시나마 긴장을 풀어 본다. 다시 치료 과정을 기다리자. 상당한 시간이 경과하면서, 하나씩 나아가리라!

고개 돌려 TV화면을 보니, 세상도 숨죽이고 고요 속으로 빠져든 것 같다. 코비드-19라는 괴이한 바이러스에 사회가 전반적으로 얼어붙었다. 바짝 긴장하여, 조심에 조심을 거듭할 수밖에, 별다른 삶의 묘책이 없다.

더구나 영국발 변종 바이러스가 발생했다니, 더욱 걱정스럽다. 이 새로운 괴이한 놈은 독일 쪽으로도 유입되었단다. 독일 유학 중인 큰딸과 카톡 연락하며 당부는 했다. 하지만 근심이 겹친다. 매일 블로그로 소통할 때마다, 부지런히 잘 먹고 생활 정돈도 열심히 하고 있어 크게 걱정하지는 않는다.

작은딸도 수시로 병원에 와서 교대하긴 해도, 한 달 반 이상을 나

홀로 집에 있으니, 여러 가지로 심경이 복잡할 게다. 이 괴이한 놈이 일본에도 나타났다니, 한국에 상륙하는 것은 시간문제다.

큰딸, 작은딸! 일단, 이 괴이한 바이러스가 안정될 때까지, 무조건 겸손하고 조심하자! 어릴 때부터 단련하여 태권도 4단에 입단한 너희들 아니냐? 그 성실성만큼이나 속이 깊은 딸들아! 다시 정상수치 회복의 소견을 바탕으로, 네 엄마의 일상회복에 집중하자!

오전에 〈걸어서 세계 속으로〉라는 TV의 여행 프로그램에서 스페셜로 '독일'편을 방영했다. 독일 여러 지역의 문화와 크리스마스 마켓 등 축제를 보니, 작년에 우리 가족이 함께 즐기던 시간이 많이 그립더라. 내년에 큰딸 졸업할 무렵에, 다시 독일에서 함께 보내고 싶다.

26. 아쉬움과 안타까움

2020. 12. 27. 일. 7:45

아침 7시인데도 깜깜하다. 동지(冬至) 절기의 특성 그대로다. 병상의 아내를 보니, 온갖 생각이 스친다. 즐거웠던 시간도 많았다. 그만큼 아쉬움과 안타까움도 오버랩 된다.

인간이라는 동물은, 충만과 만족과 긍정적 측면을 고무하기도 하지만, 불만과 부족과 부정적인 사안을 건드리며 삶을 변주해 나간다. 희로애락(喜怒哀樂)의 온갖 감정을 담은 인생의 그림을 스케치하여 다채롭게 채색한다. 인생의 소리를 악보에 담아 다양하게 연주한다.

그 채색과 연주의 교차 지점에서, 의도하는 대로 작업이 이루어지지 않을 때, 인간은 아쉬움과 안타까움을 토로한다. 무언가 해주고 싶은데, 대신해줄 수가 없어서 더욱 애태우는 경우가 많다. 그것이 부귀영화와 관련되어도 그러하지만, 질병과 같은 고통이나 여러 가지 한계를 수반하는 상황에서는 더욱 간절하게 느껴진다. 오늘도 수많은 인생에서, 그런 삶의 예술이 세상에 펼쳐질 것이다.

아내가 좀 답답한지, 내 손을 잡은 채, 한마디 묻는다.

"바깥에 사람들이 다녀?"

"코로나가 심해져서 별로 없어! 작년 이맘때는 독일 여행 중이었잖아! 올해도 코비드-19만 아니었으면, 가족이 함께 독일 어딘가에서 여행 중일 텐데."라고 했다.

그러자 아내가 잠깐 웃더니, 치료 후유증으로 많이 피곤한지, 이내, 말없이 그냥 자려고 한다.

27. 답답함과 시원함

2020. 12. 28. 월. 7:23

다시 아침 7시가 되어 간다. 2020년 마지막 월요일이다. 하지만, 바깥은 어제처럼 여전히 캄캄하다. 코비드-19 팬데믹 상황도 아직 너무나 깜깜이다. 이 모두가 동지(冬至) 절기가 마무리될 쯤엔 많이 밝아져 있으리라.

인간은 다른 존재와 달리, 언어를 사용하는 동물이다. 언어는 다양한 양상으로 표출된다. 말과 글, 손짓과 발짓을 비롯한 온갖 몸짓, 침묵에 이르기까지, 소통과 이해를 위한 도구로 우리 삶에서 유용성을 더한다.

그러나 언어는 긍정과 부정을 동시에 유발한다. 희로애락을 한 곳에 담고 있는 요술 램프다. 주관적으로 받아들이거나 자의적으로 판단하면, 오히려 역효과로 작용한다. 소통을 방해한다. 서로를 이해하지 못하고, 자기 기준으로 대처하여 상대방의 마음을 상하게 만든다. 그것은 오해를 불러일으키고, '답답함'으로 나타난다. 심한 경우에는 일상에서 '숨막힘'으로 표출되기도 한다. 그럴 때 인간은 서로를 불신하고 외면하는 근거를 마련한다. 내가 볼 때, 그것은 인간의 삶에서 가장 큰 아픔이자 소외다.

특히, 고통을 겪고 있는 사람을 대할 경우, 답답함을 최소화하려는 노력이 중요하다. 아내처럼 투병하고 있는 환자를 비롯하여, 여러 가지 인생 진로를 놓고 고민하는 사람들에게, 답답함이 아니라 시원함을 줄 수 있어야 한다. 이것이 만남과 대화를 요청하는 이유다. 건전한 관계 설정을 향한 바람이다. 교육의 과정에서 이런 자세와 태도를 터득할 수 있다면, 다행이다. 아무리 훌륭한 교육일지라도 그게 쉽지 않다.

그런데 인간이 묘하다. 모든 사람이 그런 건 아니지만, 상당수의 경우, 가까이 있는 사람에게서 답답함을, 멀리 있는 사람에게서 시원함을 느낀다. 그 아이러니 속에 삶의 언표가 담긴다. 가족이나 친척, 친구, 동료의 소중함, 사회 유명인사들, 지도급 인사들의 영향력 등등. 그 답답함과 시원함은 상호 신뢰 및 의지와 연관되는 심리학적 요인도 작용한다.

치료 후유증으로 말이 어눌한 아내에게 나도 그런 건 아닌지 걱정이다. 지금 병상에서, 혈액 검사를 비롯한 어쩔 수 없는 고통 수반의 상황에서, 아내는 답답해하며 괴로워한다. 내가 대신해줄 수도 없다. 이런 상황을 제외하고, 내가 간호해주고 싶은 사항에 대해서는 잘 따라주고 있다. 고마울 따름이다. 어쨌건 참 고생이다.

사실은 오늘 2차 약물치료를 해야 하는데 몸 상태가 너무 좋지 않아 약물치료를 포기하다시피 했다. 치료 가능한 시간까지 기다릴 뿐이다. 마음이 너무 아프다. 하지만 결코 절망하지는 않는다. 남은 삶들이 많이 있기 때문이다.

독일의 큰딸이 베토벤 교향곡 가운데 우리에게 잘 알려지지 않은 곡에 대해, 블로그에 비평을 써 올렸다. 재미있다. 음악(지휘)을 전공하는 예비 전문가 가운데 가장 젊은 감각, 새로운 시선을 담고 있는 듯했다.

나는 베토벤(Ludwig van Beethoven, 1770~1827)과 동시대 사람인 조선의 영조, 정조, 정약용, 그리고 베토벤과 같은 해에 태어난 철학자 헤겔을 언급하며, 간단하게 코멘트 해주었다. 비전공자인 아버지의 막연한 의견에 큰딸은 답답했을까? 시원했을까? 재미있게도 베토벤과 내 생일이 12월 17일로 같은 날이다. 아마 음력을 사용하거나 기타 달력 사용의 상이함 등으로 실제 날짜는 다를 것이다. 주민등록증에 나타난 날짜로는 동일한 날이다. 기분이 야릇하다.

큰딸, 작은딸! 시간될 때마다 관심 사항에 대해 조금씩 고민해보는 그런 탐구활동이, 인생 전체의 공부를 추동하는 큰 힘이 된다! 여유 되거든, 일상에서 수시로 탐구하고 정돈해 봐! 그게 수련이고 단련의 과정이야! 공부가 특별한 것이 없어! 일상에서 자문자답(自問自答)하고 자기 충실과 타자배려를 구현하는 것이 가장 위대한 공부다.

한 달 반만에, 아내를 간호사들에게 부탁하고, 집으로 왔다. 도중에 동네 곰탕집에서 작은딸과 국밥 한 그릇을 먹었다. 집에 와서는 아내가 입원할 때 누워 있었던 소파에서 잠을 청했다. 잠이 오지 않았다. 밤 10시쯤, 간호사에게 전화가 왔다. 아내가 긴급히 핸드폰을 찾는다는 연락이었다.

28. 뇌의 오묘함

2020. 12. 29. 화. 9:49

어제 밤 하루 5703호실 자리를 비웠더니, 아내가 화가 잔뜩 났다. 난리다. 너무 허약해져 정신이 몽롱한 것 같아, 주치의와 상의하니, '그냥 푹 좀 자도록 놔두는 것도 좋다'고 하여, 한 달 반만에 작은딸과 저녁도 먹고 했다.

그런데 아내의 뇌 활동과 의식은 그게 아니었다. 간밤에 간호사들이 자기를 '정신병자' 취급한다면서, 완전 열 받았다. 정신이 온전한데, 보호자가 없다 보니 간호사들이 자의적으로 환자의 상황을 판단하여, 아내가 의식을 잃고 헛소리 하는 사람으로 취급했나 보다. 모든 것이 내 잘못이다. 딱 하룻밤 병실을 비우고 간호사들에게 부탁했는데, 하필이면 그날 간호사들이 깔깔거리며, 아내를 정신없는 식물인간처럼, 아무 것도 모를 것으로 판단하고 제멋대로 대했다. 아내는 그들의 언행을 자세하게 기억하고 있었다. 얼마나 분한지 나에게 일일이 말했다. 간밤의 간호사들의 행동이 참 서운했다. 그렇다고 계속 간호해 주는 그들에게 뭐라고 말하기도 힘든 상황이었다. '그래 알았다. 퇴원할 때까지 무조건 내가 간호하는 수밖에 없다!' 아내에게 정말 미안하다. 그날 하루도 그냥 있을걸.

몸이 부어 있는 만큼, 신경을 눌러 손상시킬 수 있다는 소견에 따라, 신경정신과 의사가 다녀갔다. 말이 좀 어눌해진 것이 두 달 동안 음식물 섭취를 제대로 못해 비타민 부족일 수 있단다. 아침 일찍 뇌파 검사실에서 50분 째 검사 중이다. 긴급 비타민 투여 후, 다시 상황을 지켜봐야 겠다.

    이런 다양한 유형의 질병이 동시다발적으로 드러나는 게, 희귀질 환인가 보다.

29. 배변 행위와 건강 척도

2020. 12. 30. 수. 4:00

2020년 12월 30일 수요일. 새벽 3시를 지나 4시로 달려가는 시간이다. 바깥세상은 고요한 모양이다. 뉴스를 보니, 코비드-19로 연말연시의 북적거림을 원천 차단한단다. 또는 봉쇄한단다. 사람의 이동이나 모임이 제한되는 만큼, 조용한 시간이 지나고 있나 보다.

아내는 구강 내 통증으로 아직 음식물을 거의 먹지 못한다. 영양제에 의존하고 있다. 하지만 3-4일째 군주의 대변 활동이 활발한 편이다. 예전부터 민간에서 어르신들이 말씀하셨다.

"잘 먹고 잘 싸는 놈이 건강하다!" "건강을 체크하려면 대소변을 보라!"

다시 말하면, 음식물을 골고루 잘 섭취하고, 대소변을 잘 배설하는 것이 건강의 척도라는 의미다. 아직 음식물을 제대로 섭취하지는 못하지만, 배설은 잘하고 있다. 아내는 투병 중 건강을 확인할 수 있는 바로미터의 절반을 이뤄냈다!

시작이 반이라고 했다. 음식물을 섭취하게 되는 날 건강을 회복하리라.

대변을 많이 보고는 집에 가고 싶다고 한다. 집밥이 그리우신가? 연말연시 코비드-19가 안정되는 시기를 봐 가면서, 잘 회복해 나갑시다!

30. 송년과 망년 사이

2020. 12. 31. 목. 7:08

2020년 12월 31일, 한 해의 마지막 날이 밝아온다. 17시간 이후면, 이미 2021년이리라. 올해 세모(歲暮)는 송년인가 망년인가?

코비드-19 팬데믹 사태 때문에 사람들의 감정이 최악으로 가라앉아서인지, 그 흔하던 연말연시 크리스마 카드와 신년 연하장 안부도 몇몇 지인들의 인사가 아주 조금 보일뿐이다. 예전의 1/10수준이나 될까? 우리 포근한 마음이 다시 빠르게 세상을 뒤덮었으면 좋겠다. 사람답게 사는 사회의 회복을 간절히 기도한다.

작년 이때는, 큰딸 덕분에, 독일 카셀에서 크리스마스 마켓, 새해맞이 불꽃 축제 등을 보며 가족 나들이를 즐겼다. 올해는 세계적으로, 사회적으로, 개인적으로, 그렇지 못한 상황이다. 많이 아쉽다. 다시 그런 시절이 오겠지.

이맘때의 연례 인사였듯이, 새해에는 가족, 친지, 친구, 사회, 인류 세상 모두가 건강하자! 지금은 어떤 인사보다도 아내의 기력 회복이 최우선 사안이다.

아침 일찍, 군주가 아이스크림을 먹고 싶단다. 집에서도 쌓아놓고 먹던 것이다. 어젯밤엔, 바나나 한 조각, 체리 한 알을 먹었다. 바나나는 퍽퍽하다고 했고, 체리는 덜 익은 것처럼 시다고 한다. 엊그제부터 거의 한 달 반만에 음식물을 입에 댔다. 아직 입맛이 돌아오지 않았으리라. 그런데 한 방 맞았다. 군주가 나무란다. '체리가 시다'고 '덜 익은 것을 사왔다'고, 평소 집에서 한 소리 듣듯이.

얼른 아이스크림이나 사가지고 와야겠다.

31. 송구영신 묵상기도

2020. 12. 31. 목. 19:51

어제를 보내고 내일을 맞이한다!
과거를 보내고 미래를 맞이한다!
낡은 것을 보내고 새 것을 맞이한다!
어둠을 보내고 밝음을 맞이한다!
늘, 가는 날을 보내고 오는 날을 맞이한다!

수많은 사연을 보내고, 다시 헤아리기 힘든 사안을 맞이한다. 그렇게 송구영신(送舊迎新)은 단절적 의미가 강화되었다. 새날을 맞이하며 지난날을 청산하려는 의지에 불탄다.

그러나 아무리 생각해도 그게 아니다. 보내는 내용은 알 것 같으나 맞이하는 내용은 모르겠다. 맞이하려는 것은 기대이자 소망이다. 보냈다고 생각했는데, 어느새 맞이하는 것 가운데, 이미 들어 와 있다. 그렇게 서로 지난 날 드리운 그림자를 잡고, 새 날의 대지 위에 포개고 겹쳐 삶을 짜나간다.

아내가 말한다. "입원 치료가 길어질 것 같으니, 우리 딸들 잘 돌보며 살아야 해!"

내가 답했다. "뭔 소리? 회복해서 빨리 집으로 가야지!"

아내가 말했다. "그렇지, 빨리 집으로 가야지! 그래, 어디 끝까지 해 보자!"

2020년 12월 31일 목요일, 아내의 회복 속도가 빨라, 지난 월요일에 포기한 2회 약물치료를 오늘 진행 했다. 치료는 내년 초로 이어진다. 3회 약물치료는 일주일 뒤인 2021년 1월 7일 목요일이다.

아내가 간식을 찾는다. 고구마, 체리, 사과 한 조각씩, 콜라 한 모금을 마셨다. 다시 잠에 빠진다. 아무래도 약물이 좀 독한가 보다! 몸 안에 있는 병원체(病原體)를 잠재우기 위해, 그를 이길 수 있는 센 약을 투여했으리라!

송구영신(送舊迎新) 길상여의(吉祥如意)!

2020년을 보내며, 조용하게 쾌유(快癒)의 묵상기도(黙想祈禱), 소리 높여 간구(懇求)한다.

A Vast Summer Landscape
Jacob Alberts (German, 1860–1941)

신창호

현) 고려대학교 교수
이메일 sudang@korea.ac.kr

교육철학잡기 2020

초판발행   2021년 5월 20일

지은이   신창호
펴낸이   노 현

편 집   문선미
디자인   BEN STORY
제 작   고철민·조영환

펴낸곳   ㈜ 피와이메이트
               서울특별시 금천구 가산디지털2로 53 한라시그마밸리 210호(가산동)
               등록 2014. 2. 12. 제2018-000080호
전 화   02)733-6771
f a x   02)736-4818
e-mail   pys@pybook.co.kr
homepage   www.pybook.co.kr
ISBN   979-11-6519-169-6   03370

정 가   18,000원

박영스토리는 박영사와 함께하는 브랜드입니다.